上海市政治学高地项目

责任政党政府研究

姚尚建 ◎著

中央编译出版社
Central Compilation & Translation Press

目 录

导论 责任政党政府:突破责任政府研究之藩篱 …………… 1
  第一节 从责任政府到责任政党政府 …………………………… 1
    一、我国责任政府的研究现状及存在问题 ………………… 2
    二、责任政府建设背后的政党责任——责任政党政府研究
       的必要性 ………………………………………………… 10
  第二节 相关概念的界定与阐释 ………………………………… 13
    一、社会、利益集团、阶级与国家 ………………………… 13
    二、政府、政党与政党政府 ………………………………… 21
    三、责任、责任政府与责任政党政府 ……………………… 27
  第三节 研究方法与本书框架 …………………………………… 34
    一、研究方法 ………………………………………………… 34
    二、本书框架 ………………………………………………… 39
  本章小结 …………………………………………………………… 42

第一章 政党政府的逻辑、功能与结构 ………………………… 44
  第一节 政府的文化传统与民主的发生 ………………………… 45
    一、德性的共和 ……………………………………………… 45
    二、理性的自由 ……………………………………………… 47
    三、民主的发生与巩固 ……………………………………… 50
  第二节 政党政府的逻辑发生 …………………………………… 52
    一、政府的逻辑发生 ………………………………………… 52

二、政党的逻辑发生 ··· 55
　　三、政党政府的逻辑发生 ·· 58
第三节　政党政府的功能 ··· 60
　　一、政党政府功能的基本认识 ····································· 61
　　二、政府的功能 ·· 62
　　三、政党的功能 ·· 65
　　四、政党政府的功能 ··· 68
第四节　政党政府的结构 ··· 72
　　一、政党的一般结构 ··· 73
　　二、政府中的政党结构 ·· 77
本章小结 ·· 81

第二章　美国责任政党政府的实践与理论：从政党政府到责任政党政府 ·· 82

第一节　美国政党政府实践的历史回顾 ······························ 82
　　一、政党政府的发生 ··· 83
　　二、政党政府的困境 ··· 84
　　三、政党政府的强化 ··· 87
第二节　美国政党政府实践存在的问题 ······························ 88
　　一、政党政府造成国家和社会的分裂 ·························· 89
　　二、政党政府削弱人民对政府的控制 ·························· 90
　　三、政党促使政府无能 ·· 92
第三节　责任政党政府理论的崛起 ····································· 93
　　一、责任政党政府理论的缘起 ···································· 93
　　二、责任政党政府理论的系统化：《政党政府》 ········· 100
　　三、责任政党政府理论的实践指向：《走向更加负责的两党制》
　　　　·· 113
　　四、责任政党政府理论在西方政治学界的反响 ············ 127
本章小结 ··· 152

第三章 美国责任政党政府理论反思 154

第一节 反思之大前提——美国政治学对于民主理念的基本认识
.... 154
一、民主——从雅典理论到美国现实 155
二、民主统治——从普遍参与到多数控制、多数选择 156
三、民主过程——从单一民主走向多元民主 158

第二节 反思之小前提——美国民主体制的历史任务 160
一、民主主义的美国实践 160
二、美国民主体制的历史演进 163

第三节 责任政党政府理论的价值 167
一、责任政党政府理论有助于重新认识美国宪政 168
二、责任政党政府理论有助于建立更加积极有效的政府形态
.... 169

第四节 责任政党政府理论的不足 173
一、责任政党政府理论不能挽救美国政治分裂 173
二、责任政党政府理论不能遏止美国政党的衰退趋势 175
三、责任政党政府理论可能损害美国民主精神 181

本章小结 185

第四章 中国责任政党政府的探索与建构 186

第一节 中国政党政府的萌动（1900—1912） 186
一、清末民初中国政治地图：三种势力、两种体制 187
二、清末民初中国政党政府体制的萌动 191
三、清末民初中国政党政府体制的反思 197

第二节 中国政党政府的尝试与变异（1913—1949） 202
一、法统之争与南北对峙（1913—1916） 203
二、国民党重建与政党政府的再次萌动（1916—1927） 204
三、国民党以党治国的发展与政党政府的歧途（1927—1938）
.... 207

四、联合政府的微弱尝试与政党政府的复兴（1938—1945）
　　　　……………………………………………………………… 208
　　五、政治协商与政党政府的又一次失败（1946—1949） …… 209
　　六、民初以来中国政党政府的反思 …………………………… 211
　第三节　当代中国责任政党政府建构的道路与模式 …………… 214
　　一、新中国责任政党政府初设的理论前提 …………………… 215
　　二、新中国责任政党政府的实践探索 ………………………… 226
　　三、改革开放以来中国责任政党政府重建的现实基础 ……… 230
　　四、改革开放以来中国责任政党政府模式的建构 …………… 242
　　五、当代中国责任政党政府的过程反思 ……………………… 251
　本章小结 …………………………………………………………… 259

参考文献 ……………………………………………………………… 262

后　　记 ……………………………………………………………… 273

图表目录

图1.1　政府内部过程示意图（闭合型政府过程）……………… 64

图1.2　政府外部过程示意图（开放型政府过程）……………… 65

图1.3　一种极端的政党表决 …………………………………… 80

图2.1　美国两党制历史图解 …………………………………… 86

图2.2　政党的公共性与私有性 ………………………………… 108

图2.3　美国政党之金字塔结构 ………………………………… 109

表2.4　理想的负责任的政党、党的机器和党魁时期的政党、今天的共和党和民主党比较 …………………………………… 139

图2.5　代理理论下的责任政党政府的可能模型 ……………… 147

图2.6　代理理论下的候选人中心的可能模型 ………………… 147

表3.1　公共政策问题链 ………………………………………… 172

表3.2　美国总统选举时的选民投票率（1824—1972年）……… 177

表3.3　同期国外大选时的选民投票率（1824—1972年）……… 178

表3.4　1988年西方国家全国性选举投票率对比表 …………… 178

表4.1　1913年各党所获议席一览表 …………………………… 196

表4.2　中国民主同盟盟员担任政府及司法机关领导职务人员名单（地厅级及以上）（2005年3月2日）……………………… 254

导论　责任政党政府：突破责任政府研究之藩篱

近几年来，在中央政府的推动下，责任政府、服务政府和法治政府（即"三个政府"）成为国内政治学界的研究热点。① 国内学者对三个政府的研究，在概念、基本框架、组织结构及价值指向等方面均已取得了重大的进展，但仍存在着诸多研究的困境，其中责任政府研究所面临的问题尤为集中。

第一节　从责任政府到责任政党政府

国内学界关于责任政府的研究迄今已有10多年的历史。根据中国期刊网的资料，冯志斌的《建立责任政府——我国县级政治的现状及其改革》②第一次论述了责任政府的有关问题。经过10多年政府理论和实践的发展，国内学界对于责任政府的认识不断深化，尤其是近年来，责任政府问题已经成为一段时间研究的热点。随着研究的深入，我国的责任政府研究正在遭遇困境。

---

① 《中华人民共和国国民经济和社会发展第十一个五年规划纲要》强调，要按照精简、统一、效能的原则和决策、执行、监督相协调的要求，建立决策科学、权责对等、分工合理、执行顺畅、监督有力的行政管理体制，加快建设服务政府、责任政府、法治政府。参见中华人民共和国中央人民政府网站（http://www.gov.cn/ztzl/2006 - 03/16/content_ 228841_ 9. htm, 2006 - 12 - 27）。

② 冯志斌著：《建立责任政府——我国县级政治的现状及其改革》，载《中国人民大学学报》，1989 年第 2 期。

一、我国责任政府的研究现状及存在问题

(一) 责任政府研究的历史阶段

责任政府概念来源于英国的议会民主制度,但是在中国政府发展的理论研究中又赋予这个概念以中国式的解读。中国的政府管理的形式来源于建国以来实行的计划经济体制,而这种体制本身又兼有苏联模式的集权政治特征。在改革开放以后,中国政府进行了一系列的改革以适应市场经济的发展,主要体现在权力下放、适当分权、缩小规模、转换职能等方面。从不同的视角,一些概念或理论被先后提出,小政府、强政府、有限政府等相继成为一段时期内政府改革的目标。在 1989 年之前,从大的权力划分方面,我国还试图进行党政分开的改革,这一改革由于众所周知的原因被中断,从而消解了政府改革的原目标设定,也给理论研究的转向创造了前提。责任政府研究的三个阶段可以看做是这种理论研究转向的典型表现。

第一阶段,责任政府研究的政府责任论阶段 (1989—1994)。由于政府改革背后的复杂性与沉重性,1989 年之后,政府改革的视角不再强调权力的分割,而关注政府权力的运用,许多文章也不同程度地涉及了责任政府和政府责任的问题。尤其在改革开放之初,大量的生产安全事故的频发促使许多人敦促政府关注自身的责任。如针对 1993 年 11 月 19 日,深圳市一家玩具厂发生火灾造成 81 人死亡、22 人重伤的重大安全事故,有论者严厉地谴责了当地政府对自身责任的疏忽。[①] 虽然严格来说,这并不是责任政府研究的全部内容,但是这些文章也确实提出了责任政府研究的现实背景。同样,类似的政府责任在经济体制改革中还有其他内容,不同领域的学者都可以论及政府在该领域的责任,如有学者提及的在国有资产管理方面的责任等就可以看做一例。[②]

第二阶段,责任政府与政府责任研究混合阶段 (1994—2000)。陈庆云教授的《"小政府"与"责任政府"》是较早比较系统地论述责任政府的理论文章。在这篇只有千余字的文章中,陈庆云比较系统地阐述了在走

---

① 旸旸著:《政府的责任》,载《党政论坛》,1994 年第 1 期。
② 陆燕荪著:《政府职能转变应强化国有资产管理责任》,载《理论前沿》,1992 年第 1 期。

向市场经济的中国政府应当具备的四个特征,即"坚"、"硬"、"小"、"廉",认为具备这样特征的政府即可以称为"责任政府",即对社会生活给予必要、适度干预的"有限责任政府"。① 在该文中,陈庆云教授表达这样的一个基本思想,即责任政府应该体现着一种价值取向——政府的责任是历史性的和变化着的。这样的价值取向在研究中逐渐受到重视。由于市场经济体制的逐步确立,复杂的社会要求政府承担更多的责任,但这一时期的政府责任研究一定程度上和政府职能研究没有区分开来,大量文章把政府责任和政府职能混同,或把价值取向与制度建设混同,也淹没了陈庆云教授在《"小政府"与"责任政府"》中体现出来的思想火花。另外一本比较重要的著作是王成栋的《政府责任论》。在这本书中,王成栋分析了责任政府的内涵,但他认为责任政府——无论是何种形式的政府,均承担着各种责任,政治的、道义的、宪法的、其他法律的责任。② 显然,在这本书中,王成栋对责任政府与政府责任没有作出进一步的区分。

第三,责任政府研究阶段(2000—)。2000年,以中国人民大学张成福教授《责任政府论》为标志,我国学界对于责任政府研究的文章开始大量出现,责任政府的概念也逐渐清晰。这些文章围绕责任政府的内涵、实现途径、保障措施等进行了比较多的论述。这一时期的文章主要有:陈国权的《论责任政府及其实现过程中的监督作用》、李景鹏的《政府的责任和责任政府》、杨雪冬的《责任政府——一个分析框架》、郑振宇的《行政道德责任:建立责任政府的关键》、扶松茂的《责任政府与政府改革》、刘丹的《责任政府与政府责任》、韩剑琴的《行政问责制——建立责任政府的新探索》等。

(二)责任政府研究的主要内容

2000年以来,国内学界对责任政府的内容进行了初步梳理,一些基础性的理论问题得到初步解决。

1. 责任政府的责任体系与责任主客体

在明确责任政府概念以后,我们不可避免地要论述责任政府的主要内

---

① 陈庆云著:《"小政府"与"责任政府"》,载《中国行政管理》,1994年第12期。
② 王成栋著:《政府责任论》,中国政法大学出版社,1999年版,第79页。

容即政府责任体系。有论者认为,现代责任政府具有多种表现形式和丰富的内涵,它建立在制度责任和伦理责任相结合的基础之上,是一种制度责任和伦理责任的高度统一,是制度规范和道德内化的综合体现。① 这种观点突出了政府责任的两个方面的内容,即制度责任和伦理责任的统一。有的学者则认为政府责任主要包括政治责任、道德责任和法律责任。②

张成福教授认同美国公共伦理学家库珀的划分,即认为政府责任有主观责任和客观责任两个方面的内容,并从广义和狭义两个层次对政府的责任进行定义。从广义的角度看,政府责任意味着政府组织及其公职人员履行其在整个社会中的职能和义务,即法律和社会所要求的义务;从狭义的角度看,政府责任意味着政府机关及其工作人员违反法律规定的义务以及违法行使职权时,所承担的否定性的法律后果,即法律责任。具体而言,主要包括道德责任、政治责任、行政责任、政府的诉讼责任和侵权赔偿责任。③ 蔡放波教授认为政府责任制度包括宪法责任、政治责任、行政法律责任和行政道德责任。④ 杨雪冬博士则认为,政府的基本责任就是运用公共权力管理各种公共事务,以保证社会经济生活的有序运行,包括维持社会秩序、支持经济发展、提供市场不能提供与个人无法承担的公共物品、保护公民权与人权、保护环境与人类文化遗产、成为遵守社会道德的表率、承担国际责任等七个方面。⑤

在论述责任政府的责任体系时,一个重要的理论问题必须得到解决,那就是这些政府责任的主体和客体即责任政府向谁负责的问题。

陈国权教授认为,责任政府意味着政府必须对某一权力主体承担明确的政治责任。在民主政治社会里,政府要对其负责的最终权力主体是公民,政府作为公共管理机构是受公民委托行使权力,是公民的代理人,必

---

① 张定淮等著:《论责任政府及其重建机制》,载《中国行政管理》,2003年第12期。
② 高秦伟著:《构建责任政府:现代政府管理的必然要求》,载《中共济南市委党校、济南市行政学院、济南市社会主义学院学报》,2002年第1期。
③ 张成福著:《责任政府论》,载《中国人民大学学报》,2000年第2期。
④ 蔡放波著:《论政府责任体系的构建》,载《中国行政管理》,2004年第4期。
⑤ 杨雪冬著:《责任政府——一个分析框架》,载《公共管理学报》,2005年第1期。

须对公民负责。因此他认为，责任政府主要是要解决政府向谁负责的问题。① 另外也有学者认为，"基于法治、德治和民治的动力机制，在现代社会下建立责任政府的要求愈来愈强烈。向人民负责，向人民制定的法律负责，向共产主义道德负责，这是现代政府民主行政、法治行政和责任行政的最终目的。"②

2. 责任政府在我国的实现途径

既然责任政府是必要的原则和制度安排，那么如何在我国实现责任政府自然成为学界论述的又一重点问题。

对于这一问题学界比较一致的观点是，需要建立必要的制度体系。如张定淮、涂春光认为实现责任政府可以以四个方面为切入点，即政府职能的定位（做什么）、价值新取向的确立（朝哪个方向去做）、行为模式的转换（怎么做），以及官员"问责制"的推行（规范与纠偏机制）。③ 陈国权教授则认为，如果没有健全的监督机制对政府责任履行情况进行监督，责任政府只能成为公民难以企及的愿望，因此，建立系统、全面和有效的责任监督机制是实现责任政府的基本前提。这些机制主要有完善的民主监督体制、健全的法律监督制度和良好的政德监督机制。④ 深圳大学谭功荣也持类似的观点，认为行政系统本身就是一个责任体系。行政权力的性质决定了其必须在法律的边界内活动。政府在得到授权的同时，也就承担了相应的责任。公共官员对于违反法律规定的过失或不当行为必须承担相应的行政责任，这是责任政府最基本的实践形式。因此，问责制成为责任政府最基本的实践形式。⑤ 李秀梅则认为，在新世纪，中国需要一个由现代行政法律制度加以规范和控制的责任政府。行政赔偿制度的建立与完善，既

---

① 陈国权著：《论责任政府及其实现过程中的监督作用》，载《浙江大学学报（人文社会科学版）》，2001年第2期。

② 高秦伟著：《构建责任政府：现代政府管理的必然要求》，载《中共济南市委党校、济南市行政学院、济南市社会主义学院学报》，2002年第1期。

③ 张定淮等著：《论责任政府及其重建机制》，载《中国行政管理》，2003年第12期。

④ 陈国权著：《论责任政府及其实现过程中的监督作用》，载《浙江大学学报（人文社会科学版）》，2001年第2期。

⑤ 谭功荣：《问责制：责任政府最基本的实践形式》，载《中共福建省委党校学报》，2004年第7期。

是责任政府的重要标志,也是责任政府的现实保障。① 这些观点的分歧之处在于学界对责任政府制度的核心或基础的不同认识。

王邦佐、桑玉成教授认为,我国现行宪法的有关规定体现了责任政府的基本精神。根据宪法,我国的中央人民政府以及地方各级人民政府,均由同级人民代表大会产生并向其报告工作。同时,宪法还对有关质询、罢免等制度做出了规定。这些规定从根本上保障了我国责任政府的建设。因此我国责任政府应该从四个方面建设:第一,进一步明确政府的角色,即始终以一个"受托者"的身份管理公共事务,处理与人民群众的关系。第二,继续按照发展社会主义民主政治、建设社会主义法治国家的基本要求和目标,以政府执掌社会公共权力的有利地位,积极推进依法治国的进程。第三,最大程度地实现政府行为的公开化和透明化,诚实对待人民大众,时刻接受人民的监督,将对政府及其官员的评议权交给人民。第四,一如既往地把维护人民的利益作为政府业绩的最终评判依据。② 可以看出,两位教授的立足点在于坚持责任政府制度的宪法基础。而厦门大学的郑振宇则认为,责任政府的政府责任体系中,行政道德责任居于核心地位,是建立责任政府的基本内容。行政道德责任的实现是建立责任政府的关键。而要实现行政道德责任就必须建立起实现机制,包括自我控制机制和外部惩罚机制等。③ 当然,也有学者认为制度建设不是唯一的。如中国人民大学的吴威威就认为,除了制度建设,还应该通过公民参与公共管理来直接促进政府的责任行为。④

(三) 责任政府研究的主要理论基础和研究方法

在责任政府的研究方法上,学界主要使用了政治学、行政学和行政法学等研究方法。

从政治学的视角看,有学者认为责任政府总是和一定的政治价值,如公正平等、权利保护相联系的。李景鹏认为,现代政治是民主政治,而民

---

① 李秀梅著:《行政赔偿制度的完善与责任政府的保障》,载《北京行政学院学报》,2003年第4期。
② 王邦佐等著:《论责任政府》,载《解放日报》,2003年5月13日。
③ 郑振宇著:《行政道德责任:建立责任政府的关键》,载《理论与改革》,2002年第6期。
④ 吴威威著:《构建责任政府的理论思考》,载《湖北社会科学》,2004年第1期。

主政治又是建立在社会契约和人民主权的理论基础之上的。因此，在现代政治的模式中，原来的老百姓已经变成了公民，政府与公民的关系则变成了平等的交换关系和平等的制约关系。① 王邦佐、桑玉成也持类似的观点，他们认为，责任政府这一政治理念，本质上是由政府与人民之间的基本关系所决定的。按照现代民主政治的一般理论，国家权力的本源在于人民，这个被称为人民主权的原则，是当代民主政治的理论基石。但是，人民主权原则的命题仅仅是个原则而已，要使这个原则在政治实践中得到体现，还需要具体的制度安排和技术设计。② 陈国权也认为建立责任政府是也是民主政治发展的产物。③ 常士訚进一步分析了边沁关于小政府的思想，认为小政府并不是没有权威的政府，而是具有一定权威的政府；小政府也不是对人民不负责任，而是要受到人民的监督，并对人民负责。小政府并不是不做事，而是要在一定程度上负起管理社会的责任。④ 政治学的分析方法在后来的责任政府研究中得到普遍的重视，后来的许多研究者一般也从同样的视角尤其是主权理论和契约理论的视角进行研究，取得了许多成果。

一些学者的研究视角是属于行政学范畴的。张定淮、涂春光认为，经过一个较长时期的发展和探索，公共行政的组织体系和行为模式最终定格在马克斯·韦伯所称的官僚制组织体系中。在这一框架下，行政权力架构中的集权趋势一直占主导地位。⑤ 杨雪冬从政府责任的定义、责任的来源、责任履行的要素以及失职带来的后果入手，分析了责任政府实现的基本途径。⑥ 还有学者认为，政府行政过程中各种责任的缺失会导致行政行为的轻率或不作为，甚至是任意作为而不考虑行为后果，损害公民和社会的合法权益；或者导致政府行政道德水准的下降。更严重的是，不负责任会使

---

① 李景鹏著：《政府的责任和责任政府》，载《国家行政学院学报》，2003年第5期。
② 王邦佐等著：《论责任政府》，载《解放日报》，2003年5月13日。
③ 陈国权著：《论责任政府及其实现过程中的监督作用》，载《浙江大学学报（人文社会科学版）》，2001年第2期。
④ 常士訚著：《小政府是有权威的责任政府——边沁功利主义政府思想分析》，载《天津师范大学学报（社会科学版）》，2002年第2期。
⑤ 张定淮等著：《论责任政府及其重建机制》，载《中国行政管理》，2003年第12期。
⑥ 杨雪冬著：《责任政府——一个分析框架》，载《公共管理学报》，2005年第1期。

政府的能力受到削弱，降低政府在民众心目中的威信而使其失去合法性，所以必须加强责任政府的建设。制度建设主要在于进一步健全政府决策责任制度、强化行政执法责任制度、完善对行政权力的监督制度等。①

还有一些学者从公法尤其是行政法的视角探讨责任政府。在这样的研究视角下，他们往往借鉴了行政法中对于行政责任的研究成果。有的是在行政责任监督基础上分析了政府的诉讼责任和行政侵权赔偿责任②；有的是从行政合法性原则探讨违法具体行政行为的责任负担③。基于同样的视角，有的学者认为责任政府的制度支撑主要是指宪法、法律制度的支撑，如违宪审查、责任追究、行政赔偿与行政补偿等。④ 政府责任感的丧失，主要同我国目前的法制建设、依法治国还没到位有关，因此把责任政府构建纳入法治框架，直接由"良法"追究责任，则能有力地推进责任政府的建立。⑤ 正是出于对行政法的认识，有学者指出问责制主要是对政府官员的法律责任的追究⑥，有学者甚至具体指出某一法律制度的执行对于责任政府研究的重要性⑦。

当然，在具体的理论分析中，试图严格地进行方法的辨别是困难的，在学科互相依存的今天，单一的分析方法都为大多数的研究者所摒弃，因此这里的区分也自然是从工具意义的角度进行的一种趋向性划分。

（四）我国责任政府研究的存在问题

我国责任政府研究取得的意义是积极的，它适应了我国政府建设的具体实践，厘清了我国政府发展的基本思路。众多的理论方法的介入也给责

---

① 孙彩红著：《论实现责任政府的制度支撑》，载《中共四川省委党校学报》，2004年第2期。
② 张成福著：《责任政府论》，载《中国人民大学学报》，2000年第2期。
③ 王成栋著：《政府责任论》，中国政法大学出版社，1999年版，第79页。
④ 孙彩红著：《论实现责任政府的制度支撑》，载《中共四川省委党校学报》，2004年第2期。
⑤ 唐国林著：《论法治在责任政府构建中的作用》，载《湖南社会科学》，2003年第2期。
⑥ 谭功荣著：《问责制：责任政府最基本的实践形式》，载《中共福建省委党校学报》，2004年第7期。
⑦ 李秀梅著：《行政赔偿制度的完善与责任政府的保障》，载《北京行政学院学报》，2003年第4期。

任政府的研究带来了广阔的视角。但是在研究过程中，一些问题的分歧或空白仍然说明深入开展理论研究的重要性。

第一，理论不够彻底。我国责任政府的研究总体来说是起步较晚的，由于我们缺乏西方国家的政治传统，对问题的研究往往走向了国内研究与国外研究两个方面的脱节。从事国内研究的多从国内的政府行政实践入手，提出中国建立责任政府的基本思路。如许多研究者在研究中参阅了大量国外文献，但是对国外责任政府研究的历史特别是英美等国研究的背景缺乏深刻理解，对材料的消化能力较弱。从事国外研究的多从西方尤其是英国的议会民主制度着手，来探讨责任政府的基本理论。这又造成了西方责任政府理论与中国政府实践的严重脱节，甚至是两种不同程度的自说自话，从而不能形成彻底的理论，并进而影响了中国责任政府研究的深入开展。此外，还有一些问题需要在研究中继续深化，主要体现在政府责任与政府职能的关系、政府责任与权力来源的关系、政府责任保障与权力监督的关系。

第二，若干方法的无序使用使有关概念不清晰。在责任政府的研究中，由于政治学、行政学与行政法学的知识的混用，使许多概念的界定十分困难，这点尤其反应在责任体系的梳理中，如政府责任、行政责任、行政赔偿责任等概念在同一平面中出现，影响了整个理论研究的体系的形成。有的学者在论述责任政府时，是从政治学入手的，但是其研究结论却是行政法学的结果，从而影响了理论研究的严密性和系统性。

第三，研究过程中逻辑尚不严密。这主要体现在责任主体的研究方面。大多数学者认为基于民主政治的内核，责任政府必须对人民或公民负责；而在有些论者看来，责任政府必须同时向人民、人民制定的法律负责；更有论者认为除了向人民、法律负责外，还要向道德负责。相对而言，后者的论述从责任体系出发得出必须向多个主体负责的缺陷主要在于逻辑上的疏漏，混淆了责任的来源与路径的关系。

第四，一些研究缺少问题意识。事实上，在我国现有的责任政府研究中，与许多政府理论领域的研究一样，责任政府领域的许多研究面对的是一个并不存在的虚假问题，还有一些研究则是一些生硬的制度建构，没有直面我国社会转型期特有的制度重构与秩序重建。事实上，在我国社会转型与现代化进程中,"秩序的混乱和混乱的秩序同时态存在"①,但是社会秩序的混乱已非加强单一主体——政府的责任所能解决;正相反,对重建社会秩序中单一主体的政府的强调可能最终毁灭自由与权利,毁灭现代化的政治成果。

二、责任政府建设背后的政党责任——责任政党政府研究的必要性

如果说责任政府研究存在的问题仅仅体现为方法论的混乱、理论的不彻底、逻辑不够严密、缺少问题意识的话,那么我们进一步认为最根本的问题在于已有责任政府的研究忽略了我国政府结构的特殊性。在我国,政府是不是经济、社会发展的第一推动力?责任政府的建设是否仅仅可以在政府层面进行?如果不能回答这些问题,那么责任政府的研究注定是不能完成的。

(一) 政府背后的政党

在中国政府研究过程中,必须同时关注的是中国的政党制度。中国政党制度是指由中国共产党与其同盟者——八个民主党派共同组成的多党合作的政治组织和体系。和许多国家宪法对政党的冷落不同,中国宪法规定了政党的地位。中国政党制度的宪法化本身有一个发展的过程:新中国成立以来的四部宪法,都在序言部分确立了中国共产党的领导地位。除了1975年宪法外,其余三部宪法都同时强调了中国各民主党派的政治地位,甚至1982年宪法还第一次使用了"各政党"的提法。② 因此在中国,政党是重要的政治主体,其地位由根本大法——宪法予以规定。

在当代中国,宪法规定的不仅仅是政党的政治地位,事实上,由于中国政党是新中国政府的缔造者,因此在一定的历史时期,甚至可以说政府生长的过程就是政府从政党手中逐步获得权力的过程,而政党、政府的关系在建国以来的难以区分也和这一生长过程有关。

---

① 官志刚著:《社会转型与秩序重建》,中国人民公安大学出版社,2004年版,第86页。
② 王邦佐等著:《中国政党制度的社会生态分析》,上海人民出版社,2000年版,第151页。

（二）责任政府背后的责任政党

在我国的政府过程中，政党是重要的政治主体，也是重要的政策主体。"在我国，中国共产党是全国人民的领导核心，它在政策的制定、执行、评估和监控中起着主导作用。"① 同时由于中国共产党的严密的组织纪律及全党服从中央的要求，事实上，中共中央政治局、政治局常委以及主席或总书记成为中国共产党事实上的最高领导机构和最终决策者，因而也就成为当代中国政府过程中最为核心的体制化政治结构。② 因此，在中国，政党尤其是执政党可以通过这一宪法规定的主体地位践行自己的政治理想。

同时需要指出的是，为了使政党责任和政府责任得到紧密的结合，我国政党与政府在组织上也保持了相对的一致性。中国共产党自上而下分为三级：中央组织、地方组织和基层组织。党的全国代表大会和地方代表大会每五年举行一次，党的中央委员会和各省、县级委员会任期五年。2004年10月27日第十届全国人民代表大会常务委员会第十二次会议通过《关于修改＜中华人民共和国地方各级人民代表大会和地方各级人民政府组织法＞的决定》，规定地方各级人民代表大会每届任期五年。这样保持了全国人民代表大会与地方人民代表大会的相同任期，同样也实现由其产生的中央和地方政府每届任期的相同。相同的任期使政党和政府的联系更为密切，也使同一时期政党更好地参与政府决策。因此我们说，在中国政府过程背后，隐藏着政党过程；在责任政府的背后，隐藏着政党责任。③

（三）责任政党政府——突破责任政府研究的藩篱

我国责任政府的研究表明了一个事实，在中国社会转型期，忽略责任

---

① 陈振明著：《政策科学》，中国人民大学出版社，1998年版，第114页。
② 胡伟著：《政府过程》，浙江人民出版社，1998年版，第88页。
③ 中国政党和政府过程可以从一些公开的文献中得到证明，在《中华人民共和国国民经济和社会发展第十一个五年规划纲要》中有这样的阐述："中华人民共和国国民经济和社会发展第十一个五年（2006—2010年）规划纲要根据《中共中央关于制定国民经济和社会发展第十一个五年规划的建议》编制，主要阐明国家战略意图，明确政府工作重点，引导市场主体行为，是未来五年我国经济社会发展的宏伟蓝图，是全国各族人民共同的行动纲领，是政府履行经济调节、市场监管、社会管理和公共服务职责的重要依据。"参见中央人民政府网站（http://www.gov.cn/ztzl/2006-03/16/content_228841_2.htm）。

政府背后的政党责任、简单地对小政府进行研究是十分困难的，在一个社会转型期、在国家制度重建和社会秩序重构时期，无视政党的研究是我国责任政府研究 10 多年陷入困顿的主要原因，中国责任政府研究迫切需要突破传统研究的藩篱，寻找新的研究领域。

1942 年，美国政治学家谢茨施耐德（E. E. Schattschneider）代表作《政党政府》（Party Government）出版，① 1946 年，美国政治学会（APSA）成立了政党委员会，1950 年，该委员会发表了《走向更加负责任的两党制》，② 美国政治学一个重要的理论——责任政党政府理论诞生了，这一理论从批判美国的政党制度入手，对美国政府体制进行了十分深入的剖析与反思。这一理论也给转型中的中国责任政府的研究带来机遇，从而把中国政治发展、政府发展的研究视野引入更深层的政府环境中，把研究视角触及政府背后的政党、集团等政治组织活动中，使如何建设一个中国共产党领导下的责任政府——责任政党政府的研究浮出水面。但令人遗憾的是，除了 2005 年出版的蒋劲松《责任政府新论》和何文辉《为美国政党辩护》一文中对责任政党政府理论有所提及外，责任政党政府理论几乎再次被中国的政治学界所遗忘。即使是提及这一理论的两部著作由于立论的需要与篇幅的限制，也不可能对这一问题进行深入的分析，从而也影响了我国责任政府的研究向纵深发展。而由于缺乏理论的推动，国内实践界也在不同程度上出现了种种认识的误区，在具体涉及政党和政府关系时也持一种党政上级放权、基层合权的观点，从而带来一些负面影响。本书的深入研究将力求厘清国内理论界和实践界对这一问题的初步的、模糊的认识，对于明确政党政府责任，推进自由、民主、宪政意义上的政党政府义务的回归，乃至中国的政党政府未来发展作出贡献。

---

① E. E. Schattschneider, *Party Government*, New York: Holt, Rinehart & Winston, 1942.
② American Political Science Association, "Toward a More Responsible Two-Party System: A Report of the Committee on Political Parties", *APSR*, 1950 (44), No. 3, Supplement.

第二节 相关概念的界定与阐释

"任何经验性知识都在某种意义上和某种程度上是由概念形成的,这一点非常重要……对事实的描述包含一个按这种意义来理解的概念系统。它不仅是客观现实的一种再现,而且是客观现实的有选择性的安排。"[①] 政治学自发展以来就伴随着对概念的厘清与证伪,从一定意义上讲,政治学首先就是在对概念的解释中得到发展的。由于概念本身有一个发展的过程,同时由于概念的相互联系,许多政治学的语词似乎正如贝尔热所认为的,"已经没有什么概念能说明政党、利益集团和政府之间的固定分工"[②]。根据解释学的判断,任何试图对概念作出定义都必然带有前理解的特征,但是对概念的确认仍然是必要的,它给我们提供了一个分析框架的基础,并使对话成为可能。我们首先必须从政治学的视角对社会、国家、政党、政府、政党政府、责任、责任政府、责任政党、责任政党政府、利益集团等相关概念作出界定。

一、社会、利益集团、阶级与国家

(一) 关于社会

当代管理大师德鲁克曾经这样说过:"要定义什么是社会,正如要定义什么是生命一样,是一件无法办到的事情。首先,我们离它太近了,以致我们迷失在一堆令人晕头转向的复杂细节之中,看不清它的基本而单一的特征。其次,我们本身在很大程度上是它的组成部分,便使得我们无法看到它的整体。最后,也并不存在一条清楚的界线或一个点,可以把非生命与生命截然分开,或把非社会与社会截然分开。"[③] 但是分析思维仍然需

[①] [美] T. 帕森斯著:《社会行动的结构》,张明德等译,译林出版社,2003年版,第31—32页。
[②] [法] 让·布隆代尔等著:《政党政府的性质——一种比较性的欧洲视角》,曾淼等译,北京大学出版社,2006年版,第33—34页。
[③] [美] 彼德·F. 德鲁克著:《社会的管理》,徐大建译,上海财经大学出版社,2006年版,第8页。

要我们把自身从社会中分离出来。

亚里士多德在论述城邦存在的目的时指出,城邦的长成出于人类"生活"的发展,而其实际的存在却是为了"优良的生活"。因此,从这个意义上说,人类是趋向于城邦生活即天生是政治的动物。① 国内学者洪涛在解释城邦时引入了空间的概念。他解释说,城邦的独特之处在于它不是一个疆域国家,不是在一个地域中作为一定数量的人的集合。这一集合的团体,乃是一个共享者的群体,是一个被赋予秩序的空间。② 我们认为这样理解是正确的,确实可以把雅典的城邦和我们今天所说的国家相区别,但是和我们今天说的社会、社团很相似。

洛克区别了夫妻、父母子女、主仆的构成目的、关系和范围,明确指出这些社会关系,不论个别地或联合在一起,都不足以形成政治社会。③《布莱克维尔政治学百科全书》对"社区·共同体"是这样解释的:"它是政治理论中使用十分普遍、然而又欠明确的术语之一。一方面,它似乎表明了社会互动中的一些特殊形式,尽管这些形式究竟为何物还是一个有争议的问题;另一方面,使用这个术语通常意味着它所规定的社会关系中有某些积极和有价值的东西。"④ 其实在柏拉图和亚里士多德的时代,城邦无疑是带有道德价值的,从一定意义上说,马克思的认识和亚里士多德有一致之处,那就是对人的生存状态的空间规定性。但是需要引起重视的就是,马克思的空间概念不是从主观认识出发的,这点和亚里士多德有本质的区别。

既然人天生是政治的动物,那么人在相互交往中必然组成天生的政治关系。罗尔斯在谈及公共理性与民主公民的理想时指出:"其一,政治关系是公民生于其中并在其中正常度过终生的社会之基本结构内部的一种人际关系。其二,在民主社会里,政治权力——它总是一种强制性权力——

---

① [古希腊] 亚里士多德著:《政治学》,吴寿彭译,商务印书馆,1965 年版,第 7 页。
② 洪涛著:《逻各斯与空间——古代希腊政治哲学研究》,上海人民出版社,1998 年版,第 17—19 页。
③ [英] 洛克著:《政府论》(下篇),叶启芳等译,商务印书馆,1964 年版,第 48 页。
④ [英] 米勒等主编:《布莱克维尔政治学百科全书》,邓正来译,中国政法大学出版社,2002 年版,第 152—153 页。

乃是一种公共权力，它永远是作为集体性实体的自由而平等之公民的权力。"① 这个判断暗含着这样的命题，即由于被赋予前国家属性的公民首先是在社会中结成了种种关系，这种社会关系在国家的范畴体现为一种与权力有关的政治关系。

首先，社会是人们交互作用的产物，是人们发生种种政治关系的基础。早在罗尔斯之前的一个多世纪里，马克思就深刻地指出："人即使不像亚里士多德所说的那样，天生是政治动物，无论如何也天生是社会动物。"② 马克思解释说："确切地说，亚里士多德所下的定义是：人天生是城市的市民。这个定义标志着古典时代的特征，正如富兰克林所说的人天生是制造工具的动物这一定义标志着美国社会的特征一样。"③ 里普森则进一步认为，"当我们将自己作为社会动物来研究时，所有人之间的关系是具有意义的，我们将所有这些关系称为社会。政治是许多关系中的一种关系，这个事实有两个意义。首先，政治只有在所有社会关系之中才能被充分理解；其次，我们社会生活的所有方面迟早可能获得政治的意义。因此，要了解政治，我们必须从对整个社会的描述开始，而后确定政治在社会母体中的起源"④。正是人的这种政治性和社会性，决定了"政治学说不可能在一个脱离日常生活世界的密室里漂浮，它们是社会及其治理的生活现实的工作部分"⑤。相对罗尔斯而言，里普森更是用历史的眼光审视了社会与国家的源与流的关系。

其次，人是社会的动物。马克思在 1846 年指出："社会——不管其形式如何——究竟是什么呢？是人们交互作用的产物。"⑥ 马克思进一步指出："社会不是由个人构成，而是表示这些个人彼此发生的那些联系和关

---

① ［美］约翰·罗尔斯著：《政治自由主义》，刘东等译，译林出版社，2000年版，第229页。
② 《马克思恩格斯全集》第23卷，人民出版社，1972年版，第363页。
③ 同上。
④ ［美］里普森著：《政治学的重大问题：政治学导论》，刘晓等译，华夏出版社出版，2001年版，第24页。
⑤ 同上书，第18页。
⑥ 《马克思恩格斯选集》第4卷，人民出版社，1995年版，第532页。

系的总和。"① 人只有在社会中,才能实现人的独立。所以在《经济学手稿(1857—1858)》中,马克思强调:"我们越往前追溯历史,个人,从而也是进行生产的个人,就越表现为不独立,从属于一个较大的整体:最初还是十分自然地在家庭和扩大成为氏族的家庭中;后来是在由氏族间的冲突和融合而产生的各种形式的公社中。只有到十八世纪,在'市民社会'中,社会联系的各种形式,对个人来说,才只是表现为达到他私人目的的手段,才表现为外在的必然性……人是最名副其实的政治动物,不仅是一种合群的动物,而且是只有在社会中才能独立出来的动物。"②

于是我们看到,关于社会的定义其实是一个历史的发展范畴,严格意义上的社会不是从来就有的,而是伴随着资本主义的大发展而出现的一个限制性的概念。在本书中,我们使用的社会首先是在马克思的这个意义上使用的定义,即把社会定义为人类政治生活中发生的政治关系的总和;其次,我们还把社会定义为与国家相对的概念,把社会等同于自治和独立的市民社会和社会组织、社会团体。

(二) 关于利益集团

马克思指出:"人们奋斗所争取的一切,都和他们的利益有关。"③ 伴随着资本主义生产方式的多元化,原先的社会分工被细化了,社会进入利益多元的时代,作为政治学考察对象的利益集团产生了。

首先,利益集团是基于人们不同的利益要求而产生的。从最基本的含义看,利益集团(interest group)是由于利益差别而产生的,它不仅仅是由于政治利益的不同,"在每个高度组织化的技术社会,各种各样不同的产业维持着生活。人们存在文化、经济、教育、种族和宗教背景上的差别。这些对人和企业的不同分类,就是利益集团的最初形式"④。同样在阿尔蒙德看来,利益集团只是因兴趣或利益而联系在一起,并意识到这些共

---

① 《马克思恩格斯全集》第46卷(上册),人民出版社,1979年版,第220页。
② 同上书,第21页。
③ 《马克思恩格斯全集》第1卷,人民出版社,1956年版,第82页。
④ [美]迈克尔·罗斯金等著:《政治科学》,林震等译,华夏出版社,2001年版,第196页。

同利益的人的组合。① 这是最一般意义上的定义。

第二，利益集团来自社会。在社会发展到一定时期后，古希腊统一的城邦的理想也必然被颠覆。洛克认为国家本身就是处于分立的，是种种分立的社会的集合。洛克认为，在一个国家中，存在多种的独立的社会——Commonwealth。"Commonwealth"一词，"应当被理解为并非指民主制或任何政府形式而言，而只是指任何独立的社会……它最确切地表达人们的那样一种社会，而英语的'Community'（共同体）或'City'（城市）都不恰当。因为在一个政府之下可以附属有各种共同体"②。洛克的判断在今天看来已经具有一种真理性的价值。在利益分化的今天，这里的社会已经不再是一种简单的政治关系的总和，而是一种狭义的社会，是我们今天所说的社会利益团体的雏形。

第三，利益表达的过程就是利益集团进入政治过程的开始。政府作为公共权力的行使者受利益集团的深刻影响，"行政管理者远不如代理商那样能随便行使其自由处置权，因为他们实际上处于利益集团代表的包围之中，这些代表们都想让其价值观在机关政策中占优势"③。当利益集团进入政治过程时，则显示了不同的特征。D. B. 杜鲁门从动态的政府过程中给利益集团下了更为贴切的定义："利益集团是在社会中提出特定要求，具有共同态度的集团。当它通过任何一种政府的机构提出自己的要求时，它就变成了政治利益集团。"④ 除了杜鲁门的定义，在另外一部美国人的著作中，则对这一定义作了更加明确的限定：利益集团就是"一种具有相同目标、并积极地试图影响各级政府决策者的个人组成的有组织群体"⑤。从这一定义中我们可以看出，杜鲁门定义中的利益群体利益主张的对象已经从

---

① ［美］加布里埃尔·A. 阿尔蒙德等著：《比较政治学：体系、过程和政策》，曹沛霖等译，上海译文出版社，1987年版，第200页。
② ［英］洛克著：《政府论》（下篇），叶启芳等译，商务印书馆，1964年版，第81页。
③ ［美］菲利克斯·A. 尼格罗著：《公共行政学简明教程》，郭晓来等译，中共中央党校出版社，1997年版。第40页。
④ ［美］D. B. 杜鲁门著：《政治过程》，陈尧译，天津人民出版社，2005年版，第41页。
⑤ ［美］施密特等著：《美国政府与政治》，梅然译，北京大学出版社，2005年版，第167页。

广泛群体演变为政府,这一演变的过程就是利益集团影响政府、进入政治过程的开始。

第四,利益集团有趋向复杂化的迹象。在利益集团众多的国家尤其是美国,严格地区别利益集团的人数或国籍都是困难的,因为有些人同时属于几个利益集团。这些集团里既有寻求成员经济利益的集团,也有寻求成员政治、社会权益的集团,还有寻求公共利益的集团;既有一国内部的利益集团的政治活动,也有外国利益集团在一国的院外活动。所有这些都在不同程度上影响着一国政治的运行。

因此,基于上述判断,我们在本书中对利益集团的定义是指代表社会中多样政治主张、并以介入政治过程为最终手段从而实现自身利益要求的政治性的社会团体。而当利益集团进入政治过程的时候,利益集团(interest group)则变成了压力集团(pressure group)。因此我们认为,利益集团和压力集团只是由于在政治过程中的位置不同而已,并无本质差异。为了论述的需要,本书也不对利益集团和压力集团作出区分。

(三) 关于阶级

前文已经对利益集团的概念的初步解释为我们分析阶级提供了前提。《布莱克维尔政治学百科全书》认为社会阶级是一个表述社会成员划分情况的概念,可以把社会生活划分为三个领域或三个层次:其一,经济结构的层次,包括商品和劳务的生产和交换领域的各类关系,这些社会关系独立和外在于个人意志,并界定其所填补的"空白"地位;其二,社会意识的主体之间的层次,或富有意义的层次,即生存经验的"内部世界",包括个人如何看待自己和他人;其三,社会生活各个不同领域中个人和集体行动的层次,包括个人作为私人、消费者、劳动者和公民的行为,他们的生活方式和选举行为,以及他们在产业和政治上的组织方式。那么当某一社会的这三个社会生活层次之间存在重要联系时,即假若由经济决定的地位同人们的生活经验和意识有重要的联系,假若这二者对人们作为消费者、劳动者或公民的行为——如何生活、加入何种组织、支持何种党派等等具有重要影响的话，这一社会中便存在阶级。①

如果仅仅从这样的判断出发，我们很难把阶级和利益集团严格地区别开来，或者仅仅把阶级看做是利益集团的一种特殊表现形式。但是马克思主义政治学告诉我们，阶级是一定历史阶段的产物，"是生产力发展到一定历史阶段的产物，如果撇开经济的因素，就注定会走向失败"②。

列宁1919年在《伟大的创举》中对阶级下了定义："所谓阶级，就是这样一些大的集团，这些集团在历史上一定的社会生产体系中所处的地位不同，同生产资料的关系（这种关系大部分是在法律上明文规定了的）不同，在社会劳动组织中所起的作用也不同，因而取得归自己支配的那份社会财富的方式和多寡也不同。所谓阶级，就是这样一些集团，由于它们在一定社会经济结构中所处的地位不同，其中一个集团能够占有另一个集团的劳动。"③ 这一概念突破了《布莱克维尔政治学百科全书》中关于阶级的平面化定义的缺陷，而把阶级引入到强烈的社会对抗之中。人们加入政党等组织并不仅仅是由于认知和行为取向的差异，也是为了在强烈的社会对抗——阶级冲突中维护本集团的利益，从而直接把本集团的主张指向政治权力，指向本阶级的统治工具——国家。

（四）关于国家

根据亚里士多德的逻辑，合群是人的本质属性，人必须在一定的共同体或社区或社群（Community）中才能实现这种本质。而作为国家前身的城邦也是以公共利益为核心的需要契约的特殊的社会共同体。亚里士多德在《政治学》开篇就说："我们见到每一个城邦（城市）各是某一种类的社会团体。"④ "社会团体"，根据纽曼（W. L. Newman）校订的《政治学》中译本的注释，亚里士多德认为可以作为"二人以上群众组织所组成的'团体'。组成这种团体的分子可以是不相等的人们，如主奴。也可凭共同

---

① [英] 米勒等主编：《布莱克维尔政治学百科全书》，邓正来译，中国政法大学出版社，2002年版，第133页。
② 王沪宁著：《政治的逻辑——马克思主义政治学原理》，上海人民出版社，2004年版，第71页。
③ 《列宁选集》第4卷，人民出版社，1995年版，第11页。
④ [古希腊] 亚里士多德著：《政治学》，吴寿彭译，商务印书馆，1965年版，第3页。

目的，作共同活动而构成政治团体，如城邦……组成政治团体则应有契约"①。

为什么产生国家，从自然法的角度看，西方政治思想家一度认为国家的产生是对自然状态的取缔。洛克批判了霍布斯对于自然状态的可怕的描绘，认为自然状态是一种平等的状态，"在这种状态中，一切权力和管辖权都是相互的，没有一个人享有多于别人的权力"②。作为对霍布斯单一契约的批判，洛克强调了亚里士多德关于国家是基于共同契约的观点，认为要结束自然状态，必须以共同契约的形式建立国家，"因为并非每一个契约都起终止人们之间的自然状态的作用，而只有彼此相约加入同一社会，从而构成一个国家的契约才起这一作用；人们可以相互订立其他协议和合约，而仍然处在自然状态中"③。

从历史的维度看，马克思也认为国家不是从来就有的，"曾经有过不需要国家，而且根本不知道国家和国家权力为何物的社会"④。马克思说："在人们的生产力发展的一定状况下，就会有一定的交换（commerce）和消费形式。在生产、交换和消费发展的一定阶段上，就会有相应的社会制度、相应的家庭、等级或阶级组织，一句话，就会有相应的市民社会。有一定的市民社会，就会有不过是市民社会的正式表现的相应的政治国家。"⑤ 在阶级社会中，国家必然是统治阶级的国家。恩格斯说："由于国家是从控制阶级对立中产生的，由于它同时又是在这些阶级的冲突中产生的，所以，它照例是最强大的、在经济上占统治地位的阶级的国家，这个阶级借助于国家而在政治上也成为占统治阶级地位的阶级，因而获得了镇压和剥削被压迫阶级的新手段。"⑥ 由于剥削阶级的国家不择手段地从社会中获得整个社会的所有权，因此，国家的本质特征就是"和人民大众分离的公共权力"⑦。而无产阶级专政的重要使命就是"把靠社会供养而又阻碍

---

① ［古希腊］亚里士多德著：《政治学》，吴寿彭译，商务印书馆，1965年版，第3页。
② ［英］洛克著：《政府论》（下篇），叶启芳等译，商务印书馆，1964年版，第5页。
③ 同上书，第11页。
④ 《马克思恩格斯选集》第4卷，人民出版社，1995年版，第174页。
⑤ 同上书，第532页。
⑥ 同上书，第172页。
⑦ 同上书，第116页。

社会自由发展的国家这个寄生赘瘤迄今所夺去的一切力量，归还给社会机体"，"这是社会把国家政权重新收回，把它从统治社会、压制社会的力量变成社会本身的生命力；这是人民群众把国家政权重新收回，他们组成自己的力量去代替压迫他们的有组织的力量"①。也就是说，只有在社会主义国家里，社会权力才能被解放出来，国家权力才能和社会权力高度一致。

因此，我们在本书中从马克思主义政治学的基本观点出发，把国家首先理解为一种阶级社会中特殊的阶级专政的政治共同体，国家不能脱离社会而存在，国家是产生于社会中的以公共权力为核心的特殊的社会共同体。国家就是社会共同体与政治共同体的结合。

二、政府、政党与政党政府

（一）关于政府

"民族国家有几个显著的特征，像领土、人口、独立性和政府。"② 国家作为一种公共权力的代表，它必然要借助于其内部组织机构来行使这种政治权力。当不可分割的主权理论被分权理论所取代时，政府的作用也发生了。"国家是把政治的动力组织起来并使之形式化的机构……每个国家都有自己的政府，政府意味着握有官方职权的人代表国家行使权力。"③ 因此，从最一般静态的意义上说，除了特殊时期如地下政府或流亡政府外，政府总是和国家相联系的。"一个国家必须明显拥有一些针对民众的有组织的力量……没有政府就没有国家。"④

首先，在传统的思维模式中，政府总是一定具体的可见的机构。西方政治学对于政府的产生给出了许多假定，但不管是契约论还是神创论，他们都认为政府是伴随人类社会的历史而产生的。因为人类社会存在和发展必须伴以良好的社会秩序，按照洛克的判断，公共权力的行使就是出于控

---

① 《马克思恩格斯选集》第 4 卷，人民出版社，1995 年版，第 57、58、116 页。
② [美] 迈克尔·罗斯金等著：《政治科学》，林震等译，华夏出版社，2001 年版，第 32 页。
③ [美] 里普森著：《政治学的重大问题：政治学导论》，刘晓等译，华夏出版社，2001 年版，第 42—43 页。
④ [美] 迈克尔·罗斯金等著：《政治科学》，林震等译，华夏出版社，2001 年版，第 34 页。

制私人权力、维护公共秩序的目的,"上帝确曾用政府来约束人们的偏私和暴力"①。因此"社会一旦组成,政府就必然产生,它对于保持和维护社会秩序是必需的"②。这一点在国内许多学者得到积极的响应。谢庆奎教授就明确指出,公共权力是人类社会与生俱来的,只要人类社会存在,就会有公共权力的行使。③

从历史的视角出发,国内学者乔耀章教授认为政府只是和社会秩序的维持有关,而不同一定具体的表现形式有关。因此讨论政府是国家机构还是非国家机构主要是讨论社会秩序的维持者在特定历史时期是否存在的问题,而不是其表现形式的问题。政府在不同的时期可以有其不同的表现形式,既存在着国家机构的政府,也存在着非国家机构的政府。④ 我们认为这样的研究视角是有价值的,但限于研究意义的需要,本书中讨论的政府仅仅限于作为国家机构的政府。

其次,政府结构形式。亚里士多德把政府分为六种形式,即为正义和公益的常态政体如君主制、贵族制和共和制,为私利和邪恶的变态政体如僭主制、寡头制和平民制。我们不难看出,在亚里士多德的划分中,主权的归宿是重要的划分标准,而并不涉及到权力是如何行使的范畴。现代政府是以自由民主作为价值内核的,因此自由民主的国家制度及在此基础上的政府结构也多为人们普遍接受,因此,本书的展开也是基于自由民主制度下的政府结构形式,并不专题讨论君主制、贵族制等其他政体。相反,我们把亚里士多德所谓"常态"的君主制和贵族制看做是对自由民主制度的一种变态,看做是对现代政府制度的一种反动。

第三,政府的广义和狭义。即使从功能行使的角度看,政府也同样有广义和狭义的区分,广义的政府功能是对秩序的维持与公共利益的分配,因此政府由于广义的功能也必然产生广义的政府。在洛克和孟德斯鸠之前,政府就属于广义的政府,即包括立法、司法和行政机关的。当然也是

---

① [英]洛克著:《政府论》(下篇),叶启芳等译,商务印书馆,1964年版,第10页。
② [英]边沁著:《政府片论》,沈叔平等译,商务印书馆,1996年版,第128页。
③ 谢庆奎著:《当代中国政府与政治》,高等教育出版社,2004年版,第8页。
④ 乔耀章著:《政府理论》,苏州大学出版社,2000年版,第6—12页。

在洛克那里，由于继承了亚里士多德的职能划分，政府开始被逐步地划分为立法、执行、对外等机关，"处在政府之下的人们的自由，应有长期有效的规则作为生活的准绳，这种规则为社会一切成员所共同遵守，并为立法社会所建立的立法机关所制定"①。这里，立法机关已经从政府体系中独立出来。② 只是到了分权理论产生并被美国引为政治原则之后，政府才有了最严格的狭义层次的定义，行政机关的地位开始超越立法机关凸显出来。在威尔逊看来，"行政机关是政府最明显的部分，是行动中的政府；行政机关和政府一样历史悠久，它是政府的执行者、维护者，更是政府最令人注目的组成部分"③。在本书中，我们讨论的政府是广义的政府而非狭义的政府。除非作出特别注释，否则本书中的政府（Government）意即行政机构（Administration）与议会（Congress）之和（本书"政府"一般不包括司法机关），因此在具体的阐述中，也不对这两个词语的用法进行区分。④ 同时由于政府在一定时期、一定条件下会有不同的形式表现，因此在本书中，我们把政府局限在依托国家力量，掌握和行使公共权力，对公共利益进行再分配的立法和行政机关。

（二）关于政党

前文已经说过，当利益集团进入政治过程后，则变成了压力集团（pressure group）。在美国政治学家谢茨施耐德看来，政治组织有两种基本

---

① [英] 洛克著：《政府论》（下篇），叶启芳等译，商务印书馆，1964年版，第16页。

② 国内"政府体系"概念源自陈红太教授的《当代中国政府体系与政治研究法》，他在书中把中国政府体系定义为"人民民主专政体系"，我们在此处借用这一概念，强调政治与行政的融合，即政治统治与行政管理体系。但在这一体系中，我们不把政党包括在内。也就是说，政府体系事实上是广义的政府——即包括立法、司法和行政机关。

③ [美] 伍德罗·威尔逊：《行政学研究》，转自竺乾威等：《公共行政学经典文献》（英文版），复旦大学出版社，2000年版，第8—9页。

④ 在苏州大学沈荣华教授看来，广义政府的认识尽管理论色彩过于稀薄，但是之所以流传，与中国两千多年的封建历史及对政治权力结构的简单认识有关，是一种对历史沿承式的理解。（见沈荣华等著：《地方政府治理》，社会科学文献出版社，2006年版，第5页。）我们同意这样的判断。同样我们在本书中使用这样的概念，也和中国政治权力结构尚未完全分开的现实有关，因此，使用广义政府的概念可以帮助我们进行更加有效的分析。

形式：政党和压力集团。① 政党政治是现代政治的重要组成部分，政党的产生首先是和政党的功能联系起来。我们从以下五个方面认识政党：

第一，政党制度是和一定的社会自由表达相联系的，"西方国家的民主政党制度可以解释为这样的一种制度：大多数居民都有选举权，享有结社自由和言论自由，并按照多数裁定的原则作出决议，保障少数派的权利，共同遵守宪法和进行选举，以实现政权的和平转移和依法保护个人的权利"②。

第二，政党是特殊的利益集团。从介入政治过程的一般目的来看，政党的产生和利益集团有强烈的相似之处。政党（Party）原意为一部分，欧美等国在17—18世纪开始在政治生活中使用这一词汇。"当时政党与派别同义，并且同时使用，指社会上一部分政治观点和利益相同的人组成的政治集团。"③ 作为政党滥觞的辉格党和托利党从根本上看也是出于利益主张的不同而各自形成的集团。在美国，党派的产生也自然和利益有关，所不同之处美国的主要政党是在同一阶级内部产生而已。

第三，政党一旦产生，就有了区别于一般利益集团的政治功能。《布莱克维尔政治学百科全书》把政党的功能限定为：目标制定、利益表达、社会化和动员、精英的形成与遴选。④ 因此，从这样的功能看，政党必然是一个有特定的政治价值、严格的组织体系和程序的政治组织。但是这样界定的缺陷在于没有把政党的特征和压力集团区别开来，谢茨施耐德认为政党和压力集团的首要区别就是政党是一个极力攫取权力的政治组织。⑤ 这一点也为后来的爱泼斯坦所赞同。阿尔蒙德在1958年的论文《利益团体和政治过程的比较研究》里曾经对政党和利益集团作这样论述："在英

---

① E. E. Schattschneider, *Party Government*, New York: Holt, Rinehart & Winston, 1942, p. 35.
② [美]哈罗德·F. 戈斯内尔等著：《美国政党和选举》，复旦大学国际政治系译，上海译文出版社，1980年版，第2页。
③ 曹沛霖等著：《比较政治制度》，高等教育出版社，2005年版，第163页。
④ [英]米勒等主编：《布莱克维尔政治学百科全书》，邓正来译，中国政法大学出版社，2002年版，第562页。
⑤ E. E. Schattschneider, *Party Government*, New York: Holt, Rinehart & Winston, 1942, p. 35.

美型的政治体系内，政党和利益团体的机能是非常明确地分化开的。利益团体表示出了社会上的政治要求，通过对问题的提起和交易在其他的团体之间争取获得对这些要求的支持，根据对政治上的人事选择以及公的方面的政策形成和实施等各种各样的过程所给予的影响，试图对这些要求根据权威的公共政策加以转换。政党也有着从严格的意识形态朝向自由的倾向，属于集约型的特点。也就是说，根据政治人事和公共政策的内容所提供的选择，将得以形成最大可能的利益团体联合。"①

第四，政党是压力集团接近政府的工具。这是杜鲁门的定义，当然这样的定义是有条件的，"全国性的政党在特定时刻具有流动性和不稳定性，更多地是由临时性的个人组成的联盟，而不是持续的制度化关系。这意味着政党和其他政治利益集团之间的关系同样是变化的。因此，政党是否能作为集团接近政府的适当工具，不仅取决于该集团，而且也取决于特定的时刻、地点以及有关政权的层次上的特征"②。

第五，政党通过纲领的认同来整合社会利益集团。无论利益集团拥有多少成员，但在民主国家里，利益集团通常融入政党过程以实现利益主张。我们知道，在特定的阶段，政党的主要功能是进入政府，并围绕进入政府的过程展开活动。在法国政治学者让·布隆代尔看来，政党的活动分为两个部分：一方面是社会的输入——它通过执政党带入政府这个"黑箱"，另一部分是国家产生的输出——它由政府在"黑箱"中进行组织和控制，政党政府将这两部分中所发生的活动联系在一起。③ 而这一复杂的政治过程需要一个组织严密的政治团体才能胜任，虽然利益集团试图拥有这样的能力，但是在各国的政治实践中，尤其是在《政党法》颁布的一些国家，利益集团也只有汇入政党过程才能实现自身的利益诉求。在美国，利益集团不能提名公职候选人，即使一个公职的候选人可能在价值判断上

---

① G. A. Almond, "A Comparative Study of Interest Group and Political Process"，转自[日] 内田满：《早稻田与现代美国政治学》，唐亦农译，复旦大学出版社，2003年版，第257—258页。

② [美] D. B. 杜鲁门著：《政治过程》，陈尧译，天津人民出版社，2005年版，第307页。

③ [法] 让·布隆代尔等著：《政党政府的性质——一种比较性的欧洲视角》，曾淼等译，北京大学出版社，2006年版，第5页。

倾向于甚至实际上就是某一利益集团的成员，但是他一旦参加竞选，就必须依附于某一政党，以某一政党成员而非利益集团成员参加竞选。

以上五个方面都在不同程度上揭示了政党的某些内容，但都仅仅反映了政党特征的某一方面。我们认为，所谓政党就是产生于阶级社会中的、基于共同纲领和共同行动的政治组织，这一政治组织一旦产生，便致力于获取与维持政府权力，并在政府中推行本阶级的政治理想，履行本阶级的政治责任、行政责任、道德责任和法律责任。

（三）关于政党政府

在欧美地区，至少从19世纪30年代起，政党已经在政府框架内发生作用，但是很长时期里并没有人对政党政府这个命题展开讨论。第一个较为详尽地对政党政府进行研究的是英国政治学家布赖斯（Bryce），其在1891年出版了《美利坚共同体》（The American Commonwealth）一书。该书对政党政府首先作了界定："在法国、意大利和英格兰，政党政府意味着一伙人——通过持有一套观念而联合起来的或者声称是这样联合起来的——获得了对整个政府机器的控制，并依照这些观念管理它。"[①] 在布赖斯看来，政党政府的形式并没有许多疑问，政党政府确实在英国、法国和意大利存在。在其之后，政党政府的研究又陷入沉寂。1942年出版的谢茨施耐德的《政党政府》是较早以政党政府命题的著作，但是书中并没有对政党政府作出概念的界定；罗斯（Rose）在1974年出版的《政党政府的问题》（The Problem of Party Government）同样没有对这一概念进行考察。1986年出版的维尔登曼（Wildenmann）等人的著作《政党政府的幻想与现实》仍然没有对这一概念进行深入的探讨。让·布隆代尔尖锐地指出："一方面，政党在政府中起到了不容忽视的作用；另一方面，我们对这种作用缺少分析。这两方面的反差——实际上是不协调——是思想史上一个非常有趣的现象……现在的问题在于：有关'政府'和'支持政府的政党'之间的联系成了一个盲点。"[②]

其实政党政府强调的是政党进入责任政府后，政府与政党功能与结构

---

① 转引自［法］让·布隆代尔等著：《政党政府的性质——一种比较性的欧洲视角》，曾淼等译，北京大学出版社，2006年版，第5页。

② 同上书，第3页。

的变化。在政党出现以前,政府已经存在,人民通过选举组成政府——责任政府;政党的出现包揽了选举,政党出现在人民与政府之间并成为政府与人民沟通的桥梁,而这样的政府就成为政党政府。

当然并不是说出现了政党就意味着政党政府的出现。里查德·卡茨(R. S. Katz)指出,政府要成为"政党政府",必须满足三个条件:第一,根据政党的纲领,通过选举来选拔人员,由他们来制定政府的所有重大决策,或者政府的决策者由他们来任命并对他们负责。第二,如果存在"一党"政府,那么由执政党制定政策;如果存在联盟政府,则由各政党协商制定政策。第三,最高官员如内阁总理必须在本党内选择,并通过他们所属的政党对人民负责。①

基于以上分析我们认为,政党政府出现在政党诞生并垄断选举以后的责任政府,是一个或多个政党共同掌握权力和制定政策,并通过政党向人民负责的现代民主政府。政党政府可以存在于内阁制,也可以存在于总统制、委员会制和人民代表大会制等国家中,但是其本质在于人民将通过政党控制政府,而不是政党替人民控制政府。

三、责任、责任政府与责任政党政府

(一) 责任的内涵

在美国政治学中,责任一词是汉密尔顿或麦迪逊在《联邦党人文集》第63篇首先提出的:"笔者还要提出政府对人民应负责任的问题,这种责任本来起源于选举,恰恰因选举过于频繁,却反而因之缺如。……负责任,如果要求得合理,必须限于负责一方权力所及的事务上;而要做到有效的负责,又必须关系到此种权力的行使上。"② 在许多美国政治学家看来,这意味着负责任的政治家是为人民去做那些他们不能为自己做但能够形成一种判断的事情。③

---

① [法] 让·布隆代尔等著:《政党与政府——自由民主国家的政府与支持性政党关系探析》,史志钦等译,北京大学出版社,2006年版,第3页。
② [美] 汉密尔顿等著:《联邦党人文集》,程逢如等译,商务印书馆,1980年版,第320页。
③ [美] 哈维·C. 曼斯菲尔德:《驯化君主》,冯克利译,译林出版社,2005年版,第310页。

《布莱克维尔政治学百科全书》对责任作了这样的阐述:"在政治活动和公共管理中,'责任'最通常、最直接的含义是指与某个特定的职位或机构相连接的职责,这种责任意味着那些公职人员应当向其他人员或机构承担履行一定的工作和职能。责任也通常意味着那些公职人员应当向其他人员或机构履行一定职责的责任或义务,这些人可以要求他们作出解释。"①

美国天主教大学教授约翰·肯尼思·怀特(John Kenneth White)认为,责任等同于"应该承担的责任或负有说明义务"②的意思。斯瓦茨摩学院(Swarthmore College)的罗兰德·彭罗克(J. Roland Pennock)在《回应、责任、多数统治》一文中也表达了相似的观点。他认为,责任与回应、多数统治一道构成了政治学的学科内容,尤其是体现在政治科学家评价政府组织行为方面。从一般意义上看,责任这一观点和两个问题相互联系:一是责任意味着"应该负责任"(accountability),和有责任的(answerability)意思近似。对于个人来说,这是指他的行为对他人负有责任;对于政府来说,这是指它必须被选民所控制。同样,内阁为了迎合议会的欢心通常自称向立法机关负责。二是基于美国词典编辑家韦伯斯特(Webster)的认识,在政治科学中很少提及的,即可解释性(explicability)。但是,从政治责任的角度看,基于以上认识的无论是两党制还是议会制度,都没有完全解决对于政治责任的问题。③ 罗兰德·彭罗克认为,责任除了上面的含义,也意味着一种向中肯的事实和价值的理性后果无限接近的趋势。④

休士顿大学明湖分校的斯塔林教授(Grover Starling)认为,尽管很难穷尽或界定政府责任,但其所涵盖的基本价值在于:一是回应(responsiveness)。这意味着政府对民众要求作出反应,并采取积极措施解决问题。

---

① [英]米勒等主编:《布莱克维尔政治学百科全书》,邓正来译,中国政法大学出版社,2002年版,第701页。

② John Kenneth White, "Responsible Party Government in America", *Perspectives on Political Science*, 1992 (21), pp. 80–90.

③ J. Roland Pennock, "Responsiveness, Responsibility, and Majority Rule", *APSR*, 1952 (46), pp. 796–798.

④ Ibid., p. 807.

二是弹性（flexibility）。在政策形成和执行中，政府不能忽略不同群体、不同地域或对政策目标达成的情景差异。三是能力（competence）。行政责任同样要求政策的制定和执行受到恰当的、认可的目标标准的指引，政府的行为应是谨慎的，而不是仓促的，应当关注结果，不应玩忽职守。同时政府的行为应当是有效率和有效能的。四是正当程序（due process）。政府的行为应受到法律的约束，而非受到武断的意志的支配，非经法律程序不得剥夺任何人的生命、自由和财产。五是责任（accountability）。一个组织必须对其外部的某些人和某些事负责，在做错事情时，一些人必须承担责任。六是诚实（honesty）。①

我们认为，责任意味着一种应然的职责、能力和义务。具体而言，任何政治组织一旦形成，都必须首先赋予其程序上的认定与义务的附加，从而使之内化为一种应然的措施与行动。

（二）责任政府的内涵

1. 国外学界对于责任政府的基本判断

在西方政治理论中，责任政府（Responsible Government）是多有争议的一个词语。在国外学界的认识中，责任政府首先是一种价值取向。正如斯塔林所说："就其一般意义而言，责任政府对于自由民主主义的概念来说是非常重要的。"② 而澳大利亚政治学网站对这一词语是这样进行解释的，责任政府是民主制度的基本词语（fundamental terms）和关键词语（key term）之一，责任政府用来描述一种政治体系——行政长官、内阁、政府各部都要对立法部门负责。在英国、澳大利亚、加拿大、新西兰等国家，主要以下院的选举来实现人民对政府的约束。基于这样的认识，美国政府算不上责任政府，因为总统不是向两院负责，而是向政党负责。③

其次，责任政府也是一种制度安排。为了保证责任的实现，责任政府就必须同时存在一个必要的制度安排。责任政府是一种制度安排已经成为

---

① Grover Starling, *Managing the Public Sector*, Homewood, Ill: The Dorsey Press, 1986, pp. 115 – 125.

② Ibid., p. 702.

③ http://www.australianpolitics.com/democracy/terms/responsible-government.shtml, 2005 – 11 – 10.

西方学者的共识,《布莱克维尔政治学百科全书》把责任政府放在制度卷中考察也可以说明这一认同。加拿大的学者则认为,代议制和责任政府是今天民主体制的基石,一般说来是指政府必须向选民负责。在加拿大,这一语词是指政府向立法组织负责。它包括以下含义:基于责任政府的原则,政府的权力是有限的,政府没有超越法律的权限;责任政府基于众议院的同意而产生,因此必须向其负责;行政官员在行使权力时必须获得议会的支持。同样,在责任政府目标达到以后,以下规定必须得到普遍接受:执行官的头衔意味着权力;这一头衔仅仅授予议会信任的大臣;头衔仅仅拥有充当大臣建议者的角色;大臣是内阁一个部的一员;如果该部失去了议会的信任,其必须辞职或展开新的选举。①

而作为法律层面的解释,布莱克法律词典对"责任政府"的解释是:"这个术语通常用来指这样的政府体制,在这种政府体制里,政府必须对其公共政策和国家行为负责,当议会对其投不信任票或他们提出的重要政策遭到失败,表明其大政方针不能令人满意时,他们必须辞职。"② 我们从这个解释中可以看出责任政府的消极责任承担方式。

2. 国内学界对于责任政府的理解

国内对于责任政府的内涵理解主要有四种观点:第一种观点引用了《布莱克法律辞典》对"责任政府"的解释,认为这是从公法的视角来对权力做出的制度安排。③ 第二种观点主要是李景鹏教授提出的。他认为,责任政府的关键就是一个责任心,只有当一个政府能够很好地转变了政治观念,明确了政府在各项工作中的责任,在实践中认真地实现这些责任,并能建立起严格的责任追究制度的时候,这个政府才能称得上是责任政府。④ 第三种观点由王邦佐、桑玉成教授提出。他们认为,"在现代政治实践中,所谓责任政府并不是一种意志表示,而是一种政治原则,以及建立

---

① http://www.canadiana.org/citm/specifique/responsable_e.html#responsibledef, 2005 – 11 – 10。

② Henry Campbell Black, *Black's Law Dictionary*, 6th edition, St. Paul, Minn: West Publishing Co, 1990, p. 1180.

③ 吴威威著:《构建责任政府的理论思考》,载《湖北社会科学》,2004 年第 1 期。

④ 李景鹏著:《政府的责任和责任政府》,载《国家行政学院学报》,2003 年第 5 期。

在这种政治原则基础上的政府责任制度"①。第四种观点由张成福教授提出，认为责任政府既是一种价值，又是一种制度安排。"责任政府既是现代民主政治的一种基本理念，又是一种对政府公共行政进行民主控制的制度安排。"② 这也是目前较有代表性的观点，许多学者都同意或引用这一观点。

从以上的对比分析中，我们可以得出责任政府的一般定义，即责任政府是一个由人民选举产生并通过人民代表向人民负责的政府。人民通过选举控制政府，责任政府必须在人民的控制之下，由于得到人民的同意而获得权力，由于失去人民的支持而失去权力。

（三）关于责任政党政府

1. 责任政党

应该说，责任政党是一个相对的概念，它包含着对政党责任理解的差异。在一个并非一党制的国家中，"政党责任是指通过选举而实现的两党对社会大众的责任。政党通过选举而对社会负责，意味着政党不只有一个，因为社会有选择的余地时才能让一个政党承担责任"③。在美国，由于联邦主义与分权主义的政治基础，政党也呈现了极大的松散性，因此责任政党提出的初衷就是试图以社会责任的担当结束美国式政党的普遍性分权。

在此基础上，我们认为，责任政党主要包括以下几个方面的内容：第一，责任政党必须有同一纲领。纲领是政党的基础，纲领不同，政党也不同。第二，责任政党必须有严密的组织结构，不允许组织内部的分裂甚至对立。第三，责任政党不仅仅包含执政党，也包括参政党和反对党。第四，政党的责任包括公共责任（外部责任）和组织责任（内部责任）。政党（包括参政党和反对党）的外部责任体现在公共责任意味着公民的政策选择权，内部责任意味着政党内部的民主过程并体现为党魁对于党员、干部规定的责任。第五，责任政党必须有强烈的人民性，能够成为人民自由意志表达的渠道。总之，责任政党就是指建设一个有严密纪律和组织结构

---

① 王邦佐等著：《论责任政府》，载《解放日报》，2003年5月13日。
② 张成福：《责任政府论》，载《中国人民大学学报》，2000年第2期。
③ 转引自蒋劲松著：《责任政府新论》，社会科学文献出版社，2005年版，第489页。

的、民主的、责任的、有效的政党，它必须能够充分表达人民意愿并为人民控制，也能处理现代政府的复杂问题。

2. 责任政党政府

首先需要强调的是，责任政党的责任不是抽象的，它仍然要借助于责任政府这一渠道进行意志表达和责任担当；其次，从形式上看，责任政府、政党政府与责任政党政府并没有严格区别。但是责任政府、政党政府和责任政党政府在政治价值上有着很大的不同。应当看到的是，世界许多国家都实行代议制，即由人民选举代表来组成议会和政府，并由议会对政府进行控制。但是如果人民被抽象化为一种政治符号，代表则可以滥用人民的委托并扭曲人民的意志，从而使政府背离人民的意志，这就形成了代议制危机。政党政府的历史要晚于责任政府，它强调的是政党在政府中的民主价值，即人民能够通过政党控制政府，从而弥补代议制的不足。甚至在一些政治学家看来，政党政府是发生在责任政府之后的一种对责任政府代议制危机的替代模式和解决方案。从这一视角看，那么英国在18世纪实行的责任政府（responsible government），尚不是政党政府（party government），"责任政府不只在时间上先于政党政府，且后者还有很大部分是由前者演进而来"①。因此，政党政府不是对责任政府的一种简单的概念替代，而是说明一种利益诉求和回应渠道的变化。在前者，政府通过议会向人民负责，是议会"为"人民控制政府；而在后者，政府则通过政党向人民负责，是"由"人民控制政府。②

但是，代议制的危机也会在政党政府中出现，遵循同样的逻辑，政党也可能和代议制政府一样，逐步背离人民的意志，并再次借用人民的名义追逐一党之私利。因此作为对责任政府和政党政府的双重否定，责任政党政府成为一种民主的实现形式和价值体现就不难理解了。责任政党政府有可能超越责任政府和政党政府的双重危机，形成一种更加理想的政府制度和政党制度。根据马克思的社会形态理论，林尚立教授提出了政治形态的概念，"政治形态，就是政治权力、政治结构、政治过程和政治意识的有

---

① [意]吉奥瓦尼·萨托利著：《最新政党与政府制度》，雷飞龙译，韦伯文化国际出版有限公司，2003年版，第31页。
② 同上。

机统一,其中政治权力是决定性因素","政治形态的中轴是政治权力,赢得政治权力是创生新的政治形态的前提"。① 政治形态的概念较好地解决了责任政党政府研究的理论困惑,因此从这一概念出发,我们认为研究责任政党政府主要是研究进入国家政治过程中政党和政府功能重组的政治形态。我们可以从以下三个方面来理解这一命题。

首先,责任政党政府是由人民通过责任政党控制的政府。在责任政府中,人民通过代表组成议会来控制政府,但是代议制使人民仅仅依靠议会单一渠道实现对政府的控制已经变得困难,人民必须通过更加直接的渠道来控制政府,责任政党就是这一畅通的渠道,因此,责任政党政府首先是责任政党的政府。

其次,责任政党政府是指进入政府体系的责任政党过程。在对政府形式进行充分分析以后,密尔坚信,"理想上最好的政府形式就是主权作为最后手段的最高支配权属于社会整个集体的那种政府"②。然而即使是这种代议制政府也不能摆脱政党的运作过程,密尔也承认,即使在议会控制主权的政治体制内,"议会所决定仅仅是两个或至多三个政党中哪一个应组成政府。至于该政党的成员中谁最适于担任政府首脑则由该政党自行决定"③。那么,如何组织政府则成为责任政党的重要内容。

再次,责任政党政府是指责任政党作用下的责任政府过程。即使一个政党获得了整个政府的权力,民主政治制度决定了其执掌政权必然仅仅是一段时期,进入政府体系的政党首先对政府过程施加影响;但是,多党制的核心在于对权力垄断的提防。因此在政府过程中,除了研究获得政权的政党对于政府过程的作用,也要研究在野党对政府过程的影响。

基于以上分析,我们认为所谓责任政党政府隐含着责任政党的政府与负责任的政党政府两层含义,前者明确政党在责任政府中的责任主体地位,后者强调政党与政府在责任履行上的一致性。因此责任政党政府就是对责任政府和政党政府的双重超越,是责任政党过程在责任政府过程中一种积极延伸,是进入国家政治过程中责任政党和责任政府结构与功能重组

---

① 林尚立著:《当代中国政治形态研究》,天津人民出版社,2000年版,第41、56页。
② [英] J. S. 密尔著:《代议制政府》,汪瑄译,商务印书馆,1982年版,第43页。
③ 同上。

的严密的政治形态。责任政党政府不仅仅体现民主政府的价值追求,也体现现代政党的发展走向;责任政党政府不仅仅是执政党的政府,也是参政党和反对党的政府,它们在共同的政党政府过程中实现自身的政治、行政、道德和法律责任,并在这一过程中形成公共的政治、行政、道德和法律责任。

第三节 研究方法与本书框架

研究方法和分析框架是进行理论研究的思维工具,也是对相关问题解释的基础。在中国政治学恢复以后,国内对于相关理论的研究也取得了阶段性成果,也为本书的研究奠定了良好的基础。但是总的说来,把政党政府作为一个整体研究对象的国内论述尚不多见,也缺少一个明晰的研究方法和分析框架。"面对研究的目的、性质、对象和任务的不同,就必然有一个方法选择问题。"① 本书试图以历史的、比较的、结构功能主义的分析视角,对这一问题展开分析。

一、研究方法

(一) 历史主义的分析方法

历史是一个让所有从事政治学研究的人都着迷的字眼,"在最近500年时间里,地球的整个表面,包括大气层,都因为惊人的技术进步而有机地联系在一起。然而,人类在政治上尚未实现联合,我们彼此之间仍然是按照各自的方式生活的陌生人……这意味着我们必须互相熟识,这意味着我们需要逐步熟悉彼此的历史,因为人类并非仅仅生存于直接的现在。我们生活在一条思想的河流当中,我们在不断地记忆着过去,同时又怀着希望展望着未来"②。同时,相对于现在而言,已经过去的历史早已和现实、未来紧密相扣,"过去作为一种作用于现在的力,只能存在于现在之中,

---

① 张铭等著:《政治学方法论》,苏州大学出版社,2003年版,第9页。
② [英] 阿诺德·汤因比著:《历史研究》,刘北成等译,上海世纪出版集团,2005年版,第1页。

在现在之中经接替、变形才得以生存"①。也正是从这个意义上讲,政治才和历史密不可分,"历史是过去的政治,政治所表现出的是现在的历史"②。

任何政治组织、政治制度都不是与生俱来的,黑格尔指出:"政治制度首先是国家组织和国家内部关系的有机生命过程。"③ 作为政党和政府基础的政治国家,其制度中也贯串着一切关系,"其实,国家制度不是单纯地被制造出来的东西,它是多少世纪以来的作品"④。在这一点上,马克思进一步阐释了这种制造的条件,他指出:"人们创造自己的历史,但是他们并不是随心所欲地创造,并不是在他们自己选定的条件下创造,而是在直接碰到的、既定的、从过去承继下来的条件下创造。"⑤

同样,作为人类政治作品的政党政府自从诞生以来就注定了其不是一个静止的概念。我们可以从历史的视角大致看到这样的谱系:国家——政府——政党——政党政府。只有在这样的视角中,我们才能跳出政党政府的现实和理论框架,对其进行最大可能的合理地分析;也只有从这样的历史视角出发,我们才能摆脱相对主义和普遍主义的思想桎梏,才能对汤因比的这段话产生更多的体味,"我着手对人类事务进行比较研究是从提问开始的,我对当代西方的做法——把个人所处的时代和西方国家当成这个人类史的顶峰,表示质疑。因为我恰好是个英国人……我发现自己面对着两个有关的事实:首先,西方并不是整个世界,世界划分为西方和一系列其他现存的文明;其次,与西方以及其他同代文明息息相关的事实表明,它们的历史尚未结束"⑥。

(二) 结构功能主义的分析方法

亚里士多德在对城邦体制进行考察时曾经这样形容:"城邦的成为一

---

① [意] 克罗齐著:《历史学的理论与历史》,转引自 [日] 石田一良著:《文化史学:理论与方法》,王勇译,浙江人民出版社,1989 年版,第 45 页。
② 转引自 [日] 内田满著:《早稻田与现代美国政治学》,唐亦农译,复旦大学出版社,2003 年版,第 226 页。
③ [德] 黑格尔著:《法哲学原理》,范杨等译,商务印书馆,1961 年版,第 283 页。
④ 同上书,第 291 页。
⑤ 《马克思恩格斯选集》第 1 卷,人民出版社,1995 年版,第 585 页。
⑥ [英] 阿诺德·汤因比著:《历史研究》,刘北成等译,上海世纪出版集团,2005 年版,第 30 页。

个组合物就好像许多'部分'的结成为一个'全体',我们如果要阐明城邦是什么,还得先行研究'公民'的本质,因为城邦正是若干(许多)公民的组合。"① 在这里,亚里士多德已经朦胧地感觉到,城邦中一定存在许多可以区别的部分和可以分辨的结构。

1937年,美国学者帕森斯(T. Parsons)出版了《社会行动的结构》,在该书中,帕森斯系统地评述了欧洲著名思想家马歇尔、帕累托、涂尔干、韦伯等人的思想,这部著名的社会学著作和其后来的《社会系统》、《现代社会体系》等一起构成了一个崭新的"宏大"的社会学研究理论——结构功能主义。

结构功能主义的一个基本判断是,社会是具有一定严密分工的复杂结构的系统,社会的各组成部分都各自发挥着特定的功能,并以有序的方式相互关联。"帕森斯呈现的是,行动系统之间信心和能量的交换为系统内部或行动系统之间的变迁提供了潜在的可能性……帕森斯指出,进化过程展示了如下要素:(1)系统单位日益分化,形成功能主义上互相依赖的模式。(2)在分化的系统中,确立新的整合原则和整合机制。(3)分化后的系统适应环境的能力日益提高。"② 帕森斯在1956年与斯梅尔塞(Neil Smelser)合著的《经济与社会》中指出:"行动理论被表述为:结构的功能在于满足系统的必要条件。"③

在帕森斯看来,社会系统中的行动者之间的关系结构形成了社会系统的基本结构。社会角色、集体及由价值观和规范构成的社会制度是社会的结构单位。为了保证自身的维持和存在,社会系统必须满足四种功能条件:适应功能;目标实现功能;整合功能;模式维持功能。而在社会系统中,执行以上四种功能的子系统分别是经济系统、政治系统、社会共同体系统和文化模式托管系统。从结构功能主义的视角出发,帕森斯进一步认为,社会系统是趋于均衡的,四种必要功能条件的满足可以使系统保持稳

---

① [古希腊]亚里士多德著:《政治学》,吴寿彭译,商务印书馆,1965年版,第109页。

② [美]乔纳森·特纳著:《社会学理论的结构》,邱泽奇译,华夏出版社,2001年版,第40页。

③ 同上书,第36页。

定性。倘若一个部分发生变化，必然影响到其他部分乃至整体发生变化。一般而言，系统通常保持均衡状态，但是当系统受到外部或内部因素的刺激时，原有的均衡则被打破，系统内部旋即进行调适，为适应新情况而出现结构分化。阿尔蒙德首先把这一理论运用到了政治学的领域，在其代表作《比较政治学：体系、过程和政策》一书中，结构功能主义被用来分析政府过程。阿尔蒙德按照政治系统理论的思路，把政治系统与环境的作用抽象为输入、转换和输出三个环节。输入的内容主要源自对政治系统的要求与支持，并经过转换过程后成为权威性的政策输出。政策输出在环境中发生变化之后，又重新反作用于政治系统，从而形成政治输入、转换、输出与反馈的连续过程——政府过程。而这一过程又具体可分为利益表达、利益综合、政策制定和政策实施等环节。①

在上个世纪 50 年代，结构功能主义在美国社会学中曾占主导地位。但是从 60 年代中期开始，结构功能主义受到了相当多的批评。尤其值得强调的是冲突理论对它的批评——只强调社会整合，忽视社会冲突，不能合理地解释社会变迁。在种种批评下，结构功能主义也进行了转向，值得一提的是吸收一些理论成果后的新的功能主义的诞生，这其中，尼克拉斯·卢曼（Niklas Luhmann）继续沿着结构功能主义的分析方法，并形成了自身的系统功能主义理论。这一理论开始注意到系统的分化、整合及冲突。在这里，政治系统的冲突被定义为政治性的程度，和由此产生的对确定边界的需求。因此政治系统必须着眼于三个方面的分化：一是产生一个事实决策的稳定的官僚行政机构；二是为政治产生出分离的舞台并且形成政党；三是在制订约束性决定时，顾及到相关公众的关注。②

在对责任政党政府进行具体分析时，我们认为政党政府是一个社会系统中的政治子系统，在这一子系统内，功能主义的基本判断恰好可以分析特定时空条件下的政党政府的运行。同样在这一运行过程中，适应、目标实现、利益整合、系统维持等共同构成了政党政府的结构的稳定性。同

---

① ［美］加布里埃尔·A. 阿尔蒙德等著：《比较政治学：体系、过程和政策》，曹沛霖等译，上海译文出版社，1987 年版，第 10—17 页。
② ［美］乔纳森·特纳著：《社会学理论的结构》，邱泽奇译，华夏出版社，2001 年版，第 75 页。

时，在不同的时间和空间，由于政党政府的功能的变化，这一政治组织也会相应地发生结构上的变迁。

（三）比较分析方法

曹沛霖教授用一句十分传神的话概括了政治学研究中比较研究方法的重要意义，那就是"比较擦亮制度的眼睛"①。在中国政治转型期，认真地进行中外政治比较研究，为中国的政治发展寻找历史方位是尤其重要的。

政党政府在西方已有数百年的历史，而在中国，抛弃历史上的"党争"不谈，中国的政党政府建立起来不过百年。和西方政治发展史昭示的现实一样，中国政党政府也经过一段颇为曲折的过程，甚至在上个世纪初出现了较大的历史倒退。把中国政党政府建设中的困难和成绩与西方国家政党建设的现实政府进行比较可以"擦亮我们的眼睛"，让我们在新的世纪里更好地缅怀我们的前辈在过去100年的艰辛探索，也更好地回顾我们的前辈付出的巨大代价。

在本书的展开过程中，我们尽量使用可靠的统计数据，对中西方在初创政党政府体制的价值、过程、变迁等进行逐步分析，从而避免霍华德·威亚尔达所批评的"把苹果和橘子加在一起"的无意义的比较。②

当然在比较研究中，我们要牢记无产阶级经典理论家在《共产党宣言》中对"德国的哲学家、半哲学家和才子们"照抄照搬文献的批判，因为后者虽然"贪婪地抓住了这种文献，不过他们忘记了：在这种著作从法国搬到德国的时候，法国的生活条件却没有同时搬过去。在德国的条件下，法国的文献完全失去了直接实践的意义，而只具有纯粹文献的形式"③。同样在责任政党政府理论的研究中，我们也要避免这样一种"贪婪"，因为从一般意义上说，西方的政府理论只是在一定意义上具有文献的价值。我们认为，虽然与西方国家相比，中国国情不同，政治发展的逻辑起点与路径选择不同，但是在中国社会主义市场经济体制逐步建立以后，如何整合政治和社会秩序，防止政党断裂、政府断裂和社会断裂，已

---

① 曹沛霖著：《制度纵横谈》，人民出版社，2005年版，第4页。

② [美]霍华德·威亚尔达著：《比较政治学导论：概念与过程》，娄亚译，北京大学出版社，2005版，第12页。

③ 《马克思恩格斯选集》第1卷，人民出版社，1995年版，第298页。

经成为中国政府建设乃至政治建设的重要课题。

西方许多政治学者已经认识到，发展是所有国家都必须承担的历史责任，在他们看来即使接近完美的政治制度也存在发展的必要。在西方国家对代议制、政党政府体制的反思中，甚至在政府制度等方面较大程度的改革过程中，责任政党政府已经不再是一个可以终结政治发展史的休止符，而是一个正在逐步推进的开放的政治体制。而对于当代中国来说，中国的责任政党政府体制也显现出不同于西方国家的本质特征，具体体现在价值取向、路径选择、发展方向的不同，以及由此产生的政治性质的差异。作为执政党的中国共产党和参政党的各民主党派，正承担着西方任何政党都不能比拟和取代的历史责任，这种责任决定了中国共产党必然主导责任政党政府的基本发展脉络，也决定了中国共产党主导的责任政党政府正在发生结构性的调整过程。

二、本书框架

自从亚里士多德著名的"人天生是政治的动物"判断以后，研究政治便成为研究人类生存状态的重要内容。具体而言，"政治理论家所要论述的政治自然状态是一种人为的组织结构或网络，它以某种方式把涉及的人、目的和事件同社会的共同利益或公共利益联系或连接起来"①。在这一网络关系中，政党和政府成为影响其结构和变迁的重要因素。

作为近代民主制度的产物，政党和政府的关系是复杂的。"虽然政党与政府在现代民主政治中履行的职能、对象、方式、途径和手段等都存在着显著的差异，但是，现代政府一般都是一种政党政府。"② 在最早产生政党的英国，政党政府又是和责任内阁、责任政府同义。然而，从民主的实现手段上看，英国在18世纪实行的责任政府并不完全等同于政党政府。政党介入责任政府，使责任政府的性质发生变化。因此，政党政府不是对责任政府的一种简单的概念替代，而是表明一种利益诉求和回应渠道的变化。

---

① [美]乔治·霍兰·萨拜因著：《政治学说史》，刘山等译，商务印书馆，1986年版，第6页。
② 乔耀章著：《政府理论》，苏州大学出版社，2000年版，第205页。

同样，政党政府的诞生也不能解决代议制和民主的困境。在政党政府发生200多年后，在世界范围内，已经运转的政党政府体制也逐步暴露了政党代表性的丧失、功能的退化等问题，政党政府面临结构再造、功能重设的争论。而这些正好说明了政党政府事实上并不是一个完美的解决方案。

1942年，美国政治学家谢茨施耐德出版了《政党政府》，这标志着美国政党政府理论研究的新阶段。在这部著作中，作者明确提出了责任政党政府的观点，呼吁在美国建立一个更加负责的政党政府——责任政党政府。与政党政府相比，责任政党政府更加强调政党对人民的责任和回应性。谢茨施耐德在《政党政府》中为政党制度进行了有力的维护，他在该书开篇时说："毫无疑问，政党的产生是现代政府的显著标志之一。实际上，政党扮演了政府的主要缔造者的角色，尤其是现代民主政府的缔造者。……政党创造了民主，保证了现代民主的运行。"[①] 1950年，美国政治学会政党委员会发表了《走向更加负责的两党制》的报告，报告发表以后在美国政治学界引起了强烈的反响。报告在前言中指出，美国两党由于历史或其他的原因，并没有形成严密的组织体系，政党的责任在选举后便趋于消失（vanish）。报告严厉批评了这种现象，认为其损害了美国民主的心脏。[②] 报告的出台标志着责任政党政府理论的成熟。

责任政党政府理论的出台解决了责任政府与政党政府的制度危机与民主困境，政党与政府从此在"责任"的履行上寻找到了沟通的桥梁。按照古德诺的判断，政党成为政治与行政法外调节的重要手段。同时作为一种当代政治理论，责任政党政府理论成为20世纪后50年美国政治学界讨论的热点问题，成为美国20世纪以来政党政府发展的重要的价值指向，也对中国的政治发展起着一定的借鉴作用。

近代中国的政治发展伴随着巨大的历史阵痛，而政治发展在中国的首要内容就是政体的选择，这一选择又主要集中在专制帝制和民主共和制度

[①] E. E. Schattschneider, *Party Government*, New York: Holt, Rinehart & Winston, 1942, p. 1.

[②] American Political Science Association, "Toward a More Responsible Two-Party System: A Report of the Committee on Political Parties", *APSR*, 1950 (44), No. 3, Supplement.

之间。我们看到的是，在1912年资产阶级民主革命取得胜利以后，革命的先行者孙中山先生出于对封建帝制的抵制以及对美国民主价值的向往，并没有选择制度非常完善的英国模式，而是创建了更接近美国模式的政治制度。当然在建立这一制度的过程中，中国革命遭遇了前所未有的坎坷。中国的民主共和制度一直遭受着袁世凯称帝、张勋复辟等帝制选择者的政治挑战，直到近代中国才初步建立起较为稳固的民主共和的政党政府制度。当然在这一过程中，美国模式无疑起到了极大的启发和借鉴作用；同时作为一种政治基因，孙中山先生和其革命先行者的制度选择和设计也引导了后来中国的政治发展。

1949年内战结束，中国建立了新型的人民共和制度。从政府体制的一般特征看，新中国采用的仍然是政党政府的基本政治形式。中国共产党缔造的政府制度和孙中山先生缔造的政府制度有很大不同，但是不容否认的是，新中国的政党政府制度也必然受到孙中山制度选择和设计的内在影响。所以研究当代中国政党政府首先要研究近代以来中国的政党政府，而研究近代以来的中国政党政府就不能回避美国政党政府的研究。正是基于这样的考虑，我们选择美国责任政党政府的理论和实践作为本书研究的重点，并在对美国责任政党政府体制的批判与反思基础上对中国政党政府建设进行现实观照。

当然在研究中国的政党政府时，我们并不是要照搬美国的责任政党政府理论，因为美国制度和历史有其独特性，中国并不存在直接进行制度移植的历史背景和现实条件。应当看到的是，美国责任政党政府理论的一般内容仍然可以被我们批判地吸收。

在我国政治学恢复重建以来，对政党和政府的研究多是相对独立进行的，比较政党制度和比较政府制度的研究都从不同的方面借鉴了西方的政党政府理论研究的某些成果，但是缺少贯通性的研究。具体而言，对政党的研究主要停留在执政党的建设层面，对政府的研究则多基于组织设计、制度安排与职能的界定等研究上，这些尤其表现在近年来对责任政府的研究上。在貌似热闹的责任政府研究的背后，责任政党却被有意无意地忽视了。事实上，在当代中国的经济和社会发展中，政党的责任具有异乎寻常的重要性。政府责任归根到底是政党责任的体现，而政党责任必须依托于政府才能实现。但是政党与政府毕竟是不同的政治主体，政党责任与政府责任有着内在的差别，政党与政府在责任履行的时候又有其不同的行为方式，因此政党责任和政府责任并不能简单地彼此取代。伴随着改革开放的深入和市场经济体制的完善，中国在将来的一段时期内，必然面临着政党重建和政府重建的重要使命，责任政党政府作为一种理论指向和制度安排有着重要的政治价值。因此在这一意义上，我们把当代中国责任政党政府建构作为本书的又一研究对象。

本书共分五个部分，导论部分论述研究意义并厘清相关概念，分析国内责任政府研究的困境及其深层原因，强调责任政党政府研究的重要价值；第一章从民主理论视角分析政党政府的发生及其功能与结构；第二章全面梳理美国政党政府的历史，并对作为一种价值指向的责任政党政府理论进行了分析，力求把握责任政党政府的价值所在；第三章对责任政党政府理论这一分析框架进行反思，深入发掘责任政党政府的理论本质；第四章从责任政党政府的基本框架与马克思主义政治学基本思想出发，反观中国百年政治变革，对新中国尤其是改革开放以来的中国政党政府建设进行剖析，并初步建构当代中国责任政党政府的基本框架。

本章小结

国内包括责任政府在内的政府研究正在出现诸多困境，而其中最为典型的困境就在于把研究的视角仅仅局限于小政府自身。在责任政府背后隐藏着责任政党，一个责任政府的发展方向就是建立一个以人民为中心、由人民通过政党对政府进行直接控制的责任政党政府。事实上，在一个正在处于转型期间的中国，无视政党责任来谈责任政府是抽象的，也必然难以得出满意的答案。责任政党政府理论的介入正好给了我们一个理想的研究视角，使我们把一个静止的结果研究有可能拓宽到动态的过程研究之中。

所谓责任政党政府就是对责任政府和政党政府民主危机的双重超越，是责任政党过程在责任政府过程中一种积极延伸，是进入国家政治过程中责任政党和责任政府结构与功能重组的严密的政治形态。责任政党不仅仅体现民主政府的价值追求，也体现现代政党的发展走向；责任政党政府不仅仅是执政党的政府，也是参政党和反对党的政府，它们在共同的政党政府过程中实现自身的政治、行政、道德和法律责任，并在这一过程中形成公共的政治、行政、道德和法律责任。

第一章　政党政府的逻辑、功能与结构

　　罗尔斯认为:"并不是所有的一切都是被建构的;我们必须有某些由之开始的东西。从一种较实际的意义上讲,只有具体规定着政治正当和政治正义之内容的那些实质性原则才是被建构的。程序本身仅仅是作为基本的社会观念和个人观念、实践理性原则和一种政治正义观念的公共作用的出发点而被制定出来的。"① 同样,责任政党政府也不是被简单建构起来的抽象物,它必然是依据一定的政治价值,并从这些价值在政治生活中的具体运用而历史地出发的。

　　政党政府制度是现代国家普遍的政治制度。全世界 200 个国家和地区,目前绝大多数实行政党政治,其中多党制国家有 160 多个,政党政治决定着绝大多数国家内政和外交的基本走向。② 政府的历史则更加久远,它与国家相伴共生。在人类历史走到了 19 世纪,现代政党开始从派别中独立出来,走上了与政府结合的道路。但是作为一个历史阶段的产物,政党政府只是人类进行政治治理的一种现代形式。我们反思政党政府的形式背后的价值诉求,就必须把眼光投向更加遥远的古典时期的希腊,投向古典的希腊政府传统。

---

　　① [美]约翰·罗尔斯著:《政治自由主义》,万俊人译,译林出版社,2000 年版,第 110 页。
　　② 徐觉哉著:《国外政党执政方式初探》,载《毛泽东邓小平理论研究》,2003 年第 5 期。

第一节 政府的文化传统与民主的发生

试图用有限的篇幅来概括政府的文化传统是困难的,因为我们必须首先假定政府有一个比较一致的文化传统存在,并以一个先在的概念框架去有选择地对古代雅典以来数千年的政治历程进行印证,这也可能在方法论上导致我们的思维和对象的无限反复。但是在对政党政府这一源自西方的政治制度进行反思时,① 我们必须对复杂的西方政治传统作一个简单的归纳。在英国思想家罗素看来,西欧和美国的精神生活实际上是同质的,可以追溯到三个起源:希腊文化;犹太宗教与伦理;现代科学的产物现代工业主义。② 而这三个起源共同作用于西方政府产生的历史文化轨迹,并形成特殊的文化传统。我们认为,在西方政治发展的过程中,两大文化传统对政府制度产生较为深刻的影响:德性的共和、理性的自由。

一、德性的共和

(一) 关于德性

自《理想国》以来,建立一个德性的政府成为政治学研究的核心问题。在亚里士多德看来,德性(arete)是中道和品质。"合于德性的现实活动,才是幸福的主导原因,相反的活动则导致相反的结果。"③ 而这样的幸福也只有在公共生活——城邦生活中才能得以实现。

其实,在政治学还没有从伦理学中完全剥离出来的时候,柏拉图就以什么是正义的争辩为《理想国》开篇;到了亚里士多德,已经为未来的政治社会明确地指出了政府的价值导向,"正义不是德性的一部分,而是整

---

① 本文中的西方不仅仅是一个地理概念,而是一种常见的政治术语,主要指欧美等国家——作者注。
② [英] 罗素著:《中国问题》,秦悦译,学林出版社,1996年版,第147页。
③ [古希腊] 亚里士多德著:《尼各马科伦理学》,苗力田译,中国社会科学出版社,1990年版,第18、52页。

个德性;相反,不正义也不是邪恶的一部分,而是整个邪恶"①。在亚里士多德这里,城邦的存在有赖于城邦的物质需要和精神支持两个方面的统一。城邦物质需要由社会提供,而城邦的精神靠政府而存在。当政治学从伦理学中脱胎换骨以后,那种带有道德批判的政府观也必然带入政府的价值判断之中。

这时,我们需要重新阅读罗尔斯正义的两个原则:"第一个原则:每个人对与其他人所拥有的最广泛的基本自由体系相容的类似自由体系都应有一种平等的权利。第二个原则:社会的和经济的不平等应这样安排,使它们①被合理地期望适合于每一个人的利益;并且②依系于地位和职务向所有人开放"②。我们不难发现,罗尔斯的两个正义的原则不是孤立的,他不过是在一个社会快速变化的时候,"不合时宜"地重新反思柏拉图、亚里士多德的判断,并以此为尺度来反观美国的社会现实。当《正义论》被翻译为多国文字,从而再次变为一种当代政治传播时,这种价值的尺度已经不再为一国所有,而成为包括中国在内的许多国家对发展现实和发展代价的深刻反思的尺度。

(二)关于共和

有学者指出,共和主义至少包含三重含义:从共和的原初意义来看,作为一种政治共同体形式的"共和",是指与君主制相对立的共和国,共和国的国家元首是由人民选举、宪法确定并有任期限制,而非世袭终身;其政府职能法定、权力有限。这是共和主义的最常见定义。第二重意义上的共和主义,与混合政体、权力制约、法治、代议制、政党制等宪政原则结合在一起,强调的是一系列保证国家最高权力掌握在人民或其选出的代表手中的制度体系,这是制度视角中的共和主义。第三重含义则是20世纪中期后以汉娜·阿伦特为代表的"新共和主义",认为共和是一种强调平等、政治参与、公共利益与公民美德的国家治理模式。③

---

① [古希腊]亚里士多德著:《尼各马科伦理学》,苗力田译,中国社会科学出版社,1990年版,第90页。

② [美]约翰·罗尔斯著:《正义论》,何怀宏等译,中国社会科学出版社,1998年版,第60—61页。

③ 周叶中等著:《共和主义之宪政解读》,人民出版社,2005年版,第5—6页。

作为新共和主义者之一的政治哲学家汉娜·阿伦特（Hanna Arendt）把人类活动分成两个宽泛的范畴，也就是理论活动和实践活动。政治在阿伦特看来不过是行动的一种形式，它是以言说的方式管理一个共同体的事务的行动。而城邦（polis），或者一个政治共同体，是一个对过一种政治生活方式有着共同承诺的一群人的统一体，这意味着公民们积极参与他们共同的事务的管理。然而这并不等同于参与本身，而是对一种存在于世界之中的公共方式和所有它赠与的东西的参与。政治共同体中的公民使政治成为他们的生活方式，并且以此组织那些有利于和提升政治的生活方式的其他领域。政治是他们自我选择存在于这个世界的样式。并不是每一个忠诚于一个共同承认的权威的共同体都是政治共同体。由一个共同的权威而联合起来的共同体是一个国家；如果这个国家不是由任意的政令而是由法律统治，那么它就是法治共同体。它们都不是政治共同体，因为它们都不是政治地组成的。①

我们看到，在比较流行的新共和主义的论域中，作为共同善（a common good）的德性是一种共同生活的内在主脉，是城邦等政治共同体的内在主脉。那么从这样的视角看，政府也不过是一种共同体活动的消极维持者，是一种合道德的公共生活的维持者。

二、理性的自由

（一）关于自由及自由的边界

德性的共和并不掩盖对理性的追求，事实上，德性和理性本身并不可分。在亚里士多德看来，德性"它能使我们合乎它的要求而行动，所以，它似乎也是正确的理性所指使，这是我们力所能及的，是自愿的"②。而当我们讨论自由的时候一定无法回避以赛亚·伯林（Isaiah Berlin）的影响。与同样生活在20世纪的汉娜·阿伦特的使命不同，伯林复活了西方古典自由主义的传统。伯林对20世纪的极权主义和乌托邦进行了无情的批判，揭

---

① ［美］比库·帕勒克著：《汉娜·阿伦特》，陈高华译，参见中国学术论坛（http://www.frchina.net/data/detail.php? id =5069）2006 - 8 - 14。
② ［古希腊］亚里士多德著：《尼各马科伦理学》，苗力田译，中国社会科学出版社，1990年版，第52页。

露了它们对自由的摧毁。

在贡斯当的思想启发下,伯林区分了消极自由和积极自由,认为这也同时构成了自由的两面。"有关自由的消极的理论可被简单地描述为:我的自由不过是一系列我可以做别人无法阻止或惩罚我的事情;而积极的自由的理论则可以同样地简化为:当我可以掌握自己命运时,我是自由的。"①

其实对于所有的政治学者来说,最容易回答的就是自由的基础——公民权利,而最难回答的就是自由的边界。"从对自由所进行的概念分析所得出的最普遍的教益在于,由于自由从字义上说大多意味着'不受阻碍,不受控制,不受摆布',因此有关自由的理论都毫无例外地讨论那些最能掌握我们命运的障碍、力量或某些人。"②而事实上,自由不是单一的,"在罗马传统中,三个轴心式的思想就是:一种无支配的自由观念,一种认为无支配的自由需要一种其中的政策着眼于共同善之宪法的主张,一种相信某些制度形式——具有罗马特征的制度形式——可能会成为这种宪法之一部分的信念"③。正是三种并存的思想给自由边界的划分带来了困难,于是,政治哲学把这样的难题推到了罗尔斯面前,而罗尔斯则把这样的难题交给了理性,交给了康德的公共理性。

(二) 关于理性及公共理性

自亚里士多德逻辑学诞生以来,分析的理性思维就成为西方人的思想基础。18世纪的启蒙运动中,"理性"还一度成为伏尔泰、卢梭和狄德罗等人高举的旗帜,启蒙主义者认为在人性和自然中存在理性,只要循着这样的理性,人类社会和自然界就有无穷的"可完善性",就必然走向完美。所谓理性,是指人们判断、衡量个人和社会的思想及行为的一种价值尺度,是最有效的对公共事务处理的制度安排。在《政治自由主义》中,罗尔斯进一步区别了合理与理性的区别:"它们的区别在于,不能认为两者

---

① [英] 米勒等主编:《布莱克维尔政治学百科全书》,邓正来译,中国政法大学出版社,2002年版,第288页。
② 同上书,第289页。
③ [澳] 菲利普·佩迪特著:《共和主义》,刘训练译,江苏人民出版社,2006年版,第370页。

间存在任何相互推导,尤其是不能认为可以从合理的(理念)中推导出理性的(理念)。"① 罗尔斯认为在道德思想史上,有些人就试图这样做。其实我们知道,试图这样做的不仅仅是在道德思想史上。

罗尔斯进一步给康德的公共理性以新的含义,这个自由主义大师耐心地对这一命题进行了解释:"政治社会和每一个理性的和合理的行为主体——无论该行为主体是一个体,还是一家庭或联合体,甚或是多政治社会的联邦——都具有一种将其计划公式化的方式,和将其目的置于优先地位并作出相应决定的方式。政治社会的这种行为方式即是它的理性,而尽管是在一种不同的意义上,它实施这种行为的能力也就是它的理性,它是一种根植于其成员能力的理智能力和道德能力。但并非所有的理性都是公共理性,正如存在各种属于教会、大学和诸多其他市民社会联合体的非公共理性一样。在贵族政体和独裁政体中,当人们考虑到社会善时,不是通过公共理性的方式(如果确实存在这种公共方式的话),而是通过统治者(不管他们是谁)来考虑社会善的。公共理性是一个民主国家的基本特征。它是公民的理性,是那些共享平等公民身份的人的理性。他们的理性目标是公共善,此乃政治正义观念对社会之基本制度结构的要求所在,也是这些制度所服务的目标和目的所在。于是,公共理性便在三个方面是公共的:作为自身的理性,它是公共的理性;它的目标是公共的善和根本性的正义;它的本性和内容是公共的,这一点由社会之政治正义观念表达的理想和原则所给定。"②

虽然让公共理性来回答自由的边界这样的问题仍然存在许多困难,但是罗尔斯还是选择了法律作为其第一个答案。在这样的回答中,他起码是承认了法律的作用,因为只有法庭可以发挥公共理性之范例作用。即使法庭在这一方面只是一个特例,他也已经用公共理性回应了古希腊人对于政治自由的回答——是"自由的"就是能够参与自己城邦的管理。"只有当一个人有权参与法律的制订与废除时,法律才是有效的。自由并不是被迫

---

① [美]约翰·罗尔斯著:《政治自由主义》,万俊人译,译林出版社,2000年版,第110页。
② 同上书,第225—226页。

服从别人为他制定的法律，而是服从由他制定的法律。"① 因此作为对德性生活维持者角色的补充，政府还要通过法律保障理性的自由，从这一视角看，政府又是政治共同体公共生活的积极保障者。

三、民主的发生与巩固

德性的共和与理性的自由的保障使得一种制度的安排成为必要，而民主则承担着这一重要使命。在西方的政治哲学中，民主也是自由主义民主的代名词。《布莱克维尔政治学百科全书》解释说："民主这个词是由希腊语的 demos（人民）和 kratia（统治或权威）派生出来的，意为'由人民进行统治'。尽管该词词根里的含义很简单，甚至是不言而喻的，但'统治'和'人民'这两个术语却一直都有着各种明显不同的解释方式。"② 民主给了政府行为以压力，非民主的政府在西方政治学中是难以接受的。亨廷顿认为："根据自然法的理论，政府行为的合法性，取决于它是否与'公共哲学'相一致。按照民主的理论，政府行为只有带了人民的意志，才具有合法性。"③

（一）民主是德性的保障

如果善的政府是人们的追求，那么什么是善首先必须存在于人们的判断之中。在罗尔斯的判断中，平等是生活首要的法则，那么平等乃至诸多价值是如何产生的呢？答案必须回到公众中去，必须回到人民。因此是人民掌握了问题的答案，而这一答案只能是以民主的形式表现出来。当然，萨托利从字面上把人民作了六种解释：（1）是一个人；（2）一个不确定的大部分人，一个庞大的许多人；（3）意味着较低的阶层；（4）一个不可分割的整体，一个有机体；（5）绝对多数原则所指的大多数人；（6）有限多

---

① [英] 以赛亚·伯林著：《自由论》，胡传胜译，译林出版社，2003年版，第321页。
② [英] 米勒等主编：《布莱克维尔政治学百科全书》，邓正来译，中国政法大学出版社，2002年版，第200页。其实词源学的解释也多见于众多民主著作中，如科恩的《论民主》与乔·萨托利的《民主新论》等。
③ [美] 塞缪尔·亨廷顿著：《变革社会中的政治秩序》，李盛平等译，华夏出版社，1988年版，第27页。

数原则所指的大多数人。① 但是这六种解释不能忽略的一点就是多数原则的确定。多数保证着善的法则，保证着德性的共和的原则和前提。

（二）民主是理性的控制

虽然从字面上讲或从民主的来源看，可以把民主价值与制度设计加以分离。但是理性自由的提出则强调着一种边界意识。关于理性的自由边界的确定，我们认为是通过民主即多数控制实现的。按照美国政治学者科恩的思路，我们进一步认为这种边界是由民主来裁定的，即由民主的广度与民主的深度来决定的。其实即使是多元主义者达尔，也不想失去对政府的控制，"他认为多头统治是由于一般公民对领导有较大的控制权而使官员的权力给广泛分享的制度"②。甚至，他就是在这样的前提下讨论民主的可行性的。在科恩看来，民主其实就是一种社会管理体制，所谓民主就是民治，"就是在这种制度下人民，亦即社会成员，参加决定一切有关全社会的政策"③。

德性的共和与理性的自由构成了西方政府的文化传统，但是应该看到的是，二者之间的平衡并不是永远能够顺利地保持。事实上，在德性的共和与理性的自由之间的钟摆一直没有停止过摆动，也许在人类的政治生活中，这一钟摆仍旧要发挥它持久的作用。这种钟摆也决定了政府功能之基本走向——既要保障德性的共和，也要保障理性的自由。从一般意义上看，这种走向没有超越英国思想家密尔对政府的规定，"政府既是对人类精神起作用的巨大力量，又是为了公共事务的一套有组织的安排"④。而进一步从民主的价值来看，这种规定性其实是由民主的内在内容规定的。

同样在如何通过政府实现德性的共和与理性的自由的联系上，现代民主制度确实已经提供了答案，而民主的巩固则是保证这一联系的正当性与有效性。民主巩固（democratic consolidation）是指一个新兴民主政体获得坚强的而全面的正当性。在一个相当巩固的民主体制里，由于社会对民主

---

① ［美］乔·萨托利著：《民主新论》，冯克利等译，东方出版社，1998年版，第25页。
② 同上书，第8页。
③ ［美］科恩著：《论民主》，聂崇信等译，商务印书馆，1988年版，第9—10页。
④ ［英］J. S. 密尔著：《代议制政府》，汪瑄译，商务印书馆，1982年版，第17页。

制度的认可而使这一制度非民主化几无可能。在本书所说的意义上,巩固现代民主制度就是巩固共和与自由。具体而言,这种巩固是通过以下内容逐步加强的:(1)有限的多数原则;(2)选举程序;(3)代表权的转移。① 更进一步讲,这种巩固是通过人民控制下的政党过程与政府过程共同实现的。

第二节 政党政府的逻辑发生

德性与理性、自由与共和之间的钟摆使静止的政府成为困难,但是积极的政府则正如伯林所担心的,"这种民主制使得政府与法律渗透生活的所有领域成为可能"②。由于贡斯当揭示了私人领域的存在,古代雅典式的政府统治就必然发生了变化——道德的力量开始隐退,理性的力量终于以契约的形式出现在人类政治舞台上。自由与共和开始显现为各个政治主体之间、个人与集体之间、权利与权力之间的错综复杂的关系,而寻求一种平衡成为政治国家的共同使命,政党政府的产生于是成为政治范例之必然。

一、政府的逻辑发生

任何一个生活在现代社会的人都正在和政府发生着联系,而我们对政府的理解往往又在高度分歧之中。从表面上看,"就其作为秩序化统治的一种条件而言,政府是国家的权威性表现形式。其正式功能包括制定法律,执行和贯彻法律,以及解释和应用法律。这些功能在广义上相当于立法、行政和司法功能。这些功能同特定机构权限的吻合程度,在某种程度上取决于社会统治的组织方式"③。这样的概念已经回答了这样的问题,即

---

① [美]乔·萨托利著:《民主新论》,冯克利等译,东方出版社,1998年版,第33页。
② [英]以赛亚·伯林著:《自由论》,胡传胜译,译林出版社,2003年版,第321页。
③ [英]米勒等主编:《布莱克维尔政治学百科全书》,邓正来译,中国政法大学出版社,2002年版,第312页。

在众多的政府的概念之中，存在两种不同的认识逻辑。

首先，政府来自公民权利的主张。在柏拉图的《理想国》中，"政府"已经有了"平民政府"和"独裁政府"的区别。① 一个正义的政府"不能只顾自己的利益而不顾属下老百姓的利益，他的一言一行都为了老百姓的利益"②。公民权利是否得到最充分的保护是衡量一个政府的善与恶、正义与非正义的标准。这一带有道德属性的评判在后来的很长时间影响着人们对政府的理解。被认为对政府最早下定义的是美国争取宗教自由的第一人罗杰·威廉斯，他在17世纪中叶就说过，政府是表达社会意愿的具体机构，是为公众服务的联合体，目的纯粹在于增进人民的福利。③ 从这一定义中，我们显然已经看到柏拉图的影子。因此，我们也不难推出这样的结论：维护公共利益、增进人民的福利才是政府的目的，也是政府产生的基础。

其次，政府来自公共权力的扩张。按照霍布斯的逻辑，自然状态赋予人类相同的禀性和能力，"以至有时某人的体力虽则显然比另一人强，或是脑力比另一人敏捷；但这一切总加在一起，也不会使人与人之间的差别大到使这人能要求获得人家不能像他一样要求的任何利益"④。在一个强大的共同权力出现之前，有三种因素应该对"每一个人对每个人的战争"状态负责："第一是竞争，第二是猜疑，第三是荣誉。"⑤ 从人性尤其从恶的人性出发来研究政府，这一观念同样深刻地影响着政治学界。直到19世纪末，意大利政治学家加埃塔诺·莫斯卡在《政治科学要义》中还明确认为："人类本性都是好斗的……这种群聚群斗的本性，是造成不同社会之间的根源；但这也预示着一个社会内部的分化和再分化。"⑥ 由于要保护个体的权利，必须有一种权力对人性的恶进行遏制，公共权力的产生正好符合这种以恶制恶的要求。而公共权力的形成起初是以国家为特征的。我们

---

① ［古希腊］柏拉图著：《理想国》，郭斌和等译，商务印书馆，1986年版，第19页。
② 同上书，第25页。
③ 转引自乔耀章著：《政府理论》，苏州大学出版社，2000年版，第3页。
④ ［英］霍布斯著：《利维坦》，黎思复等译，商务印书馆，1985年版，第92页。
⑤ 同上书，第94页。
⑥ ［意］加埃塔诺·莫斯卡著：《政治科学要义》，任军锋等译，上海世纪出版集团，2005年版，第219页。

在前文中已经指出，国家是产生于社会中的以公共权力为核心的特殊的社会共同体。在分权思想诞生之前，国家是一个公共权力集中的代名词。17世纪40年代，英国资产阶级革命胜利以后，建立了议会，议会拥有了制定法律的权力。1653—1657年，英国制定了一部政府约法，规定政府是行政权的拥有者，从法律意义上进一步明确了政府的功能。从发生学看，是社会首先产生了国家，国家然后产生了政府，因此，政府间接地产生于社会之中。

第三，政府也是权利与权力的连接体。对于公民权利的具体规定，不同的时代也有不同，在相当长的一段时间内，公民的权利是与财产、生命相联系的，具有契约精神的欧洲国家逐步实现公民权利与公共权力的连接，那就是支持与反抗。例如1215年著名的《大宪章》就规定了英国公民的权利包括被协商权、人身自由权、监督国王和反抗政府暴政的权利。[①] 也是从契约视角出发，18世纪的法国启蒙思想家孟德斯鸠分析了三种政体的原则后，特别批评了中华帝国的政府制度，由于中国巨大的人口压力，土地的生产则成为政府需要特别重视的问题，维护人民的生存权利和维护政府的公共权力是一致的，当然这种一致不是建立在社会契约的基础之上的，"中国的皇帝知道，如果他统治得不好的话，就要丧失他的帝国和生命"。[②] 因此，孟德斯鸠指出这个政府与其说是管理民政，毋宁说是管理家政。与孟德斯鸠同时代的卢梭在《社会契约论》中进一步区分了国与家的关系："什么是政府呢？政府就是在臣民与主权者之间所建立的一个中间体，以便两者得以互相适合，它负责执行法律并维护社会的以及政治的自由。"[③] 在此我们看到，公民个体的自由已经包括更多的含义，而且，权利和权力已经不再是像孟德斯鸠形容的中国模式的家国同构，而是能够经过政府进行沟通和交流的两端。

从以上的分析我们可以一步步看到政府经过国家从社会中诞生的痕迹，公共权力注定是和私人权利不可分的，而政府面对的权利注定将最终

[①] 阎照祥著：《英国政治制度史》，人民出版社，1999年版，第44页。
[②] [法]孟德斯鸠著：《论法的精神》（上册），张雁深译，商务印书馆，1959年版，第153页。
[③] [法]卢梭著：《社会契约论》，何兆武译，商务印书馆，2003年版，第72页。

决定政府的权力的产生与消亡。政府终于和国家一道摆脱了神性,走向了人间生活,人们认识到"政府整个来说只是一个手段,手段的适当性必须依赖于它的合目的性"①。但是如何实现国家以及国家中的政府与社会的沟通?西方政治学家给我们提供了代议制政府模式,即人民通过普遍选举产生人民代表,后者以人民的名义组成议会,产生政府,管理国家。但是代议制不能克服人民的抽象化问题,当人民被抽象以后,人民中的个人参与政治的过程受阻并承受着国家的巨大压力,议会的专断就可能最终背离人民的意志,从而形成代议制危机。

二、政党的逻辑发生

在中国的话语中,党并不是一开始就具有今天的政治含义的。它首先是一种社会结构的基层单位,所谓"五家为比,五比为闾,五闾为族,五族为党"②。而在西方,政党也只是在19世纪才形成今天所说内涵。

关于政党的产生,一直有不同的解释。法国政治学家莫里斯·迪韦尔热(M. Duverger)从议会和政党的关系出发,将政党分为"内生党"和"外生党"。罗威尔认为政党的分界线不能依据社会的阶级进行,"如果政党的分界线与不同的社会阶级相符合,也有极大的危险,因为在这种情形下,一方面很可能认为另一方面是在摇动着社会的基础,而且会煽起像在内战爆发时一样的愤怒。政党如果根据那把人类清楚地划分为各种集团的深刻情感来划分的话,任何时候都不能避免这种情形;尤其是在同一的路线上,有两三种这样感情存在"③。美国历史学家查尔斯·A. 比尔德(Charles A. Beard)对政党的产生作了很好的总结,即政党的起源有人性论、各种经济利益的冲突、经济利益的持续力量、政治中的种族和国籍、政治中的宗教感情、权力的欲望等。④ 应该说,这些总结是十分全面的,但是基于逻辑上的统一性,本书不采用这样的划分方法。

---

① [英] J. S. 密尔著:《代议制政府》,汪瑄译,商务印书馆,1982年版,第17页。
② 《周礼·官记·大司徒》。
③ [美] 罗威尔著:《英国政府(政党制度之部)》,秋水译,上海人民出版社,1959年版,第5页。
④ [美] 查尔斯·A. 比尔德著:《美国政府与政治》(上册),朱曾汶译,商务印书馆,1987年版,第68—73页。

首先，国家与社会的历史分离。在柏拉图看来，城邦是基于互助的目的而结成的个人的集合；在亚里士多德的眼里，城邦则是人们为了共同的利益而形成的家庭的联合。在他们这里，国家与社会和家庭、公与私是须臾不可分割的整体。这一紧密联系的整体终于被洛克所割断。仍然从公民权利和公共权力的关系出发，洛克并不同意霍布斯关于原初社会处于战争状态的判断。洛克反复地强调："人民的福利是最高的法律，的确是公正的和根本的准则，谁真诚地加以遵守谁就不会犯严重的错误。"① 他坚持认为政治权力的产生不是一种暴力，而是一种"为了规定和保护财产而制定法律的权利，判处死刑和一切较轻处分的权利，以及使用共同体的力量来执行这些法律和保卫国家不受外来侵害的权利；而这一切都只是为了公众福利"②。但是根据洛克的逻辑，君主也是人，也会犯错误，因此必须对政治权力加以控制。那么由谁来对君主进行控制呢？洛克想到了社会，"专制君主制与公民社会实际上是不相容的，因为专制的统治者仍然是自己的法官——在他及其臣民之间没有共同的、公正的法官，而共同的、公正的法官恰恰是将公民社会与自然状态区分开来的制度"③。所以是洛克明确地实现了国家与社会的分离。

其次，精英主义与平等主义的权力博弈。国家乃至秩序的产生从逻辑上讲一直处于精英主义和平等主义的博弈之中。在中世纪的英国政治舞台上，最活跃的两大势力——国王和贵族就扮演着政治精英的作用。作为君主的国王拥有着庞大的经济和政治力量，但是英王也不能忽视贵族的作用，因为英国历史上从来就不缺少贵族联合起兵对抗国王的先例，"所以，英国最高封君国王与封臣之间所维系的并非一种单向的主从关系，而是一种建立在相互依存基础之上的双向契约关系"④。而这种双向契约的关系是排斥普通百姓的，因此意大利政治学家莫斯卡认为，在所有社会，只要存在一个政府，掌握并行使公共权力（统治）者的总是少数人，而多数人

---

① ［英］洛克著：《政府论》（下篇），叶启芳等译，商务印书馆，1964年版，第97页。
② 同上书，第4页。
③ ［英］迈克尔·莱斯诺夫等著：《社会契约论》，刘训练等译，江苏人民出版社，2005年版，第92—93页。
④ 阎照祥著：《英国政治制度史》，人民出版社，1999年版，第41页。

（被统治者）事实上从未能参与政府，只是服从罢了。① 由于契约并不仅仅停留在国王与贵族这些政治精英之间，而是从根本上体现为统治者与被统治者之间，因此，从平等主义出发的密尔并不认为所有的服从都是值得赞美的，"只有绝对专制的政府要求每个公民无条件服从当权者的每一道命令"②。暴政必须被推翻，契约论者就是以这样极端的形式赋予了契约者平等的权利，并形成了对精英主义的一定程度的约束。

第三，政党组织的逻辑产生。从经济分析的视角出发，伴随着资产阶级革命的爆发，生产力得到高度发展、生产分工高度复杂以后，严格地区分精英和群氓越来越显得困难。出于利益的需要，各个群体的平等已经很难统一，于是一个能够伸张本群体利益的组织即将出现。而从契约原则出发，国家的疆域逐步扩大，直接民主制度越来越运转困难，于是只要能把国家主权最终控制在人民手中，间接的代表制就必须被接受，那么如何在疆域广大的国家实现民主成为必须回答的时代课题。密尔最终开出了处方，即理想上最好的政府形式，就是主权作为最后手段的最高支配权属于社会整个集体的那种政府。③ 作为这一药方的第一个结果是代议制政府的出现；但是根据这一逻辑，行使代议功能并不仅仅局限于政府，在政府之外，它也可能是一种团体——政党是其中的一种可能。当然对于布隆代尔来说，这仅仅是内生型政党的产生路径，而外生型的政党不受此限。当现有政府体制遭遇合法性危机必须被推翻时，现有体制外的政治集团产生了，它直接指向政府并以推翻现有政府为己任，这就是外生型的政党的原型。

因此鉴于这些历史要求，一个表示部分的名词被政治学著作广泛地应用：英语中的 party，法语中的 parti，德语中的 partei，西班牙语中的 partido，这些词被统一翻译为汉语"政党"。政党的产生弥补了平等主义与精英主义的鸿沟，消弭了自由和秩序的分立，实现了国家与社会的沟通。

---

① ［意］加埃塔诺·莫斯卡著：《政治科学要义》，任军锋等译，上海世纪出版集团，2005年版，第2页。
② ［英］J. S. 密尔著：《代议制政府》，汪瑄译，商务印书馆，1982年版，第19页。
③ 同上书，第43页。

三、政党政府的逻辑发生

政党一旦产生，便把目光从被代表者的权利转向统治国家的政府权力，"通过政府，政党力求把它的政策化为行动"①。但是事实上，政党政府的形成也是历史的发展过程，是与议会的形成紧密联系的。"一般认为，议会的前身是欧洲大陆的等级会议，其中尤以英国发展过程最为典型，而且议会作为现代民主制的机构也是最先在英国得到完善，以后才传到其他西方国家的。"② 因此，要研究政党政府，首先要研究议会制度，要研究议会制度，首先要从英国开始。

1265年1月，英国贵族孟福尔在伦敦召开议会。这次除通知部分贵族和各郡骑士代表外，还首次要求各市选派两名"贤良、守法、正直"的市民代表参加，从此市民开始步入议会。为此，"西门议会"成为英国未来下院乃至议会制度的重要起点。也正是从这种意义上，一些学者把它视为英国议会产生的标志。③ 而在1332年贵族和平民首次分院议事之后，英国的两院制也开始形成。在后来的发展中，议会的权力逐步得到扩大。在14世纪，英国议会不只弹劾大臣，还两次废黜国王。到了14世纪末，英国议会已发展成具有比较稳定的组织形式、工作程序和多种职能、相对独立的两院制政治机构。在15、16世纪，虽然议会的作用曾一度减弱，但是总体来说，每个国王在夺取和维持王权时，除论证其合法性外，还颇为重视议会的配合。④ 尤其是16世纪亨利八世时代英国宗教改革使英国成为一个世俗的国家，"神权与王权抗衡的双重社会结构终于被神权从属于王权的一元社会结构所代替"⑤。而这种世俗化的过程也为后来的议会力量的进一步扩大，乃至资产阶级革命的爆发以及政党的活动提供了前提。

1649年1月30日，资产阶级革命砍下了查理的头，但是"老百姓没有欢呼，而是一片寂静。查理的举止，镇静而有威严，但在这一值得纪念

---

① ［美］查尔斯·A.比尔德著：《美国政府与政治》，朱曾汶译，商务印书馆，1987年版，第68—73页。
② 曹沛霖著：《制度纵横谈》，人民出版社，2005年版，第53页。
③ 阎照祥著：《英国政治制度史》，人民出版社，1999年版，第51页。
④ 同上书，第79页。
⑤ 同上书，第100页。

时刻他所表现的高贵,不足以抹杀一个事实,那就是军队公开的在公众面前,而非用毒药或匕首,迫使一个国王对他的恶行负责"①。公开的军事暴力终于又回归到了议会斗争,但是由于来自不同的社会阶级,议会的发展从它产生之日起便决定了其利益主张冲突的组织化过程。这一过程首先是围绕王权而展开,对于政体的不同认识决定了英国政党产生的历史必然。导致两党产生的直接原因是 1678 年的所谓"天主教徒阴谋"。在反对天主教的过程中,一些议员积极参与审理天主教徒,并利用这一事件来打压政敌,从而赢得了"辉格党"的称号,其政敌则被称为"托利党"。②

因此,通过以上的分析,我们可以比较清晰地看到政党在英国议会内部产生的轨迹。正是从这样的层面,我们可以认为是议会制度产生了政党制度。两党的产生标志着严重的政治对立,在一些重大的政治主张上,尤其是在 1679 年王位继承问题上的分歧更加催生了两党制,但是两党产生于议会的事实也注定了政党的斗争是有边界的,当议会面临解散的时候,两党就有联合的必然。

1688 年的英国"光荣革命"显示了资产阶级政党的力量,也改变了两党严重对立的局面。对于具有反封建传统的大多数辉格党人来说,他们欢迎威廉三世登上英国王位,而托利党人也害怕詹姆士二世依靠法国的力量恢复君主制和天主教,于是妥协又一次改变了英国的政治格局,两党结束了过去那种视若寇仇的对立局面,在议会中和政府里开始合作。而詹姆士二世也已经深深地领教了英国政党的力量,"光荣革命"以后,两党的领袖分别受到了政治恩赐,"其中辉格党领袖希鲁斯伯里伯爵和德文夏伯爵晋封为公爵,爱德华·罗素和亨利·西德尼受封为伯爵;托利党领袖丹比伯爵改封为卡玛理侯爵,数年后晋封为利兹公爵,理查德·鲁姆累受封为斯卡伯罗伯爵"③。这样的政治恩赐也使资产阶级政党与政府关系更加密切。在后来的一段时期内,英国的专制君主制度逐渐淡出历史舞台。1689 年 12 月 16 日,玛丽二世和威廉三世共同签署《权利法案》,这一法案和

---

① [英]克莱登·罗伯兹等著:《英国史》(上),贾士蘅译,五南图书出版公司,1986年版,第 482 页。
② 阎照祥著:《英国政治制度史》,人民出版社,1999 年版,第 185—186 页。
③ 同上书,第 235 页。

1694年《三年法案》、1701年《王位继承法》、1707年《任职法案》等一系列法案的通过和实施共同标志着立宪君主制度的产生。

在大西洋的另一边，政治发展也在紧锣密鼓地进行着。1795年，美国国会中的民主共和党人举行了一次党的秘密会议，开始了议会党团会议的历史，民主共和党正式形成，并在次年开始了与联邦党人竞选总统的过程。1800年起美国两大政党交替执政，开始了美国政党政府的历程。

但是在英国，政党之间的界限在这一时期还很模糊，两党轮流组阁、交替执政的制度尚未形成。1832年的议会改革扩大了选民队伍，加速了政党组织的完善和两党制度的形成。议会选举不再是候选人之间的个人竞争，而变成两大政党之间的权力角逐。大选的结果直接决定着哪个政党上台组阁。与这些变化相适应，责任内阁制迅速确立起来。① 英国议会体制内的政党与政府开始结合，标志着政党政府开始初步形成。但是从政党政府的严格定义来说，这一政府仍然还算不上是政党政府，仅仅是责任政府的一种延续。原因正如我们在导论中所说，政党政府是"由"人民控制政府，而不是"为"人民控制政府。而这一时期的英国，政党依然是"贵族的"政党，而非"人民"的政党。② 但是，1832年的改革开启了英国通向政党政府的大门，我们可以把1832年看做是英国政党政府的开始。

第三节 政党政府的功能

从政治主体的出场顺序看，政府是先于政党出现的，政府的功能也是先在于政党功能的。但是政党一旦进入政府，政府的功能就发生了变化。虽然政党总是试图把自身的政治主张直接转化为政府的公共政策，但是在具体的政党过程中，政府并不是一个党简单的囊中之物。"在实践中，政府代表两个或多个政党的势力和关系，绝少有一个政党强大得可以泰然地欺凌少数党……即使它在一个特定的时候非常强大，它也希望保持力量，

---

① 程汉大著：《英国政治制度史》，中国社会科学出版社，1995年版，第279—280页。
② [意]吉奥瓦尼·萨托利著：《最新政党与政府制度》，雷飞龙译，韦伯文化国际出版有限公司，2003年版，第31页。

必须避免把它的纲领执行到这个程度,以至于冒被一直虎视眈眈地等待机会获得足够的票数来赢得下次竞选胜利的反对党取代的危险。"① 这就决定了政党政府的功能必然是处于动态过程之中。

一、政党政府功能的基本认识

政党政府的形成至今不过 200 年的历史。在这一形成过程中,政治组织——政党获得了巨大的生命力,稳定的政府体系由于政党的介入而不断发生变化,从此,"政党和政府更像两个竞技场,竞技场上的各种因素彼此之间展开竞争或合作;或者像是一些体系——也就是混合而成的实体,是他们的组成部分的相互作用的产物"②。在对政党政府的功能进行认识时,我们必须基于以下三个视角:

首先,政党和政府的功能并不是高度一致的。在美国联邦党人看来,他们自己就是政府,而不是一个政党;他们在 18 世纪 90 年代的历史是在政府内部的组织的历史,而不是企图影响政府机构的外部组织的历史。③但是由于不同的产生路径,政党和政府的功能注定是存在分歧的。在英国,政党是一个逐渐产生于议会并进入政府的过程,一系列法案的通过最终加强了政党在政府中的地位,从而形成政党政府。在美国建国初期,虽然政党已经成为一种事实存在,但是在制度安排上,分权制度的设计者没有把政党制度直接引入政治运行体系,因为"在政党组织的力量强大而行政体制软弱的情况下,过分扩展政治控制会进一步破坏政治控制原本的目的。因为行政组织会被用来实现政党的目标而妨碍国家意志的自由表达……另一方面,如果为了保证有效率的行政,而试图过分地去强化行政体制,那么,在政党组织薄弱的地方,就会有利用行政组织对选举的控制权力来影响国家意志表达的危险。只有坦白地承认必须对法律总的执行进行控制,并承认必须有一部分行政工作是政治所不应干预的,安全才能实

---

① [美] 查尔斯·A. 比尔德著:《美国政府与政治》(上册),朱曾汶译,商务印书馆,1987 年版,第 68 页。
② 转引自 [法] 让·布隆代尔等著:《政党政府的性质——一种比较性的欧洲视角》,曾淼等译,北京大学出版社,2006 年版,第 56 页。
③ [美] 小阿瑟·施莱辛格著:《美国共和党史》,复旦大学国际政治系编译,上海人民出版社,1977 年版,第 27 页。

现。只有如此，真正的民治政府和有效的行政管理才能得到"①。

其次，政党政府的功能是政党对政府混合作用的结果。在导论中，我们已经阐述了政府的定义，即作为国家权力机关的组成部分，政府是行使国家公共权力分配公共利益的机关或组织。而政党在国家与社会之中的出现必然对政府这一公共利益分配的过程施加影响。政党政府功能的发挥是一个或多个政党在政府中复杂作用的结果。

第三，政党政府的功能是政党功能在政府中的延伸。作为为政党正名的重要的思想家，柏克提出了政党的经典性定义："政党是人们联合的团体，根据他们一致同意的某些特定原则，以其共同的努力增进国家的利益。"② 在这里，政党似乎和政府的利益是高度重合的。但是事实上，为政党正名不能过分夸大政党的功能，政党的功能只有在政府中得以延伸才能得到具体化。

二、政府的功能

德性的共和、理性的自由最终成为一种对西方政治发展乃至政府发展的限定性钟摆。这种钟摆也决定了西方政府功能之基本走向，即英国思想家密尔对政府的规定，"政府既是对人类精神起作用的巨大力量，又是为了公共事务的一套有组织的安排"③。从发生学的角度看，密尔其实已经揭示了一个详尽的政府功能（function）。

（一）政府的功能与职能

在一般的理解上，国内许多学者对于政府的功能与政府的职能是不加区分的。我们认为，政府功能不能简单地等同于政府职能，正是政府的基本功能决定了政府的具体职能，正如政府的价值决定了政府的行为一样。

我们认为，政府的功能确实有不同层次的划分，在不同的语境和领域中进行划分也是必要的。总的来说，政府的功能就是一种平衡功能，就是在德性与理性、自由与共和之间实现平衡；具体而言，就是要在各个政治

---

① ［美］F. J. 古德诺著：《政治与行政》，王元译，华夏出版社，1987年版，第51页。
② ［美］乔治·霍兰·萨拜因等著：《政治学说史》，刘山等译，商务印书馆，1986年版，第682页。
③ ［英］J. S. 密尔著：《代议制政府》，汪瑄译，商务印书馆，1982年版，第17页。

主体之间、个人与集体之间、权利与权力之间寻求平衡。正是在维持这种平衡的需要中,才出现政府的诸多具体的职能。于是亚里士多德所提及的军事职能、主持公道的司法职能和具备政治理智的议事职能也终于被一再改写,并被赋予了更多的内容。仅以经济领域的政府功能为例,在资本主义发展初期,古典自由主义者关于政府的守夜人的功能定位是试图给市场以更多的自由。在亚当·斯密看来,市场经济中,政府的基本职能有三种:"第一,保护社会,使不受其他独立社会的侵犯。第二,尽可能保护社会上各个人,使不受社会上任何其他人的侵害和压迫,这就是说,要设立严正的司法机关。第三,建设并维持某些公共事业某些公共设施。"①

而在上个世纪末的经济滞胀之后,自称新自由主义者的理论主张恰恰走向了古典自由主义者的反面。政府功能在国家与市场之间摇摆的背后隐藏着一定时间内平衡的指向。因此,并不存在静止的政府功能,只存在动态的政府功能;并不存在整齐划一的政府功能,只存在因时而动的政府功能。

从社会的历史发展的视角看,苏州大学乔耀章教授认为,政府职能是指政府根据社会发展需要而应履行的职责及其所应起的作用和能力,它反映着政府所代表的国家的阶级实质和活动的基本方向。政府职能不是一成不变的,而是随着经济、政治、文化、科学和社会发展变化而发生变化的。② 在这种分化过程中,政府的职能也被无限制地分化,而一些职能从无到有,从有到兴盛的过程是十分短暂的。如在中国,在社会主义市场经济体制建立过程中,从命令性的计划控制到市场体制的初步成熟,政府正在有步骤地退出市场;而在社会领域,政府的职能却显示了另外积极的一面,从对自由的保障到对公民社会权利的维护,从初步的社会救助到政府的系统性社会保障,政府的职能正在大规模进入社会领域。这也恰恰印证了自由主义大师伯林关于自由的历史性判断:"向那些衣不蔽体、目不识丁、处于饥饿与疾病中的人提供政治权利或者保护他们不受国家的干涉,等于嘲笑他们的生活状况;在他们能够理解或使用他们日益增长的自由之

---

① [英]亚当·斯密著:《国民财富的性质和原因研究》,郭大力等译,商务印书馆,1974年版,第252—253页。
② 乔耀章著:《政府理论》,苏州大学出版社,2000年版,第205页。

前,他们更需要医疗援助或受教育,对那些不能使用自由的人,自由又是什么呢?没有运用自由的适当条件,自由的价值何在?"①

因此在一定的人类史阶段,政府的功能更多体现的是一种政治价值,它是主动、稳定而持续的,而政府的职能恰恰体现着政府功能的价值实现之过程,它是被动、变化而不稳定的。政府的功能是政府职能的内在决定因素,而政府的职能由于政府直面经济社会的现实而作出的被动调整也将通过政府系统反作用于政府的功能性体系,并对政府的功能作出一定的修正。

(二)政府功能的实现——政府过程

强调政府职能的纵向历史演变的过程不是为了把政府的功能引向历史虚无主义,我们的目的是为了说明在一定历史的横切面政府的功能是如何实现的。我们把这一实现政府功能的过程称作政府过程(Government process)。

政治系统论的诞生使我们更能直观地考察政府过程:政府系统外部的利益要求、权利主张或其他指向进入政府体系,从而产生公共政策、立法或政府的其他行动。在全能政府的时代,这一政府过程是闭合的(如图1.1),而随着社会分化的加剧,这种闭合型的政府系统逐渐被开放的政府过程所取代(如图1.2)。

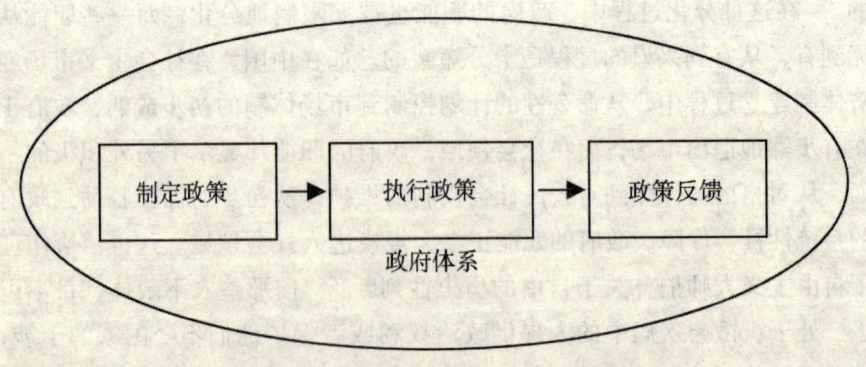

图1.1 政府内部过程示意图(闭合型政府过程)

---

① [英]以赛亚·伯林著:《自由论》,胡传胜译,译林出版社,2003年版,第192页。

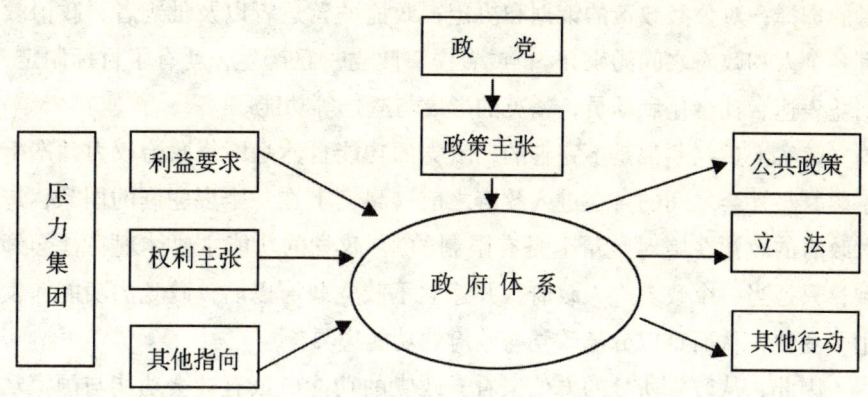

图1.2 政府外部过程示意图（开放型政府过程）

从图1.2表中不难看出，政府过程的主要产物是公共政策和立法，当然在此图中还有一个前提，就是政府的公共政策和立法乃至其他行动是有效的，不然这一外部政府过程也是不能实现持续运行的。在现代政府过程中，政党的地位是绝对优先的，它直接关注政府政策的具体内容，并以直接进入政府体系内部直接制定政策为目的。而进入政府体系或停留在政府体系外部影响政府过程也构成了政党的功能。

三、政党的功能

西格蒙德·纽曼（Sigmund Neumann）认为，民主政治中的政党如能组织起杂乱无章的一般国民的意见、教育公民对于政治应有的责任，那么政党就可担负起作为代表政府与舆论间桥梁的功能。政党是社会利益的代表，足以将个人与社会之间的距离拉近。政党在竞争的设计中，也足以提高投票人的教育水准，并强化选民们的自由选择。因此，一个竞争者的并存，是一种有效能的民主政党制度所必备的条件。政党的神圣任务是将一般国民的各种不同的意见予以合情合理的综合，同时使为数众多的选举人从混乱不堪的状况中予以秩序化。①

而在梅里亚姆（C. E. Merriam）看来，政党的功能主要包括：对公职

---

① 赵晓呼著：《政党论》，天津人民出版社，2003年版，第359页。

者的选择；对公共政策的策划和决定；政府的营运者以及批判者；政治教育；个人和政府之间的媒介。① 或者说，政党一旦产生，就有了目标制定、利益表达、社会化和动员，精英的形成与遴选等功能。②

其实上述判断都是不完善的，政党的功能自然是围绕政治权力并产生于国家与社会之间的。在进入政府之前（事实上在一个多党制的国家，进入政府的政党在绝对数量上是有限制的），政党的功能主要体现在社会领域；只是当一个政党进入政府，并建立了政党政府以后，政党的功能才发生了变化，从而难以分辨政党与政府的功能边界。

因此，从政党所处的方位来看，政党的功能应该有社会功能与国家功能之分。

（一）政党的社会功能

美国学者魏尔克（H walker）对政党所下的定义是：政党为一个对于公共问题具有相当理想之选民所组成的团体，彼等企图透过各种公职之提名与选举，以实现其共同的理想。《政党与政党领袖》一书的作者穆尔斯（A. D. Morse）认为："政党乃一永久之组织，其结构有繁有简，其最简单之结构，乃由具有共同理想与主义所结合而成之单一团体所组成；其复杂之结构，则系由两个以上之类似团体所组成，并以共同之政策为纽带，故能团结在一起。此种之组织常与其原失所具有之观点有别，以促进政党所代表之特定团体的利益，与实现此种特定团体之理想为其主要之目的。"③

从这一类的定义不难看出，政党首先是从社会中通过人民自由结社而产生的政治组织，其本意仅仅是一些团体利益的代表。政党把对这些利益的梳理形成一种比较接近的利益主张，并在成熟的时机使之转化为政党的纲领。在纲领的制订与传播过程中，政党又整合了社会组织。同时需要指出的是，当一个政党仅仅是在社会中生存的话，它将无异于其他的利益集团，只有当一个纪律严明、目标明确、程序严密的政治组织出现时，我们

---

① 转引自［日］内田满著：《早稻田与现代美国政治学》，唐亦农译，复旦大学出版社，2003年版，第283页。
② ［英］米勒等主编：《布莱克维尔政治学百科全书》，邓正来译，中国政法大学出版社，2002年版，第562页。
③ 转引自赵晓呼著：《政党论》，天津人民出版社，2003年版，第13页。

才说政党已经出现了。但是，现代的政党并不仅仅来源于社会，它同时也是国家的产物，因此政党的功能也同样指向国家。

（二）政党的国家功能

美国政治学家伯恩斯等人在《民治政府》中对政党的功能有如下的评论："美国人实际上创造了可称之为'第二宪法'的办法——由政党来治理政府。可由两个或更多的政党竞争公职，获胜的政党或政党联盟可为它们自己的领袖安排立法和行政职务。这些领袖将形成一支足以团结政府来实现其政党宗旨的队伍。落选的政党将作为忠诚（而有力量）的对立面而为之效力。可能有人认为把政党制度称为宪法失之荒谬，但从根本意义上来说，政党组织力量，授予并掌握权力，并努力使掌权人物克尽厥责，就像宪法所做的那样。"①

反对党的思想源自18世纪初期的英国。1714年，一位反对党宣传家论证了反对党对政府的监督作用："我总希望一个政党愿意审查（政府的）行动，并准备控制每届政府的政务会议……这个政党鼓励人们不要驯服地屈从于任何偏见，它维护那应当出现在议会辩论中的生气和自由，它努力制止那些执政者愚蠢的随心所欲的臆想。"② 这就是所谓的"国王陛下的反对党"的由来。在1741年的一篇文章中，一位作家指出要"依靠数量上的胜利"打通获取官职的道路，这样就把获得多数的途径指向了议会斗争，也成功地预见了后来的两党运行的基本程序。③

因此不难看出，政党的国家功能就是试图染指国家权力，并以进入政府，以制定公共政策、立法等途径把党纲转化为实际的政治行动。正如美国政治学教授波恩（H. A. Bone）对政党所下定义："当一群人们联合团结，经由选择秩序、略取政府之控制权，以期图谋一种（公共）利益者，是即称之为政党。"④

---

① [美] 詹姆斯·M. 伯恩斯等著：《民治政府》，陆震纶等译，中国社会科学出版社，1996年版，第356页。
② 转引自阎照祥著：《英国政治制度史》，人民出版社，1999年版，第258页。
③ 阎照祥著：《英国政治制度史》，人民出版社，1999年版，第259页。
④ 转引自赵晓呼著：《政党论》，天津人民出版社，2003年版，第13页。

四、政党政府的功能

当政党进入政府体系,政党的功能也将不再是抽象的代表等价值体现,而是实实在在的政治行动了,政党的功能与政府的功能结合在一起,形成了政党政府的功能。而基于这样的判断,我们认为政党政府的功能应该包括以下几方面:

(一) 政策制定:支持与反对[①]

在政党政府中,政府首先是执政党的政府。一般而言,在欧洲政党过程中,政党通过竞选获得执政权,并进入政府,从而形成以这一政党为主体的执政党政府,执政党也获得了支持性政党的称呼。也正是从这个意义上,麦金托什(Mackintosh)指出,政党"是围绕内阁发展起来的,而不是围绕那些能够产生内阁的明确的政治组织发展起来的"[②]。

同时,在政党政府的过程中,政府因为获得了多数党的支持而顺利开展政策制定与实施。在多党制国家,执政党也可以是多党的联盟,那么执政联盟中各个党共同形成支持性政党。同样,未能成为执政党的党称为反对党或在野党,它期待着独自组建或联合组建自己的政党政府以推行党的政治主张;即使不能,则以影子内阁的形式反对现行政党政府的政策,并提出自己的政治主张以影响政党政府过程。正是在这个意义上,罗威尔(A. Lawrence Lowell)认识到,优质的政党政府的条件就是对反对党的承认,"承认反对党是一个合法的团体能以说服的方式取得政权,这是政党制度成功的主要条件,也是大规模民主政府成功的主要条件。其他的成功条件,都是跟着这一点产生的"[③]。当然,我们认为反对并不一定是一种在

[①] 政党是不是可以制定政策在西方政治学界争议很多,但是这一争议在事实上已经没有必要,无论是执政党还是反对党,无论是政党政府还是"影子内阁"都对社会具体问题制订出具体的政策,如果仅仅从狭义的政策制定者归属政府来否定政党制定政策的功能,这起码是不尊重现实的,也不符合竞争性政党的发展逻辑。当然如果愿意,我们也可以把政党的政策看做是一种行动方案。

[②] 转引自[法]让·布隆代尔等著:《政党政府的性质——一种比较性的欧洲视角》,曾淼等译,北京大学出版社,2006年版,第5页。

[③] [美]罗威尔:《英国政府(政党制度之部)》,秋水译,上海人民出版社,1959年版,第4页。

野党对执政党的反对，在一定的条件下，反对有可能在执政联盟的内部产生。

国内有学者认识到了反对党对政府过程的影响，指出反对权也是一种国家权力，政党需要赢得足够的选票，才能获得少数议席即反对权。① 在美国，由于政党是为了选举而运行的，美国选举团制度和两党运行的过程实际上排斥了第三党参与政府的过程，因此，美国的政党过程更为复杂——政党竞选在总统和国会中全面展开，美国形成政党政府具有和欧洲完全不同的特点，并为"分裂政府"（divided government）形成了可能。

（二）利益表达：代表与行政

"由于政府处于代表（representation）和行政（administration）的交汇点上，所以它在政治和制度上都占据了独特的地位。一方面，政府是民主国家代议阶梯的顶层；另一方面，它又位于庞大的国家机器的顶端。"② 事实上，这一过程也是政党对政府作用的结果。政党是代表社会各利益团体的政治组织，在政党政府的运行过程中，政党作为利益集团代表必须在政府过程中体现选民的意志，这就决定了政党利益主张的偏私性。正如有的西方学者所指出的那样："政党政府很可能形成一种理想的民主方式，但这种方式也可能是极不现实的。因为政党的目标是确保代表性和多数统治，而政府的目标是为国家的'普遍利益'提供领导，这两种目标可能无法互相调和。"③ 而协调集团利益和集体利益的解决方案只能是把政党的代表与政府行政功能分离。但是，代表与行政功能的划分并不是泾渭分明的。在多党联合执政的情况下，各政党通过代表的选派进入政府参与政策制定与执行。因此，政党联盟成员越多，政党政府中的政党代表性就越强；政党联盟的成员越少，政党政府中政党行政性就越强；而在一党独大的政党政府甚至是党政合一的政党政府中，由于党的政策必然被政府不折不扣地执行，因此代表与行政的划分就进入胶着状态难以划分。

---

① 蒋劲松著：《责任政府新论》，社会科学文献出版社，2005年版，第485页。
② ［法］让·布隆代尔等著：《政党与政府——自由民主国家的政府与支持性政党关系探析》，史志钦等译，北京大学出版社，2006年版，第3页。原文administration译作管理，鉴于较为常见的用法，本书认为翻译为行政似更妥当——作者注。
③ ［法］让·布隆代尔等著：《政党政府的性质——一种比较性的欧洲视角》，曾淼等译，北京大学出版社，2006年版，第10页。

(三)社会动员:对抗与协商

反对党的成立首先是批评政府的权威,这是华盛顿对于政党尤其是反对党的第一认识。在美国联邦初创之时,任何试图反对联邦政府的权威必然为华盛顿所不能容忍,这也是华盛顿对杰斐逊感到厌恶之处。① 华盛顿最终看到了杰斐逊领导的反对党的壮大,但是他没有能够看到,其实反对党和执政党都是借政府的公共政策进行互相攻击的,这一攻击在民主国家里可以通过社会动员来进行,也可以通过政治协商来实现。

曹沛霖教授把现代政党划分为适应议会制度的发展而产生的政党和为了推翻旧体制而建立的政党,前者属于建设性政党,而后者既要破坏旧体制,又要建设新社会。② 在后者进入政府体制的过程中,往往伴随着一系列的政治对抗,这种对抗往往不仅发生在政党之间,还可能发生在与本党成员利益相投的利益组织之间。这种对抗在政府体制内往往是难以协调的。哈贝马斯认为,利益平衡只能通过政治协商才能解决。"协商政治"概念的前提是,"在多元文化社会里,在具有重要政治意义的目的的背后,一般都隐藏着一些利益和价值取向","这些利益和价值取向在共同体内部相互冲突,不会有什么达成共识的可能。"③ 对于冲突着的利益和价值取向而言,"它们需要一种平衡"④。而"这种利益的平衡是作为依靠权力潜能和核准潜能的政党之间的协商而实现的",并且"这种方式的谈判必定是以合作意愿、即以在注意游戏规则的情况下争取达到结果的意志为前提的"。⑤ 哈贝马斯的基本判断尤其在利益急剧分化的今天来说已经显示出其价值,也为许多国家的政党政府实践所证明。

因此可以作出这样的判断,即在民主国家,即在法定框架内,政治妥协是常态,政治斗争尤其是武装斗争却是非常态的政治行为。在政党政府

---

① [美]乔治·华盛顿著:《华盛顿选集》,聂崇信等译,商务印书馆,1983年版,第308—309页。
② 曹沛霖著:《制度纵横谈》,人民出版社,2005年版,第18页。
③ [德]尤尔根·哈贝马斯著:《包容他者》,曹卫东译,上海人民出版社,2002年版,第285页。
④ 中国社会科学院哲学研究所编:《哈贝马斯在华讲演集》,人民出版社,2002年版,第84页。
⑤ 同上书,第84—85页。

框架中，社会动员的目标也不是为了简单的对抗，而是为了取得在公共政策制定上的妥协。因此这种社会动员在罗尔斯看来是一种"非暴力反抗"，即是一种公开的、非暴力的、既是按照良心的又是政治性的对抗法律的行为，这种行为的目的通常是为了使政府的法律或政策发生一种改变。①

(四) 精英遴选：选举与授权

列昂·爱泼斯坦 (Leon D. Epstein) 把政党定义为："政党是组织松散的、以特定的标签（政党名称）寻求选举政府官员为目标的组织。"② 政党政府的运作是通过政党精英进入政府为起点的。在选举中获得胜利的政党或政党联盟选举出骨干分子进入政府担任总理或部长，从而形成政府。这些人员经过法律的授权取得国家的行政权，并开始以政策制定的形式启动本党的政治主张。一般而言，担任总统或总理的通常为党的领袖，担任部长的也为本党重要分子，这样精英链条在政府中再次形成。当然由于政策制定的公共性要求，在政府中的精英链条不会完全是政党的翻版。但是在政党政府的过程中，政党内部的管理思维仍然会在政党政府中得以延续，尤其是一党独大的政党政府体制内，政党政府的精英的遴选在很大程度上受到政党内精英的遴选的制度性或约定俗成的影响。

当然需要指出的是，在政党政府中，政党与政府必然存在内在的张力，因此在处理政党与政府的关系中，要注意到两种倾向性：一种是以政府的名义对政党的吞没，汉密尔顿认为联邦党人就是政府即为一例；另外一种是政党对政府的吞没，法西斯主义的政党往往就是以一个领袖、一个政党、一个主义来行使其独裁统治的。政党与政府的互相吞没在许多非洲国家曾经得到充分体现，平民主义观念的要求和有利于提高效率的要求，往往促使党和政府合为一体。在这些国家，党的机关和国家的行政部、局被平行设置或结合起来。坦桑尼亚开国元首尼雷尔说："坦噶尼喀非洲民族联盟就是政府，政府就是坦噶尼喀非洲民族联盟。"在毛里塔尼亚，为了消除国家和党的二元性，BPN（政治局）成员由总统根据 BPN 的任务任

---

① [美] 约翰·罗尔斯著:《正义论》, 何怀宏等译, 中国社会科学出版社, 1998年版, 第364页。

② Leon D. Epstein, *Political Parties in Western Democracies*, New York: Praeger, 1967, p.9.

命为国家的内阁成员（1975年宪法）；扎伊尔的党，根据1970年的宪法被置于国家机关之一的位置上。1978年宪法则反转过来，把政府、议会和法院规定为党的机关。如在肯尼亚，党的全国代表大会被看做是最高的立法机关，国家议会只是赋予党的决定以法律形式的机关。为了使党和国家的合一更加鲜明，1978年的PGD（肯尼亚民主党）代表大会甚至宣布PGD为党国。①

当然，从理想状态而言，政党政府的功能是指向共同善的目标，但是"如果从政治上说，我们把阶级看做是具有同一有害利益的任何数量的人——就是说，他们的直接而明显的利益指向同一坏措施，那么值得向往的目标就是：任何阶级，或是任何可能联合起来的阶级的联合，都不应该在政府中发挥压倒一切的影响"②。同时，作为一种功能主义的分析框架，政党政府的功能也不可能是一个静止的对象性考察，而是一个有机整体的变化过程，而"一个有机整体的定义是：在这样的整体中，各个部分之间的关系决定各个部分的特性。整体的特性并非仅为各个部分特性的组合"③。

第四节　政党政府的结构

政党政府的功能必须依靠特定的政党政府的组织结构才能进行，依维奥·杰尼斯（Ivor Jennings）在其《内阁政府》中认为："政党制度，是民主政治的一种真正保障。政党所组成的政府，均为坚强的政府。""各种政党，皆诉诸选民以为公断，而选民的选举以决定平民院的组织。平民院的组织决定政党内阁的发端……政府则以其在平民院中多数党的支持者。平

---

① ［日］田口富久治等著：《当代世界政治体制》，耿小曼译，光明日报出版社，1988年版，第177页。
② ［英］J. S. 密尔著：《代议制政府》，汪瑄译，商务印书馆，1982年版，第98—99页。
③ ［美］T. 帕森斯著：《社会行动的结构》，张明德等译，译林出版社，2003年版，第36页。

民院与内阁均为民主政治的工具。"① 如果这样的判断是正确的,那是因为其分析框架并不是一种道德审视,而是一种基于结构的分析。

依维奥·杰尼斯(Ivor Jennings)的分析路径是这样的,如果人民行使了国家主权,那么人民将选择政党进入政府行使之,而在此前,人民已经确定了政党行使主权的形式和边界,那就是要在人民选举的议会中进行。人民行使主权不是通过笼统的政党进行的,政党被划分为各种组织结构,而人民则是通过具体的政党组织直接行使主权的。

一、政党的一般结构

郭定平教授在其所著的《政党与政府》中对政党类型作了十分全面的划分。郭定平强调,政党的分类标准各不相同,根据不同的标准便可产生不同的分类体系。概括起来,政党的分类标准包括政党的阶级基础、政党的意识形态、政党的政治地位、政党的活动范围、政党的组织主体、政党的政治力量等等。按政党的阶级基础分类有资产阶级政党、无产阶级政党、农民阶级政党、小资产阶级政党以及若干阶级联盟的政党。按政党的政治地位分类有执政党与在野党、执政党与参政党、合法政党与非法政党。按政党活动范围分类有全国政党、地区政党、国际政党。按政党的组织主体分类有干部党与群众党。按政党的政治力量分类有独裁政党、优势政党、多数政党、中型政党和小型政党。②

我们认为,这样的划分是必要的,这种划分本身也体现了不同视野下的政党的功能。而这样的功能的实现是需要以政党组织为保证的,"政党组织是政党在政治生活中发挥其作用的一个前提条件。政党通过自己的组织使政党能在政治生活中作为一支独立的力量统一行动,影响政治过程。如果是执政党,其影响将更为直接"③。同时,作为一种特殊的政治组织,政党必然有其独特的结构。我们从政党意识形态、政党利益代表及其活动的范围来看,把政党分为全国性政党和地方性政党。

---

① 转引自赵晓呼著:《政党论》,天津人民出版社,2003年版,第355页。
② 郭定平著:《政党与政府》,浙江人民出版社,1998年版,第5页。
③ 王沪宁著:《比较政治分析》,上海人民出版社,1987年版,第112页。

(一) 全国性政党

美国政治学家杜鲁门曾经有这样明确的表述:"参与政府决策受到政党结构和政党凝聚力程度的影响,这些政党不仅作为竞选的工具,而且也是控制立法机关的工具。一个经常在行政首长选举中获胜以及在立法机关中占据多数的政党,将形成一种参与政府活动的特定模式。参与渠道主要存在于政党领导层内部,且参与模式相对稳定、井然有序。如果政党只是一些相对独立的派别的简单组合,参与政府活动的模式就大不一样。接近的渠道就会多样化,立法机关内部的影响模式也会众多、不断变化,并且会发生公开的冲突。政党纪律提供了一种管理力量,因为纪律可以稳定地控制政党影响政府决策的模式。"[①] 从这一表述中可以看出政党的结构及过程。

从一般意义上说,政党都是全国性政党,它首先拥有统一的全国性纲领、全国性组织结构,并将政党的活动指向全国性权力。但是,在特定的语境和政治背景中,政党这一语词确有较大不同,"即使只考察两个重要的政党,它们的行为模式也是变化的、不一致的。政党在全国、州、地方政府层次上有着不同的含义,即使在两个州或一个城市内,政党的含义在一个时候与另一个时候也不同,如在一个选举年和另一个选举年就可能不同"[②]。我们在这里所提及的全国性政党是指政党的全国性领导机构。

不同的政党为了谋求对政府的控制,一定需要严密的政治组织结构和政党纲领。在单一制国家,这一政党组织结构从一般意义上讲应该是金字塔结构,因为惟有这样的结构方能自上而下地控制政府。但是在信奉分权思想和地方主义的联邦制国家,试图建立这样的组织结构则相对困难。但是无论如何,大多数的政党都会建立全国代表大会,并选举产生全国委员会以控制政党过程。"全国性政党的主要功能是选举总统。政党的核心是由那些负责提名总统候选人的政党领导人构成,此外还包括许多州和地方

[①] [美] D. B. 杜鲁门著:《政治过程》,陈尧译,天津人民出版社,2005 年版,第 353 页。

[②] 同上书,第 297 页。

的政党领导人以及委员会。"① 一般来说，全国委员会、议会党团、总统制国家的总统、议会制国家的总理或首相等共同组成了全国性政党。

由党的全国代表大会选举全国委员会尤其是总统候选人之后，全国性政党的内部结构便发生了变化。获得竞选胜利的美国总统顺理成章地成为所在党的实际领袖，总统领导下的内阁成为总统党团，而议会中的党员成为议会党团，总统党人组成了内阁，但是"内阁真正由党派代表组成的情况，可以说是很少见了。他们都是本党中总统喜欢的人，但不一定或无例外地是该党所喜欢的人"②。总统党是这样，国会党也是这样，彼此独立的总统党和议会党团实际上瓜分了政党的权力，总统党和议会党团之间的权力博弈决定了政府的公共政策的走向。因此即使一党完全控制了总统和国会两院，也并不意味着公共政策的天然一致性。1936年，民主党人罗斯福提出改组联邦最高法院的计划时，遭到了国会多数党——民主党议员的强烈反对而未能通过即为典型一例。党的全国委员会却在选举后变成徒有虚名的政党组织，既不能成为全党的权力中心，更不可能对议会、政府等发号施令。而作为选民的政党则更是走向虚化，成为一种组织的幻影。

（二）地方性政党

在美国历史上，相对于"北部爱国主义"和"联邦主义"，在南方有一种形象的比喻叫"团结一致的南方"。它是指内战以来的几十年里南方11州坚定不移地支持民主党，这在一定意义上可以看做是一种政党地方性的典型表现。除此之外，地方性政党有三层含义：第一层含义是指政党组织主要建立在基层、以地方事务为关注焦点的政党。其活动范围主要在地方，而当一些地方性事务成为全国性政治事务时，地方性政党有可能发展成为全国性政党组织。第二层含义是指政党原来是地方性政党，但后来发展成为全国性政党组织，但这一政党的纲领依然关注地方性事务。第三层含义是指全国性政党组织的基层组织。作为金字塔的顶端的全国性政党也必须有牢固的基础，这种基础就是政党的地方机构——地方性政党。但是，相对于全国性政党而言，由于功能差异，这种作为全国性政党组织的

---

① ［美］D.B. 杜鲁门著：《政治过程》，陈尧译，天津人民出版社，2005年版，第298页。

② ［美］威尔逊著：《国会政体》，熊希龄等译，商务印书馆，1986年版，第148页。

基层组织的地方性政党也和政党的全国性组织存在一定区别。

  第一层意义上的地方性政党。从全世界政党布局来看，大多数国家都建有地方性政党。这些政党把政党建立在特定区域，政党纲领也围绕地区性事务展开，并且不能在全国范围有效活动。在英国，除保守党和工党两大政党外，还存在威尔士民族党、苏格兰民族党等地方性的政党。当然这些较小的政党，在议会选举中均无法同两大主要政党相抗衡，在政治生活中也不能与之相提并论，甚至还经常受到两大政党的排挤和分化瓦解。在加拿大，也同样存在一些地区性政党，如民族党和纽芬兰独立党等等，它们除了在地方性政治活动中偶尔露露面外，影响很小。当然如果从世界范围来看，即使是非洲国家埃塞俄比亚的80个合法政党中，既有8个全国性政党，也有72个地方性政党。[①] 更扩大到一些特殊地区，地方性政党还应该包括在特定政治地区活动的政党，如台湾地区的民进党、香港地区的民主党均属这一意义上的地方性政党。

  第二层意义上的地方性政党属于地方政党向全国性政党的过渡产物，它可在一定条件下成为全国性政党，也可以退回地方，重新成为一个地方性政党。如成立于1968年的加拿大的魁北克人党，其主要成员是魁北克省内从事"主权—联系运动"的人。这个运动的主要目标是魁北克省独立自主，但与加拿大保持联系。魁北克人党曾在省内执政，并于1980年就魁北克是否独立的问题举行了一次全省公民投票，结果因大多数选民反对脱离联邦而失败。该党原来是个地区性政党，1993年的大选中却以全国性政党地位参加竞选，结果在众议院中获得54个议席而成为少数党中席位最多的反对党。该党的胜利充分反映了魁北克人对加拿大联邦政策的不满和增加本省利益的热切希望。但是，这样的地方性政党有可能在党纲修改以后成为真正意义上的全国性政党。

  第三层意义上的地方性政党是全国性政党的基层组织。在一党制国家，政党的基层组织以严明的纪律与全国性政党即党中央政策保持高度一致。即使在多党制国家，也分别在基层建立组织以实现全国性政党的功

---

  ① 吉林省商务厅亚非处主页：http://www.jldofcom.gov.cn/df_site/news.jsp? info_id =1088，2006－9－4。

能。西方国家的政党一般是建立在投票区（基层选区）上。例如，在美国，在9.1万个行政单位设立了75万个选举行政办事处。① 基层选区是各类选举中的最低一级区划，人数在200—600人之间，每区设有一个投票站。两党共设30多万个基层选区，每个区设立委员会，委员为2人（男女各一），在美国，地方性政党较一党制国家而言纪律约束弱，美国两大政党的全国性组织与州和地方组织之间，并不存在直接的领导与被领导的关系，全国委员会只能通过分配党的活动经费等手段对各州党组织施加一定的间接的影响，全国委员会不能对州委员会直接下达命令，原则上也不介入和干预州和地方的党内事务。"在州层次，主要政党有时候只是作为全国性政党的分支起作用，其他时候则可能独立行动，通常它们是自主的。有时候，这些政党合作起来谋求州的每一个重要的选举职位，而另一些时候，被提名者在完全没有政党的帮助的条件下独立参加选举。"②

从组成政府的角度看，全国性的政党最终建立了全国性的政党政府、地方性的政党建立了地方性的政党政府。在不同的政党政府中，正是全国性政党与地方性政党、政党内部的总统党与议会党团的复杂关系形成了政党政府的复杂功能。

二、政府中的政党结构

相对政党间关系而言，政府间的关系是简单而稳定的。一般来说，除了一些特别小的城市国家外，一国政府总是可以划分为全国性政府（或中央政府）与地方政府两大部分。因此政府间关系也往往表现为纵向和横向的两种类型。而在讨论这两大组成部分之前，需要从政府的视角出发，以政党对政府的政策的总体态度进行宏观的分析，我们认为主要存在支持性政党与非支持性政党两大阵营。

（一）支持性政党与非支持性政党

法国政治学家布隆代尔的对于政党最经典分类法，莫过于把政党间关

---

① ［美］小阿瑟·施莱辛格著：《美国共和党史》，复旦大学国际政治系编译，上海人民出版社，1977年版，第12页。

② ［美］D. B. 杜鲁门著：《政治过程》，陈尧译，天津人民出版社，2005年版，第300页。

系简化为支持性政党与非支持性政党关系了。在他看来,支持性政党是对政府公共政策的支持。需要强调的是,并不是所有的执政党都能够支持政府的公共政策,美国可谓这种不完全支持的典型。同样的道理,并不是所有的反对党都一味地反对政府的政策。政府同时赢得执政、反对两党甚至多党的共同支持,这在历史上并不少见。非支持性政党表现为对政府公共政策的反对。这种反对主要体现在反对党那里,为了攫取政府权力,反对党总是不遗余力地对政府的政策进行"负责任"的批判。当然,这种批判也基于上述的逻辑同样有可能来自执政党自身。

这种划分法的优点便于把政党活动的轨迹显露出来,尤其是在分权制的国家里,这种支持性政党其实已经不仅仅局限于不同政党间的活动,也体现在一党之间,上述的罗斯福总统的提案在本党国会被否定也说明了支持性政党和非支持性政党划分的艰难性。

支持性政党与非支持性政党的活动,还带来了统一或分裂政府的可能。我们知道,在政党政府过程中,政治精英的遴选在政府首脑和议会中分别进行,由于政府首脑的唯一性(本文不考虑委员会制形式的政府首脑制度),选举政府首脑只能是一党当选;但是在议会选举中,由于议会席位的众多,一党垄断所有议会席位都将是困难的,因此席位的划分必然是多元的。这样多元的席位选举可能使不同政党的精英分子都能在不同程度上获得政治恩赐。更重要的是,政府首脑和议会不同的选举方式造成的选举结果也是不同的:在英国,议会选举的获胜者将同时获得政府首脑的职位,这就是统一的政府;但是在美国,政府首脑总统所在党经常在国会中不占多数,这就是所谓的"分裂政府"(Divided Government)。在统一的政府中,政党的政策主张成为公共政策或立法的成本将降到最小;但是在分裂的政府中,政党的政策主张将会遭遇很大的阻力,从而不能从政府系统中输出为公共政策、立法等,政党政府的内部断裂也因此不可回避。

(二) 纵向——中央政府与地方政府间关系中的政党

在中央政府与地方政府的纵向关系中,比较常见的观点是把地方政府简单地看做是中央政府的下属机构。国内有学者认为,地方政府不过是中央政府的区域性派生性组织。① 我们认为这仅说明了单一制国家中的地方政府组织的产生过程。在单一制国家的地方政府产生过程中，地方政党组织也同时成为也全国性政党的区域性派生性组织。

但是在联邦制度的国家如美国，地方性政府的产生逻辑与单一制国家有明显的差异。在奉行地方自治的国家，人民对政府有天生的不信任感，自治的结果就是，作为地方政府最高一级的州往往是一个"半主权"的政治体。"事实上，美国政府并不是一个由上至下高度协调的统一的行政机构，而是权力分散和结构分裂的，有人可能会说它几乎是无政府主义的。"② 在一个强调地方主义与分权主义的国家，地方的政党更多与地方政府相联系而不是和全国性政党保持合作。因此政党也相对而言具有一定的独立性，它们在选举等重要的政治活动中甚至几乎是完全自主的。甚至有时候，有些地方性政党因为其全国性政党不能代表其地方性利益而不惜从全国性政党中分裂出来。如1936年美国劳动党是从纽约的民主党中分裂出来的。③

（三）横向——地方政府间关系中的政党组织

横向的政府中政党关系主要是指地方政府间的关系中，存在政党的合作与疏远的关系。一般来说，共同的政党一般有天然的血缘联系，两个不同地区政府如果都由共同的政党执政，那么两个政府间的关系也应该更容易密切。如果主政的是充分竞争的两大政党，那么政府间的合作就会比较困难。

但是如果是在分权主义根深蒂固的国家，这样的合作或竞争往往更加复杂。一方面，美国的州以下的地方政府结构松散，"大多数州政府的结构甚至比联邦政府本身的结构还要松散。州长对州政府的控制通常比总统对联邦政府的控制要弱得多"④。另一方面，"美国的地方政府十分活跃，并享有很大的自主权。而且，市和县形成真正的政治权力中心，是政党体系的基层组织单位，州和联邦的党组织都必须试图在这基础上建立党的大联合"⑤。

---

① 朱光磊著：《现代政府理论》，高等教育出版社，2006年版，第293页。
② [英]维尔著：《美国政治》，王合等译，商务印书馆，1981年版，第194页。
③ [美] D. B. 杜鲁门著：《政治过程》，陈尧译，天津人民出版社，2005年版，第306页。
④ [英]维尔著：《美国政治》，王合等译，商务印书馆，1981年版，第209页。
⑤ 同上书，第56页。

当然，由于地区利益的存在，不同的政党之间也有合作的可能，即所谓的跨越政党的所谓"保守派联盟"的存在。在这些联盟中，存在超越政党的共同的政治主张，在涉及区域性的公共物品的供给方面，政府的合作是第一位的，任何政党都不能反对基于地方利益的政府的合作。

（四）内部——全国性政府中的政党

在同一政府内部，存在不同的政党。在一般意义上，执政党的公共政策总是会受到反对党不遗余力的批判。这就在政府内部形成一种制度化的竞争关系，但是这仍然是要建立在政府内部的一党必须团结的基础上。因此基于政党的特殊功能，相对于其他政治组织，政党更强调严密的纪律和组织体系，以确保政党意志的实现。在许多国家，政党组织中都设有督导员（whips，或译"党鞭"）和助理督导员以保障政党的纪律性，违反者将可能被最终开除出党，并永远不再能够获得本党的提名。

事实上，在联邦主义国家，由于议员的政治生命来自地方而非本党的全国委员会，他们的行为也不仅仅与全国性政党纲领保持一致。这也说明在一个由四面八方的党员组成的全国性政党中，多数党并不能在立法或公共政策中轻易获得通过的主要原因。一党的提案受到的支持往往不仅仅来自本党，同样一党的提案受到的反对也不仅仅来自反对党。就是前文所说的专事政党纪律维持的助理督导员，也有与反对党合作的记录。英国政治学家维尔提供了一种极端的情况以说明这样的政党过程：假设一个立法机关有100名议员，其中甲党占60席，乙党占40席。在极端情况下，"党派表决"会使议院中赞成和反对票各占50席，票数的组成如下：

	赞成	反对
甲党	31	29
乙党	19	21
合计	50	50

图1.3 一种极端的政党表决[①]

---

① 图表来源：[英] 维尔著：《美国政治》，王合等译，商务印书馆，1981年版，第130页。

所以说在两党制的全国性政府内部，事实上存在四个政党：执政党的赞成派，执政党的反对派，反对党的赞成派和反对党的反对派。

因此，在政党政府体制中，正是复杂的政党政府结构行使着政党政府的功能。这种发生在政党之间、政府之间结构性的调整每每对政党政府的功能施加着影响，同样政党政府功能的变化也往往对政党政府的结构调整起着潜移默化的作用。我们称之为双向整合功能，即一方面，政党政府的结构对政党政府的功能起着整合与规定作用，一方面政党政府的功能又对政党政府的结构提出了要求。更进一步讲，在政党与政府的功能、政党与政府的结构之间，也存在相似的双向功能整合过程。

本章小结

德性的共和与理性的自由共同构成了政府的文化传统，但是二者之间的平衡并不是永远能够顺利的保持的，事实上，在德性的共和与理性的自由之间的钟摆一直没有停止过摆动，而这种钟摆也决定了政府功能之基本走向——既要保障德性的共和，也要保障理性的自由。而民主的发生与巩固则良好地解决了这一钟摆平衡的难题。

民主作为一种价值是通过制度安排实现的，虽然在不同的历史阶段，对民主的制度安排会有所差异，但是在世界历史上，首先作为民主制度安排的是代议制政府即责任政府体制。但是代议制政府体制有其自身不能克服的内在危机，这一危机集中体现为这一制度假设对人民的抽象而损害了民主的价值，因此单靠代议制并不能完全解决民主困境。于是在代议制政府体制中，一些代表着不同阶级利益的政治团体——政党开始出现，人民对政府的控制出现了新的途径。

政党进入政府，意味着一种新的政府体制——政党政府出现，但是并不是所有的政党组成的政府就天然是政党政府，只有人民而非贵族的政党才可能组成政党政府。从这一意义上，英国产生的政党政府还不彻底，只有到了19世纪初，世界上第一个资产阶级共和国——美国成立，政党政府才有了和英国不同的政治内容。

第二章 美国责任政党政府的实践与理论：从政党政府到责任政党政府

不同于欧洲的政治架构，美国的政府制度经过了独立战争的洗礼和联邦党人的努力。但是美国的政府体制从一产生起就面临制度选择的困难，联邦的发展在美国独立后迅速遭遇制度性危机。华盛顿就任总统不久以后政党开始出现，美国也在建国后不久就迅速转向了政党政府体制。

第一节 美国政党政府实践的历史回顾

作为世界上第一个资产阶级共和国，美国政党的发展也有其特殊性。虽然如今共和党和民主党人已经分别庆祝了它们的 100 周年和 200 周年生日，① 但是从政党的产生起源上看，就很难准确界定它们源起的具体时间。总的来说，美国政党的产生是和美国宪法的制定相关的。正是对宪法的不同态度，才产生了不同的派系，支持宪法的成为"联邦党人"，而反对宪法的则成为"反联邦党"。在这样的划分过程中，大多数美国的制宪者和开国元勋都不能避免，即使是对政党持批判与超然态度的华盛顿总统，也在第二任任期内成为一个联邦主义者。② 但是这样的派别并不同于政党，

---

① 民主党声称其直接脱胎于第一个共和党，是在 1793 年杰斐逊退出华盛顿内阁时诞生的。见 [美] 詹姆斯·M. 伯恩斯等著：《民治政府》，陆震纶等译，中国社会科学出版社，1996 年版，第 366 页。

② [美] 小阿瑟·施莱辛格著：《美国共和党史》，复旦大学国际政治系编译，上海人民出版社，1977 年版，第 27 页。

也不符合政党政府的基本特征,因此对美国的政党政府的历史作出回顾是必要的。

一、政党政府的发生

美国在独立之后的一段时期内,并没有政党。虽然美国在独立战争的时候已经有了所谓托利党和辉格党的说法,但是这两个政治组织并没有明确的纲领、党章和组织,因此还谈不上是政党。只是在关于批准1787年宪法的斗争中,美国才初步形成相对稳定和有组织的政党。联邦主义者拥护宪法,而反联邦主义者基本是一个单纯争论一个问题而成立的组织,它在宪法正式通过后就消失了。① 1789年联邦政府成立,在华盛顿政府担任财政部长的汉密尔顿主张建立稳定的国家信贷、建立国家银行、征收进口税以保护美国工业,并要求集权于联邦政府,要求从宽解释宪法赋予联邦政府的权力。而这一主张受到了时任国务卿的杰斐逊的强烈反对,他主张使各州和地方能够分享到较多的权力并从严解释宪法。这样曾经是反联邦派的里查德·亨利·李成为汉密尔顿的坚决支持者,而联邦派的麦迪逊却与杰斐逊结为联盟。于是在国会中形成了两个投票集团,在此基础上又形成了以汉密尔顿为首的联邦党和以杰斐逊为首的共和党,后者于1794年更名为民主共和党。②

1795年,在杰斐逊离开华盛顿内阁两年之后,美国国会中的民主共和党人举行了一次党的秘密会议,开始了议会党团会议的历史,并在次年开始了与联邦党人竞选总统的过程。1796年总统选举中,联邦党人约翰·亚当斯当选,杰斐逊为副总统。

亚当斯就任总统以后,很快就公开宣称超脱于政党压力之外,但是"他多大程度上曾经是,并且依然是联邦党的一员……他那为国家利益和自身职务的尊严而献身的精神把自己(像过去华盛顿那样)引入了歧途。他认为他本人和他的支持者是公正无私的爱国者,却把共和党反对派看成

---

① [美] 小阿瑟·施莱辛格著:《美国民主党史》,复旦大学国际政治系编译,上海人民出版社,1977年版,第2页。
② 谭君久著:《当代各国政治体制——美国》,兰州大学出版社,1998年版,第118页。

是罪恶的阴谋集团"①。其就任总统期间通过的客籍法和惩治叛乱法更是把打击的矛头直指共和党,而后者则迅速在各州中寻求支持,并在全国建立其政党组织。在1800年的选举中,杰斐逊领导的共和党击败亚当斯的联邦党,赢得了总统选举的胜利,并维持了该党24年的一党统治。当然在这一期间,民主共和党的名称几经变化。后来,杰斐逊创立的民主共和党分裂,几经变迁,终于形成今天的民主党与共和党分享国家政权的格局。而1800年也作为一种特殊的里程碑被记载了下来,因为这一年里,美国的政权开始了和平过渡;也就是在这一年,美国正式建立了政党政府。

二、政党政府的困境

在分析亚当斯失败的原因时不难发现,对手的组织化的斗争仅仅是一方面,联邦党如何保持政策一致是美国政党政府首先遭遇的困境。虽然亚当斯通过政党选举获得了政权,但是总统和政党的关系依然是难以界定的。事实上,在美国政党政府开始形成以后,需要处理好的就是政党之间的紧张状态、总统与所属政党以及政党内部的成员关系。这一问题不解决好,美国政党政府的困境就不能消除。

在共和党人组织起来时,联邦党人却为内部分裂所困扰。"党的普通成员赞成约翰·亚当斯向法国派遣和谈使团,如果有人建议支持另外一个总统候选人,将会引起他们的愤怒。但是上层联邦党人却认为亚当斯是个叛徒……汉密尔顿宣布,他再也不支持亚当斯,甚至还写了一本小册子来攻击他。"②

杰斐逊当选总统以后,政党对立和政党政策如何保持一致就成为亚当斯留给他的政治遗产了。他邀请联邦党人同共和党人一起为公共利益而共同奋斗,他强调多数人的意志必然占到优势,但是少数人的权利也会得到保护,因为"每一种意见分歧,未必都是原则分歧。我们名称尽管不同,但都是拥护同一原则的兄弟。我们都是共和主义者,我们都是联邦主义

---

① [美] J. 布鲁姆等著:《美国的历程》(上册),杨国标等译,商务印书馆,1988年版,第255—256页。
② 同上书,第259—260页。

者"①。但是这一示好和他后来对政党价值表示的怀疑并不意味着杰斐逊将放弃政党,他就任总统期间同时成为本党的领袖,在其新任命的官员中也几乎全是共和党人。而这一期间联邦党人由于组织松散、内部倾轧,并在1812—1814年英美战争中采取亲英立场而瓦解。这样,民主共和党开始一党执政的历史,1816—1824年也被称为"和谐时期"。②门罗总统甚至乐观地预料在美国,所有政党都将消灭。③

但是"和谐时期"并没有维持很长的时期,美国的政党也并没有被消灭。在美国一党执政时期,赢得国会党团核心会议的提名就意味着将直接当选总统。美国政党的历史反复证明,在一个具有联邦主义和分权传统的国家,任何形式的权力集中都将遭遇强烈的抵制,国会政党核心会议的权力集中也遭遇地方的反抗,这一反抗的结果就是民主共和党1824年的分裂——民主共和党一分为二,即克莱领导的青年共和党和杰克逊领导的民主党。这也是美国共和党和民主党的前身。

美国政党的历史还证明,在一个具有联邦主义和分权传统的国家,任何针对全国性的政策讨论必然导致政党分裂。在此后19世纪40年代的美国的关税争论以及1854—1860年奴隶制的争论,都造成了严重的政党分裂。前者争论导致国民共和党的继任者辉格党分裂为北部辉格党和南部辉格党,而后者的争论则导致民主党分裂为北部民主党和南部民主党,并在奴隶制争论中,南部辉格党转向了民主党,北部辉格党(后被共和党取代)则吸引了北部民主党成员。政党的分裂不仅如此,甚至还造成了国家的分裂和长达四年的内战。而内战并没有完全解决所有问题,"战争结束时,有60万人丧身疆场,奴隶只是部分地获得了自由"④。经过南部重建,民主党逐步在战后恢复,并于1884年赢得总统选举,结束了内战以来共和

---

① [美] J. 布鲁姆等著:《美国的历程》(上册),杨国标等译,商务印书馆,1988年版,第264页。

② 谭君久著:《当代各国政治体制——美国》,兰州大学出版社,1998年版,第118页。

③ [美] 小阿瑟·施莱辛格著:《美国民主党史》,复旦大学国际政治系编译,上海人民出版社,1977年版,第63页。

④ [美] J. 布鲁姆等著:《美国的历程》(上册),杨国标等译,商务印书馆,1988年版,第550页。

党一党掌权的局面，美国政党政府制度重新开始了两党交替执政的局面。但是这一切尤其是内战的爆发也充分显示了美国政党政府强烈的不稳定性和脆弱性。图2.1直观地说明了美国政党的这一变迁。

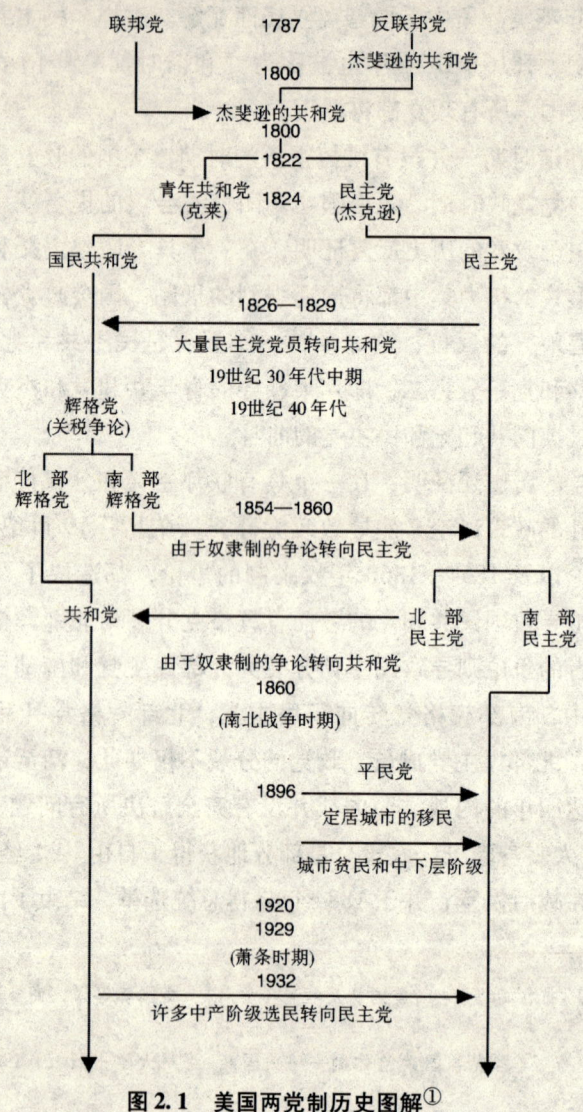

图2.1　美国两党制历史图解①

---

①　图表来源：[美] 小阿瑟·施莱辛格著：《美国共和党史》，复旦大学国际政治系编译，上海人民出版社，1977年版，第3页。

三、政党政府的强化

由于任何集权和全国性政策的讨论都可能导致政党的分裂甚至全国性政治危机，内战以后的两党都对自己的政治行动小心谨慎。美国建立纪律严明、组织严密的统一的全国性政党的努力也一直难以实施。直到 20 世纪 30 年代，罗斯福就任总统、美国经济危机爆发以后，政党政府才面临强化的历史机遇。

罗斯福当政时期，美国政府遭受了前所未有的考验，这一时期正值经济危机和二次大战正在波及美国之时。1932 年罗斯福总统竞选获胜后，首先遭遇的是 1929—1933 年经济大萧条，这也是美国历史上一次空前严重的经济危机。1929—1932 年，美国的国民生产总值从 1040 亿美元降到 410 亿美元，降幅达 60%，国民收入下降 50%；工业下降 46%，失业人数达 1700 万人，在业职工的工资也下降 35%—40%；农业收入下降 60%，100 多万农户破产；5500 多家银行倒闭。至 1932 年 6 月，32 个州的银行全部倒闭。出现了大规模的挤兑风潮。28% 的城市人口和 1000 多万农民没有收入，出现了饿死人的情况，还有千百万人像牲畜一样勉强维持生存。① "这是一次资本主义发展到垄断阶段后它的基本矛盾和生产无政府状态发展到极端尖锐程度的经济危机，它把美国资本主义制度推到崩溃的边缘，对美国社会各方面影响至深。如果不对它的生产关系作某些改变，它的生产力就很难再发展。"② 以国家干预主义为特征的罗斯福"新政"应运而生。国家干预主义使罗斯福获得了人民、尤其是中下层人民的支持。

1944 年，在罗斯福的第三个任期内，虽然他的自由派受到挤压，但起码"在这个全国性政党内，忠诚的党员甚至比 1940 年更强大了"③。正如小奥蒂斯·L. 格雷厄姆所指出的："党的成就，是否能符合那些乐观的民

---

① 陈启懋著：《罗斯福"新政"是现代资本主义的开端》，载《美国研究》，2006 年第 2 期。

② 刘绪贻等著：《美国通史第 5 卷 富兰克林·D. 罗斯福时代 1929—1945》，人民出版社，2002 年版，第 1 页。

③ [美] 小阿瑟·施莱辛格著：《美国民主党史》，复旦大学国际政治编译，上海人民出版社，1977 年版，第 307 页。

主党人在1932年所抱的希望呢？他们对某些方面的成绩肯定是满意的。党既然作为一个组织，人们就希望它吸引有才干的领导人，提名这些人任职，动员大多数群众赢得选举的胜利，并拥有权力。党已经完成了这一切，而且做得比理想的更好。但是，要将国家治理的很好，那些当选的人就必须制订一些能取得成功的计划，使其在立法机构中获得通过，并在国内始终一贯和坚强有力地执行它们。在治理国家的艺术方面，党的作用是不可缺少的。特别是在美国，那里联邦主义的分散性，三权分立的政府以及传统上对政治力量的怀疑，都限制和妨碍了政府的权力，因此政党是一个不可缺少的机器，总统可以通过它克服政府机关的惰性。"① 应该说，这段话描述了政党政府强化的一个事实——总统可以通过政党促使政府运转。因此，在罗斯福新政时期，国家干预主义的崛起是政党政府强化的一个重要标志。

当然，在美国的政治变迁中，一些小党（或称第三党）也参与了政治权力的角逐，但是始终都没有能够在全国竞选中获胜并打破两大政党轮流执政的局面。这些小党既包括拥有某一理论的政党，如平民党、进步党、社会劳工党、社会工人党和美国社会党，也包括基于特定问题产生的政党，如自由土壤党、绿背党等。另外还有一些从大党中分离出来的小党，如1912年从共和党中分离出来的西奥多·罗斯福的进步党等。这些小党虽然始终没有能够登上权力的顶端，但是在美国的政治发展中，它们也在一定条件下起着重要的作用，也成为美国政党政府的一个组成部分。

第二节　美国政党政府实践存在的问题

总的来说，美国人不喜欢政党，也不喜欢研究政党，"第一个悉心研究美国政党和政治的人是托克维尔，但后继无人"②。在美国人看来，政党

---

① ［美］小阿瑟·施莱辛格著：《美国民主党史》，复旦大学国际政治系编译，上海人民出版社，1977年版，第320页。
② ［美］梅里亚姆著：《美国政治思想》，朱曾汶译，商务印书馆，1984年版，第171页。

意味着分裂和反对自由与民主。正如罗威尔所指出的那样："虽然政党的存在几乎是目前普遍的现象,现代形式的政党却是比较新的事情。在18世纪的时候,没有人预见到像现在这样的政党政府,包括起伏不定的一切公务生活的领域。偶尔有个把像柏克这样的人,在提到政党的时候没有加以谴责;但大多数政治哲学的作者,一般都称它为私党,并且断定它们是干着破坏社会秩序和妨害公共福利的勾当。"① 我们认为,这些批评从不同的方面揭示了美国政党政府的存在问题。

一、政党政府造成国家和社会的分裂

1796年9月17日,离开总统职位的华盛顿警告说:"党派性总是在涣散人民的议会,削弱政府的行政机构。它以毫无理由的妒忌和虚假的警报使社会动荡不已,它点燃一方的仇恨之火反对另一方,甚至煽动骚乱和暴动。它向外来势力和腐化敞开大门,这些就是通过党派感情的渠道找到了通向政府的方便之路。就这样,一个国家的政策和意志却听命于另一国家的政策和意志。"② 而在此前的两个月里,他在致托马斯·杰斐逊的信中,对党派的厌恶已经溢于言表:"我自己是一个无党派人士,而我心中的第一愿望就是:如果党派确实存在,那就居中调停使他们和解……直到近两年我才明白,党派竟发展到我所目睹的如此极端的地步。"③

与华盛顿同时代的美国国父们大多对政党持相似的否定态度,麦迪逊在1787年就指出:"党争就是一些公民,不论是全体公民中的多数或少数,团结在一起,被某种共同情感或利益所驱使,反对其他公民的权利,或者反对社会的永久的和集体利益。"④ 即使是美国政党制度奠基人之一的杰斐逊也曾经说过:"如果说不参加政党就不能进入天国,我宁可根本不

---

① [美] 罗威尔著:《英国政府(政党制度之部)》,秋水译,上海人民出版社,1959年版,第2页。
② [美] 乔治·华盛顿著:《华盛顿选集》,聂崇信等译,商务印书馆,1983年版,第319—320页。
③ 同上书,第309页。
④ [美] 汉密尔顿等著:《联邦党人文集》,程逢如等译,商务印书馆,1980年版,第45页。

去天国。"① 即使在依靠政党的力量获得总统职位之后，他仍承诺要在其任期内"在放弃政治原则的前提下，要削弱政党的发展趋势以巩固国家政权"②。

在亨廷顿看来，华盛顿总统的告别演说概括了今天对于政府的四项主要指责：政党助长了腐化和行政低效率；政党使反对自己的社会分裂，制造冲突；政党主张政治动乱和政治软弱；政党使国家受到外来势力的影响和渗透。③ 而其中，国家和社会的分裂一直是政党对美国的潜在威胁。

二、政党政府削弱人民对政府的控制

在美国的政治设计中，人民通过选举国会和总统以实现人民对政府的控制，但是政党的出现削弱了这一传统的控制方式，由于党派控制了总统和国会的选举，人民在选举过程中的主体地位就容易被削弱。

俄罗斯政治学家奥斯特罗戈尔斯基（M. I. Ostrogorski）和美国政治学家赫伯特·克罗利（Herbert Croly）坚持认为，政党是民主的敌人。奥斯特罗戈尔斯基花了20年时间对英国和美国的政党体制进行研究，在奥斯汀·兰尼（Austin Ranney）教授看来，奥斯特罗戈尔斯基的研究证明了如果政治学家要研究政治过程本质的话，必须要研究政治力量而非政治形式。④ 奥斯特罗戈尔斯基对于政党的认识是首先从民主的认识开始的，他指出，所谓民主，就是政府的普遍控制或多数控制。民主就意味着对人民的责任，这也影响着他对政党政府的态度。他认为对于公共事务的责任应该是个别责任，因此在英国的政党政府，无论各部大臣还是各部成员，作为整体来说都是不负责任的，因为"即使他们不称职或无能，不通过惩罚

---

① [美] 詹姆斯·M. 伯恩斯等著：《民治政府》，陆震纶等译，中国社会科学出版社，1996年版，第361页。

② John Kenneth White, *Responsible Party Government in America. Perspectives*, Political Science, 1992 (21), pp. 80–90.

③ [美] 塞缪尔·亨廷顿著：《变革社会中的政治秩序》，李盛平等译，华夏出版社，1988年版，第393页。

④ Austin Ranney, *The Doctrine of Responsible Party Government*, Urbana: The University of Illinois Press, 1962, p. 113.

政府全部而仅仅惩罚其中一员都是不可能的"①。在奥斯特罗戈尔斯基看来，英国和美国的政党并无重大差别。因此，他也不把英国政党制度看做美国的样板。他首先批评美国的政党已经腐蚀了美国的宪政，政府总统已经不再是国家的领袖，而成为政党的领袖。其次，他批评了立法机关的衰败，因为"立法机关已经成为政党机器和政党首脑的奴隶"②。第三，他还批评了美国政党削弱了真正的民主训练场的作用。

应该看到，奥斯特罗戈尔斯基的批判是十分有力的。我们否认英国早期政府的非政党政府性质，是认为英国早期的政府只是由贵族组成的政党替人民控制政府，那么英国政府模式的弊端也难以在美国政党政府模式上消除。如果人民控制政府的权力必须由政党代行，那么美国政府也将迟早脱离人民，而浸染英国的贵族习气。同样，如果是政党而不是人民控制着政府，那么政府官员是对人民还是政党负责是不难理解的。因此美国政党政府就可能导致官员责任的缺乏。

作为美国政治学界中一个持批评观点的思考者，赫伯特·克罗利指出："从1870年到1915年，许多美国的作者坚信只要美国政党在控制政府体系，那么民主就是遥不可及的东西。"③ 他认为，美国人只有在以下条件下才能意识到民主的理想：首先要完全理解民主的本质，同时在理解其来龙去脉之后，思考何种机构能够实现民主。赫伯特·克罗利并不是将政党制度一棍子打死，他承认政党对于民主制度的积极意义，他的重点在于说明美国政党在这方面的特别的不足，尤其是政府民主参与的不足。赫伯特·克罗利指出，美国的政党的成长首先造成了官员政治责任的分离；其次，从民主进步来看，两党制的推翻也是必需的，因为在美国，专业、高效、经济的政府过程并不需要政党作为公共意见的代理；第三，政党破坏了民主国家对公民的忠诚。④

---

① Austin Ranney, *The Doctrine of Responsible Party Government*, Urbana: The University of Illinois Press, 1962, p. 115.

② See Austin Ranney, *The Doctrine of Responsible Party Government*, Urbana: The University of Illinois Press, 1962, p. 115.

③ Austin Ranney, *The Doctrine of Responsible Party Government*, Urbana: The University of Illinois Press, 1962, p. 132.

④ Ibid., p. 138.

三、政党促使政府无能

一个由政党控制的政府使得政府对政党唯唯诺诺,而忽视人民的主张,这样的政党政府必然是无能的。法国思想家托克维尔对政党制度进行的抨击是一分为二的。在他看来,"政党是自由政府的固有灾祸,它们在任何时候都没有同样的性质和同样的本性"①。但是托克维尔并不反对一切的政党。在对政党进行了大小党的划分之后,托克维尔认为政党政治中,"大党在激荡社会,小党在骚扰社会;前者使社会分裂,后者使社会败坏;前者有时因打乱社会秩序而拯救了社会,后者总是使社会紊乱而对社会毫无补益"②。尤其是小党,更加趋于"自私"。因此托克维尔认为,当美国联邦制得到稳固以后,美国也已经失去基于原则不同的"大"政党,取而代之的是基于物质利益追求的各种"小"政党。③ 因此政党制度的倒退是由"小"党造成的。④

与托克维尔同时代的英国人密尔出于对代议制政府效果的担心也对美国的政党提出了批评:"在美国总统选举中,最大的政党从不敢提出它的最强有力的人,因为这种人,从他们长期为公众所注意这一单纯事实,就使他自己遭到政党的说不定哪个部分的反对,因此在纠合选票方面,比起直到被提出为候选人以前公众根本未听说过的人来,就不是那么可靠的一张牌。这样,甚至最大政党选出的人所代表的或许仅仅是该政党在数量上胜过其他政党的微小差数的真正愿望。"⑤ 那么这样产生的政党政府只能由平庸之辈组成,"现代文明的代议制政府,其自然趋势是朝向集体的平庸,这种趋势由于选举权的不断下降和扩大而加强,其结果就是将主要权力置

---

① [法]托克维尔著:《论美国的民主》(上卷),董果良译,商务印书馆,2004年版,第194页。
② 同上书,第197页。
③ 同上书,第198页。
④ 因此,美国学者怀特(John Kenneth White)认为正是托克维尔的观点催生了美国政治学会中的政党委员会。John Kenneth White, "Responsible Party Government in America", *Perspectives on Political Science*, 1992 (21), pp. 80 – 90.
⑤ [英]J. S. 密尔著:《代议制政府》,汪瑄译,商务印书馆,1982年版,第105页。

于越来越低于最高社会教养水平的阶级手中"①。

第三节 责任政党政府理论的崛起

在责任政府代议制危机暴露之后,政党政府的出现使人民对政府的控制多了一个渠道,但是政党政府也不是包治百病的良方,美国政党政府的存在问题充分说明了这一点。而这种艰难也促使美国政治理论家必须从对民主的重新认识来维护政党的地位。从上个世纪初,一个融合责任政府、责任政党、政党政府的新的政治理论——责任政党政府理论登上了美国政治学舞台,并成为近一个世纪美国政治学理论的重要组成部分。

一、责任政党政府理论的缘起

当我们确定一种学说乃至一种理论的时候,我们承认在这两个语词之间存在一定的差异性。只是仅仅在对 doctrine（学说或教条）和 theory（理论）的中文翻译中就可以看出这种褒贬之义。但是在中文语境中,试图将二者进行区别是比较困难的,这种困难从《辞海》对"学说"的解释中可见一斑："学说：在学术上自成系统的主张、理论"②。而理论"当然不是观点的汇集,虽然这些观点不乏创见。理论就是对问题所做出的系统解说,或者,理论就是问题的解释系统"③。因此在中文的背景下,出于意义的需要,我们在本书中并不打算对 doctrine 和 theory 作严格的区分,而一概称之为理论。出于同样的考虑,虽然美国政治学家奥斯汀·兰尼教授就把有关责任政党政府理论文章和学者称为一种 doctrine（学说或教条）而不是 theory（理论）,在本书中,我们仍然统称之为责任政党政府理论。

建立类似英国的政党政府体制的主张自美国独立以来就是一种比较常见的观点,只是到了19—20世纪,这一观点才开始上升到理论。天主教大

---

① [英] J. S. 密尔著：《代议制政府》,汪瑄译,商务印书馆,1982年版,第106页。
② 辞海编辑委员会编：《辞海1979年版》（缩印本）,上海辞书出版社,1980年版,第1126页。
③ 商红日著：《政府基础论》,经济日报出版社,2002年版,导言。

学的怀特教授（John K. White）坚持认为20世纪50年代的美国政治学会的政党委员会报告《走向更加负责的两党制》是这一理论之滥觞。① 但是我们不支持这样的观点，我们同意兰尼教授的判断，即伍德罗·威尔逊（Woodrow Wilson）才是这一理论的首倡者。因为早在1879年，尚在普林斯顿大学读书的威尔逊就在《国际评论》上发表的一篇论文《美国内阁》里提出了责任政党政府是美国民主的理想形式的观点②，并在随后的一系列著作中完善了相关观点，从而形成了责任政党政府理论的雏形。而谢茨施耐德（E. E. Schattschneider）、彭德尔顿·赫林（Pendleton Herring）等紧随其后，丰富了美国责任政党政府理论；理论的最终成熟以美国政治学会的政党委员会报告《走向更加负责的两党制》为最终标志。

（一）伍德罗·威尔逊与责任政党政府理论的缘起

1879年，尚在普林斯顿大学读书的伍德罗·威尔逊在《美国内阁制政府》上发表了论文，表明了他对责任政党政府的理论关注。

1. 民主的本质与政党的功能

在伍德罗·威尔逊看来，所谓民主只是一种多数统治，是一种对政府的普遍控制，而非简单的多数参与，这些观点分散于他的著作如《国会政体》（Congressional Government，1885）、《美国宪政》（Constitutional Government in the United States，1908）和《新自由》（The New Freedom，1913）、《美国内阁》（Cabinet Government in the United States，1925）之中。威尔逊同时指出，如果民主意味着多数控制，那么民主的政府必须对人民负责。但是美国宪法规定的权力分散却容易导致民主政府的责任不明，因为"政府的每一部分，都委以一小部分职责，由于它们能活动的范围有限，所以很容易推脱责任，而觉得问心无愧"，而这"是使政府的任何一部分在紧急时刻处于无可奈何的瘫痪状态的原因"。③ 在兰尼看来，正是责任成为威尔逊政府哲学的锁钥。④ 威尔逊同时相信，政党有助于实现对政

---

① 美国政治学会网站（http://www.apsanet.org/content_5221.cfm）2006 - 7 - 23。
② Austin Ranney, "*The Doctrine of Responsible Party Government*", Urbana: The University of Illinois Press, 1962, p. 25.
③ [美]威尔逊著：《国会政体》，熊希龄等译，商务印书馆，1986年版，第156页。
④ Austin Ranney, *The Doctrine of Responsible Party Government*, Urbana: The University of Illinois Press, 1962, p. 29.

府的普遍控制，美国的政党具备对政府实现普遍控制的初步功能，也同时他相信政党能够完成民主体制的其他任务——诸如公共利益的表达、人民对立法讨论的熟悉。

2. 美国政党的其他功能

在威尔逊看来，美国的政党还承担着和英国政党不同的任务，即要打破立法和行政机关之间的权力分裂。"国会和总统看起来好像彼此分立的政府……我们需要的是一个和谐、持久的负责任的政党政府，而非功能分散、不负责任的政府；我们能做的是仅仅是把总统和他在国会中的党团联系起来。"① 当然对于美国的政党，威尔逊并不幻想它们能够成立一个责任政党政府。他指出，在美国的公共事务和公共政策上，没有一个政党拥有真正的原则和纲领，没有一个政党能够拥有独立的方针和态度，甚至不能选举一个公众知晓的总统候选人。"在召开党的代表大会时，各党只发表能取得公众认可的意见，而将其不受欢迎的政治宗旨谨慎地隐藏在'政纲'中，十分审慎地避免提到可能被看做一种有特点的或新奇的纲领的组成部分的学说。因而当选定总统候选人时，公认迫切需要的是，候选人的政治经历尽可能要简短，而且应当清白无暇。"② 因此在这样的政党纲领下的总统选举的价值是值得怀疑的，对于政党来说，它们毫无责任可言。

3. 美国政党的特殊功能

与同时代的论述相同，威尔逊也看到了美国政党的双重本质：政党的领袖是地方老板（Local bosses），而非政党的全国领袖；政党的权力中心在地方机器，而非全国委员会和议会党团。③ 而地方老板根本对公共政策不感兴趣，他们所感兴趣的只是赢得选举和政治恩赐。这些地方老板和政府责任意识的缺乏在他看来主要是由于以下原因造成的：首先，任何政府都需要一些有影响的领导，只有这样，这些政府才能产生一贯的政策和支持政府责任运行的统治团体。但美国政府没有这样的领导。其次，在美

---

① See Austin Ranney, *The Doctrine of Responsible Party Government*, Urbana: The University of Illinois Press, 1962, p. 32.

② [美] 威尔逊著：《国会政体》，熊希龄等译，商务印书馆，1986 年版，第 27 页。

③ Austin Ranney, *The Doctrine of Responsible Party Government*. Urbana: The University of Illinois Press, 1962, P. 34.

国，这样的领导甚至不曾发生，因为议会的侵蚀，即使总统也不具有这样的领导权力。可见，威尔逊对分权体制是厌恶的，尤其是在他后来成为美国总统以后。第三，现有的政府框架不能提供这样的领导，这样的领导只有从政党中寻找。第四，美国政党的无序领导不能提供有效的政府领导。第五，从中央到地方，现有的政党的分离是可悲的。他断定，只要地方老板对私利的追求超过对公共利益的追求，那么，政党不可能制定出真正的公共政策。因此，威尔逊断定，美国现有的政党制度不可能建立英国式的责任政党政府。只有当权力集中，执政党能够制定其所愿意的公共政策时，那么地方老板就会消失，美国就可以很快建立真正的责任政党政府。①

4. 如何在美国建立责任政党政府？

威尔逊相信，权力分散和责任不明，是使政府在紧急情况下处于无可奈何的瘫痪状态的原因。② 要想建立英国式的责任政党政府，首先必须集中政府权力，只有这样，政党才能被引导到政府体系中来讨论公共政策。③ 在《美国内阁》中，威尔逊认为，在美国建立责任政党政府可以采取两种方法，其一就是建立英国式的责任内阁制度。在《美国宪政》中，威尔逊又提出了另外一种不同的思路。他不再把目光盯着美国国会，并抛弃了在国会中建立权力集中的委员会政府的主张，而把目光投向总统的领导权的发展上，主张总统是全民选举的全国人民的代表，他和他的政府将合法而有效地背负人民赋予的责任。④

5. 作为政治家的威尔逊的举措

尽管美国政党拥有这么多不足，威尔逊仍然依赖政党走向了政坛。1910 年，威尔逊当选新泽西州长。而使威尔逊当选州长的有三个重要的幕后人物，最为重要的人物是小詹姆斯·史密斯，他是掌握民主党党机器的新泽西州民主党党魁，有"最坏的操纵选举的恶棍"之称。为了参加新泽

---

① Austin Ranney, *The Doctrine of Responsible Party Government*. Urbana: The University of Illinois Press, 1962, pp. 34–39.

② [美] 威尔逊著：《国会政体》，熊希龄等译，商务印书馆，1986 年版，第 155 页。

③ See Austin Ranney, *The Doctrine of Responsible Party Government*, Urbana: The University of Illinois Press, 1962, p. 39.

④ Austin Ranney, *The Doctrine of Responsible Party Government*, Urbana: The University of Illinois Press, 1962, p. 41.

西州长竞选，威尔逊在1910年6月23日向史密斯保证："我如果当选州长，我不会打击和破坏现存民主党组织、也不以我自己的一套组织去取代它……我始终是党组织的信奉者。如果我当选州长，我一定乐于向民主党组织领导人们领教。我不会拒绝聆听别人的意见，而且我特别乐于听取和充分考虑我党领袖们的建议。在我自己独立思考的基础上，如果我党组织的领袖们向我推荐最能干的人才要我委任、我自当乐于委任他们。"① 但是不同的是，一旦获得州长职位以后，他立即表现了与党棍们决绝的姿态，不但立即与政党撒开了联系，而且在全美率先改革了初选法案，从而成功地剥夺了地方老板的权力。

（二）古德诺、福特和罗威尔的责任政党政府理论

除威尔逊以外，与威尔逊同时代的古德诺、罗威尔和福特也堪称这一理论的代表人物，他们从不同的方面回应了威尔逊的理论主张。

1. 古德诺的理论主张

古德诺（Frank J. Goodnow）坚信，任何民主政府都必须是行政权受到普遍控制的政府。从这个意义上讲，美国的政党政府可以是这一种政府。因为政党可以也应当履行民主职能，同样民主的政党政府也应该向人民负责。但是在美国，个人的责任应当由政党责任替代，即通过政党责任的行使来使政府成为一个责任政府。但这也是美国政党政府的存在问题。"如果政府体制是民治性的，政党就应该向人民负责，美国的政党没有做到这一点，结果就使得美国的政党领袖很难顺从人民的控制……为了促使党的领袖服从人民，党就必须是负责任的。"② 古德诺看到了政党机器存在的问题，尤其是在党员登记方面的无约束性必然导致党组织的松散性和无责任性。"只要党员登记工作始终是不受法律制裁的——换句话说，不受民众监督的，纯属自愿加入的组织手里进行的话就无法贯彻执行所制定的规章制度。"③ 另外，政党也可以实现对政府的控制，从而保证政府的民主性。在笃信政治行政两分法的古德诺看来，政党的政治地位是不容忽视的，承

---

① 邓蜀生著：《伍德罗·威尔逊》，上海人民出版社，1982年版，第21—23页。
② ［美］F. J. 古德诺著：《政治与行政》，王元译，华夏出版社，1987年版，第106页。
③ 同上书，第122—123页。

认政党的法律地位是建立责任政党政府的前提。"在美国，可以通过把我们目前的行政体制合理地加以集中和集权，以及在法律上承认政党属于一种政府机关，来推动我们实现民治政府和高效率的行政这两个一切政治体制应该达到的首要目的……如果我们想在美国获得民治政府和高效率的行政管理，一个适度集权的行政体制就是必需的。这种体制会减少党的工作量，因为它会把工作移交给政府，这就会使政府更加负责。"① 因此可以看出，古德诺虽然接受了政党这一"恶魔"（古德诺语），但是始终对政党是抱有警惕的，他对政党的认识也是建立在政党必要的改革基础之上，尤其是对不负责任的党魁制度的改革之上的。

同时，从古德诺对政党的态度又可以看出他对政治行政两分法的矛盾态度。他承认，政党既可以看做是政府的一部分，也可以看做是政府以外的东西，政党可以通过法外调节协调行政与政治运作。"要使政府协调地运转，就必须找到某种使国家意志的表达和执行协调一致的办法。如前所述，这种办法在政府体制内部不能找到。所以，必须到政府以外的一些法外的制度中去寻找。事实上，可以在政党中找到它。政党不仅担负起了挑选在政府体制理论中是表达国家意志的机关的成员，即立法机关的成员的责任，而且担负起了挑选执行这种意志的人员，即执行官员的责任。"② 同样，政党也为其挑选出的官员承担责任，也正是如此重要的政党责任，古德诺认为政党组织就必须强大并长久存在。正是政党的出现弥补了我们对古德诺政治行政两分法的简单判断，事实上，政党的法外调节功能的出现从另外一方面解释了政治与行政融合的必要性。

2. 福特的理论主张

亨利·乔·福特（Henry Jones Ford）在理论上深受威尔逊的影响，是后者劝说他在1908年离开了报纸编辑生涯而成为普林斯顿大学的政治学教授。③ 福特对于民主的看法和威尔逊、罗威尔相似。他也认为，所谓民主

---

① ［美］F. J. 古德诺著：《政治与行政》，王元译，华夏出版社，1987年版，第135页。

② 同上书，第57页。

③ E. S. Corwin, "*Henry Jones Ford*", in the Dictionary of American Biography. See Austin Ranney, *The Doctrine of Responsible Party Government*, Urbana: The University of Illinois Press, 1962, p. 70.

不是直接的普遍参与或对政府行动的监督:"如果改革者认为对政府行为的直接监督十分重要,那么市镇政府是最好的治理方式了,因为它远比州和全国政府更能接近人民,这种不良行政的后果更为直接和迅速。"① 他进一步指出,虽然民主不是直接的政府行动的参与或监督,但是民主仍然是一种政府之上的普遍控制,"人民被号召控制政府,而非管理政府;他们只能行其一而不能行其二"②。在他看来,赋予人民太多"直接民主"的权力可能反过来损害人民对政府的有效控制,因此,只有责任政党政府才是民主的可能组织。也就是说,他把巩固民主的任务之一交给了政党,认为政党应当表达民意。政党必须首先建立责任③;其次,政党的行动基于阶级、宗教、种族及其他因素的对抗;第三,政党可以在政府的立法和行政机关之间建立联系;第四,他认为美国政党还有一个特殊功能就是可以有效地反对地方集权,而这在他看来也是美国政治的特色。因此,在福特看来,在美国政治体制中,只有美国政党才有一种联合、凝聚的力量。④

3. 罗威尔的理论主张

劳伦斯·罗威尔(A. Lawrence Lowell)认为,"政党只有在一个国家的政体中建立起立法议会时才产生"⑤。也只有在议会制度中,政党才有可能摆脱传统政治中的派别身份。同时需要指出的,政党制度也保证了议会民主制的发展。罗威尔指出的是,正是英国的政党制度保证了议会制度的良好运转,"英国议会制度是从政党制度产生的……责任内阁的政府,不是下议院与国王间长期斗争的必然结果……假使议会没有分为辉格和托利两个政党,就不可能想象到会有这种政治形式出现。事实上,如果没有政

---

① Henry Jones Ford, Review of *Politics and Administration*, 1900, pp. 182 – 83; See Austin Ranney, *The Doctrine of Responsible Party Government*, Urbana: The University of Illinois Press, 1962, p. 72.

② Ibid., p. 73.

③ Henry Jones Ford, *The Rise and Growth of American Politics*, New York: The Macmillan Company, 1898, p. 94.

④ Austin Ranney, *The Doctrine of Responsible Party Government*, Urbana: The University of Illinois Press, 1962, p. 78.

⑤ [美] 科佩尔·S. 平森著:《德国近代史》(上册),范德一译,商务印书馆,1987年版,第 228 页。

党的存在，这整个计划是没有意义的"①。但是，在政党和政府的关系上，罗威尔也承认还存在一些不足，"在美国政府的形式下，政党制度是不可能避免的；可是，它们却没有以国家的经常机构来执行任务的机会，在政府的组织里，没有规定任何方法，可以使一个政党制定和执行它的政策，为高级职位选定它的候选人，保障他们作为党的真正领袖的地位以及控制它的行动的权力。所以，政党的机构，从全国代表大会到立法机关的党团，就不得不在政府组织以外建立起来，并且不能够很好地与后者配合"②。不难看出，在罗威尔这里，责任政府其实就是政党的责任政府，而英国正是美国政党政府模式的榜样。

尽管上述三人的观点比较散乱，但是他们还是表达了一种重要的观点——有效的民主不是直接的政治参与而是间接的多数控制，这是政党的重要责任，美国政党应该承担这一民主职能。但是对美国如何建立责任政党政府的设想，威尔逊由于后来走上政坛，这一问题终究没有在他的笔下得到进一步深化。

二、责任政党政府理论的系统化：《政党制度》

作为一种系统的政治理论，责任政党政府理论是由20世纪政治学家谢茨施耐德③完成的。

谢茨施耐德教授一生潜心于学术研究颇有影响，其中影响最大的当数其对美国责任政党政府理论的研究。《政党政府》（Party Government④）对这一理论的系统化具有划时代的意义，也为美国的政治学理论研究开辟了一个新的领域。在该书中，谢茨施耐德认为政党政府其实就是责任政府，

---

① ［美］罗威尔著：《英国政府（政党制度之部）》，秋水译，上海人民出版社，1959年版，第8页。

② 同上书，第7页。

③ 谢茨施耐德（E. E. Schattschneider, 1892—1971）是美国当代著名的政治学家，1935年获得哥伦比亚大学博士学位，1956—1957任美国政治学会主席。先后任教于哈佛、耶鲁、哥伦比亚、密歇根等大学，代表作品有《政治压力和关税》、《政党政府》、《争取政党政府》、《公共事务研究导论》、《美国政治的平衡与变化》、《半主权的人民：一个现实主义者眼中的美国民主》、《二亿美国人寻求一个政府》等。

④ E. E. Schattschneider, *Party Government*, New York: Holt, Rinehart & Winston, 1942.

一个组织的政党是为了控制政府，那么在政府中政党应该处于什么样的地位是值得研究的。

(一)《政党政府》研究的背景

在谢茨施耐德的时代，美国对于政党的研究已经有一些比较初步的成果，但是谢茨施耐德发现，许多问题并没有得到充分的探讨。谢茨施耐德认为这些问题主要体现在六个方面：

第一，政党是一个试图获得政府控制权的组织，那么，政党在政府中的地位如何？政党政府制度是否已经建立？政府在多大程度上能忍受政党？政府中的哪些机构由于政党控制的内在要求而被扩大？基于政党的目的，政府中的权力如何被重新分配？政党中官员的地位如何？

第二，政党（多数动员）和压力集团（少数动员）的关系如何？政党和非组织化的政治运动的关系如何？

第三，大党如何超越小党？具体而言，次大党和第一小党的关系如何？在政党竞争中，这种关系将决定政党体制是两党制还是多党制，那么这种关系如何导致了两党制不会成为一党制？

第四，在美国政治中，政党过程并不以纲领而引人注目，那么政党是一种什么性质的组织？党员意味着什么？

第五，政党过程是基于选举进行的。那么这种独特的选举制度对美国政党产生哪些影响？

第六，在政党组织中权力分配是最重要的。这成为联系所有中央和地方政党组织的全部主题，并保持着政治制度的平衡。重点在于在同一地区，这种在地方政党机器之间的联系决定了其自身的地方性。[1]

但是在政治学界，政党没有引起政治学界足够的关注。谢茨施耐德批评美国政治学对政党制度的轻视，梳理了美国政治学自 1853 年出版的弗兰西斯·列伯（Francis Lieber）《公民自由与自治》（Civil Liberty and Self-Government）以来的美国政治学对政党的研究历史后，他发现这些学者要么是对政党制度轻描淡写，要么是置之不理——如美国 19 世纪伟大的政治

---

[1] E. E. Schattschneider, *Party Government*, New York: Holt, Rinehart & Winston, 1942, Preface.

哲学家约翰·柏吉斯（John W. Burgess）在其1890年出版的《政治科学与比较宪法》（Polictical Science and Comparative Constitutional Law）一书中就属此类。其中，作者过多地关注总统选举却忘记了政党。只有英国政治学家布赖斯（Bryce）和俄国政治学家奥斯特罗戈尔斯基在世纪之交首次出版了关于美国政党制度研究的著作。① 谢茨施耐德的《政党政府》可以说是美国进行政党政府系统研究的奠基之作。

谢茨施耐德深受当时经济政治环境的影响——席卷资本主义世界的空前的经济危机、世界大战需要政治学家寻找系统的解决方案，罗斯福总统的新政也呼唤一种权力的集中过程，政党和政府已经不能无视美国面对的严峻事实。在这样的情况下，谢茨施耐德的研究自然也是迫切而重要的了。

（二）《政党政府》对美国政党政府中的政治主体的规定

在谢茨施耐德看来，美国的政治过程主要是由政党（指大党）、地方老板和小党、压力集团组成的。

1. 政党

谢茨施耐德认为，一般来说，有两种政治组织类型，即政党和压力集团。在美国，还应该区别出第三种政治组织——小党，"小党不是大党的一个小版本，它根本就不是政党……区别政党和压力集团的类别是重要的，不了解它们的区别，就不可能理解政党和和压力集团"②。

首先，从方法论的角度出发，谢茨施耐德认为定义政党必须从它的目的与手段的关系上来考察。"政党首先是一个试图获得控制政府权力的组织。"③ 这也是政党与其他压力集团的本质区别所在。"只有当一个组织已经控制了政府或能够产生和维持一个广泛的把持政府的期望，那么它才是一个大党或者说是真正的政党。"④ 谢茨施耐德批评了柏克（Burke）把政党定义为"基于公共政策的共同认识和公共掠夺而产生的权力依附性"组

---

① E. E. Schattschneider, *Party Government*, New York: Holt, Rinehart & Winston, 1942, Preface, pp. 5–6.
② Ibid., p. 35.
③ Ibid.
④ Ibid., p. 36.

织的错误，认为这首先是混淆政党掌握权力的企图和人类对权力攫取的简单冲动；其次，政党的权力移交是和平道路，是"在政体的架构内进行的"。"政党政府的前提就是在政党和政府之间的互相容忍，换句话说就是在执政党和反对党之间的相互礼让。"①

其次，美国政党组织结构。为了集中选票，核心会议（caucus）成为政党政治的重要形式。"预选会议是政党政治的核心；它使政党政治成为可能，并使政党区别于其他政治组织。"② 那么，应该有多少人参加预选会议？谢茨施耐德认为这应该取决于两个方面：首先，先置的少数人的协商能够引起成员的共识；其次，预选会议以外的多数成员可以通过选票来控制政党。通过具体的实证似的分析，谢茨施耐德认为无论是在政治组织，还是与反对党的竞争，预选会议在政治行动中的有效性是不容置疑的。更重要的是，预选会议扩大了政党竞争的范围，"如果说政党竞争始于国会，那么预选会议则把竞争扩大到全国"③。

至此，我们看到在美国政党竞争由国会走向全国的过程中，政党也分别存在于党组织的预选会议，即干部党、选民党、国会党三个部分中，美国的政党结构也就基本清晰了。

第三，政党组织的成员。从一般意义上来说，政党是一个巨大的管理严密的政治组织，但是在美国，这只是一种假象。美国政党是分散的组织，党员也是分散的公民。在谢茨施耐德看来，美国的现有政党与棒球俱乐部并无区别。美国的政党不能唤起成员的身份认同，一党的党员不能区别于其他政治组织，党员对政党并无义务——他不用向党组织交党费，不用替党组织偿债，不能觊觎党的财产；他也不必履行党员的工作，不必参加政治运动，不必参加党的生活，不必在投票上保持团结，不必投本党候选人的票。"实际上，他根本就不必投票。即使他希望脱离党组织，他也不必辞职，甚至不用通知党组织。"④ 因此也有人认为，政党民主制的实质

---

① E. E. Schattschneider, *Party Government*, New York: Holt, Rinehart & Winston, 1942, p. 37.
② Ibid., p. 40.
③ Ibid., p. 47.
④ Ibid., p. 56.

却是"依靠法定的选举赋予政治首领及副手以政治垄断权力、并排除竞争对手的制度"①。

2. 地方老板

无论是英国还是美国,任何试图赢得大选的政党都离不开地方组织。但是一旦拥有地方组织,接踵而来的问题就是如何解决党的中央和地方的关系。谢茨施耐德认为,从广义上讲,这一关系主要有三种表现形式:一是英国模式。党中央是寡头统治,地方权力受到严重束缚并仅仅作为一个中央代理机构存在。二是理论上的美国模式。地方通过广泛代表、民主地参与中央政党过程。三是实践中的美国模式。地方老板攫取政党权力并谋求自身目的,拒绝任何较高一级的政党权力。

首先,权力与责任的分离。在美国,首脑(boss)也意味着权力(power)。对这个词的理解也必须从权力上才能掌握。正如麦肯(D. D. Mckean)所指出的:"等到哈德逊县(Hudson County)②的人民发觉时,统治者已经攫取了市长职位。"③

而问题在于,这些地方老板虽然掌握了权力,却并不承担相应的责任。在一些地方老板看来,他们并不是什么人的下级,"中央领袖对用纪律约束地方老板显得无计可施"④。在美国,这些地方老板可以有效地抵制党的上级乃至中央而不受到惩罚,从而回避了政党的政治责任。同样在地方自治的幌子下,地方老板可以做到既不对中央的政治纲领负责,又可以在具体的公共行政中不向公众负责。

其次,地方老板从三重政治中谋求利益。谢茨施耐德认为,地方老板首先通过反对党的中央和地方以垄断权力,但是事实上,他们不仅生长于

---

① E. E. Schattschneider, *Party Government*, New York: Holt, Rinehart & Winston, 1942, p. 72.

② 隶属于新泽西州,该县历史上以种族灭绝和奴役著名,该县泽西市市长弗兰克·海牙(Mayor Frank Hague)曾经说过"我就是法律"(Listen, here is the law! I am the law!)而臭名昭著——作者注。

③ D. D. Mckean, *The Boss, The Hague Machine in Action*, Boston: Houghton Mifflin Company, 1942, p. 61.

④ H. F. Gosnell, *Machine Politics: Chicago Model*, Chicago: Chicago University Press, 1937, p. 7.

地方政党与地方政治权力中，还与州一级、中央一级的党组织有千丝万缕的联系，并从这些千丝万缕的联系中攫取自身的利益。例如前文说的哈德逊县的泽西市长海牙不仅是泽西市的政治首脑，还控制着哈德逊县和新泽西州的民主党，此外，他还是民主党中央副主席；他不仅是全美民主党代表大会的代表，也是民主党议会党团成员。由此可见，海牙是民主党内举足轻重、需要安抚的人物。具有类似性质的地方老板还有很多，要明确他们的身份是十分困难的，而他们就在这些复杂的身份中玩弄权力，攫取利益。除非他们失去了所有的身份，否则，无人能够停止他们攫取利益的过程。事实上，正是这个海牙市长，在担任市长30年之后（1917—1947）把市长的职位顺利地过渡给他的侄子艾格斯（Eggers）。而更加可怕的是，地方老板还能够通过控制两党而同时获得两党的支持。在这样的情况下，其实剥夺了人民对两党的选择权，因此地方性政党不再成为党的地方组织，而是地方老板的私人所有物。对于地方老板来说，他难以分辨个人与政党、公共利益与私人利益的区别，地方老板也在一定程度上成为一个封建领主——除了自己，他不对任何人负责，而他与其他地方老板的关系也是一种联盟关系，他或成为中央权力机关的附庸，或通过谈判与中央订立条约。[1]

3. 压力集团

应该首先指出的是，谢茨施耐德对压力集团也是没有好感的，他基本上把压力集团看做类似地方老板一样的政治副产品。但是他也承认，作为美国政治过程中一个重要组成部分，美国的压力集团与大党、小党一起构成了美国政治主体，并在美国的政党政府过程中起着关键的作用。在谢茨施耐德看来，政党和政治集团主要是在政治路径上存在差异性，前者是以通过选举控制政府为目的的，而后者则拥有"特殊的、相对狭小的任务——有选择性影响政策制定，而不以控制政府为目的"[2]。相对于政党的责任体系，压力集团的功能是受到严格限制的。"如果政党是一个能够掠走一船货物的公司，那么利益集团只是借船走私的偷乘者"[3]。

---

[1] E. E. Schattschneider, *Party Government*, New York: Holt, Rinehart & Winston, 1942, p. 186.

[2] Ibid., p. 188.

[3] Ibid.

首先,压力集团源自政党的软弱。尽管压力集团存在很多重要意义,但是在谢茨施耐德看来,它也同样不能取代政党的地位。压力集团可能表达的是一种模糊的观点,但是政党必须把各种模糊的政治主张清晰化,这也是政党必须超越压力集团的重要原因。但是谢茨施耐德指出,在美国,大党并没有实现这样的超越。大党对政府的控制是间歇性、时断时续的,以至于压力集团可以轻易地获得从政党手中流失的控制权以实现其政治目标,而政党从来也不能成功地把基于特殊利益的压力集团排除在政治分赃之外。从根源上讲,谢茨施耐德认为,压力集团的兴起还是由于政党体制不能有效使用权力、政党纪律松弛、党中央权力削弱、地方老板对政治果实抢占对公共事务冷漠等引起的。①

其次,压力集团不能履行政党的责任。在谢茨施耐德看来,政党(即大党)要优于不负责任的小党及利益集团,因此政党政府也必然优于后者组成的政府。因为在谢茨施耐德看来,政党必然具有广阔的视野,它不仅仅关注竞选,更关注终身的公共责任,因此,这样的政党政府必然是负责任的政府。但是在美国的政党体制下,代表地方利益和特殊利益的地方老板和压力集团却自始至终地对政党过程产生消极影响。而解决这一影响仍然呼唤政党必须具有强大的政治权力。

再次,压力集团征服并分裂政党。但是由于美国的政党没有这样的纪律和力量,自然也不能够约束本党的议员。谢茨施耐德认为,一个政党的议员之所以向压力集团屈膝不是因为后者非常强大,而是因为本党对这个议员并无任何要求,党不能以纪律来约束之,也不能够支持这个议员的政治生命。因此当压力集团对其进行威胁利诱时,议员的转向自然是不可避免的了。也就是在这样的层面上,美国的政党被压力集团征服并分裂了。因此谢茨施耐德认为,政党的机构再造是必要的,只有良好的集中的政党才不会害怕并能控制压力集团。②

(三)《政党政府》对美国政党政府价值的规定

作为责任政党政府理论的倡导者,谢茨施耐德认为政党制度恰恰构成

---

① E. E. Schattschneider, *Party Government*, New York: Holt, Rinehart & Winston, 1942, p. 192.

② Ibid., p. 197 – 8.

民主制度的核心。"毫无疑问，政党的产生是现代政府的显著标志之一，实际上，政党创造出民主政府，尤其是现代民主政府不容置疑地与政党制度相伴而生。"① 谢茨施耐德高度评价了政党政治的作用："是政党政治区分了民主和独裁政治，建立了现代政治哲学。政党不是现代政府的附属物，它们处于现代政府的中心并扮演着决定性和创造性的角色。"②

首先，美国政党是民主和自由的捍卫者。其一，政党是民主重要的保障力量。美国政党的贡献是历史性的。正是美国的政党尤其是大党——民主党和共和党在历史上作出了巨大的贡献，正是它们之间有限的对抗与更为密切的合作，才使它们共同度过了艰难时光，选举出22位总统，维护了美国的政治格局。其二，美国政党的贡献也在政治实践中得到了证明。可以说正是美国政党在改变着美国的宪法。政党可以把复杂的政府过程简单化——当政治家们开始发动并组织美国公共生活时，政党便开始主持一个庞大的政治转换过程，这一过程从美国共和主义的小实验到美国强有力的政治体系彻底地得到运行，这一过程蕴涵的自由和民主甚至大大地超过了1789年。政党努力的结果就是今天的美国总统接受政党的指令以管理国家并致力于共和国的福利和安全。同时在政府体系中，政党的重要意义也为大党或重大的政治权力起落所证明。在从南北战争到二次大战的80多年里，大党潮起潮落，世界大战伴随着政党危机接踵而来。③

其次，政党能有效地控制政府权力。带有法学家思维特征的美国政体必然强调法律的作用。但是，众所周知，法律不能很好地控制权力。而法律手不能及的地方，成为政党控制政府权力的阵地。④ 与法律相比，在推动政府及其雇员运转方面，政党机器比法律机器更为精致，更加有效：政党可以把权力从一个地方政府转移到另一地方政府，甚至是压根不知道宪法和法律为何物的个人手中。谢茨施耐德认为，这一方式意味着民主的生长，因为今天的民主概念和古希腊时不同，甚至和17—18世纪的英国与美

---

① E. E. Schattschneider, *Party Government*, New York: Holt, Rinehart & Winston, 1942, p. 1.
② Ibid.
③ Ibid., pp. 2 – 3.
④ Ibid., pp. 11 – 12.

国都不同,民主,简单地说就是民治的政府。而这恰恰是以往的政治哲学家们所不能解决的。除了民主,许多传统的概念诸如普遍主权、代表等都需要重新定义。当然,最需要重新定义的还是政党。

再次,美国政党是责任政党政府的创建者。美国政党政府体制存在着责任危机,即公共责任在这种选举制度中难以得到保证:一方面,围绕提名展开的竞选使获胜者更多地向选民负责,向地方政党领袖负责,向赋予其政治权力的政治家负责;而作为党员如何向政党负责,并通过政党向选民负责则成为一个政治链条上的断点,这一断点削弱了政党的作用,并难以保证获胜政党的公共责任的统一。因此,把政党在选举中的竞争仅仅看做是为了赢得选举是不全面的,美国政党必须体现公共责任,即制定公共政策的责任,这也是民主政治的标志,是政党与压力集团和小党的又一区别所在(如图2.2)。

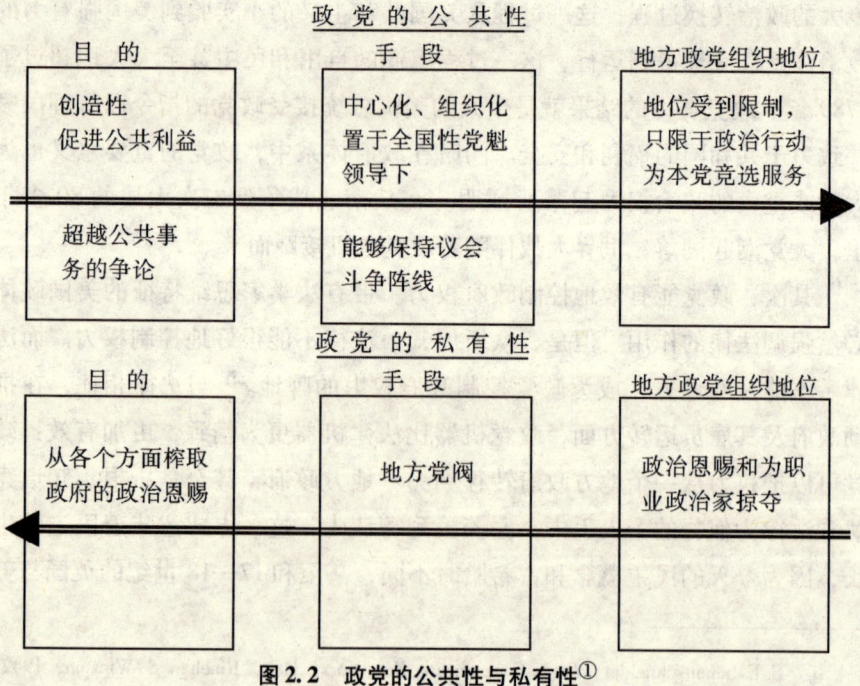

图 2.2 政党的公共性与私有性①

---

① 图表来源:E. E. Schattschneider, *Party Government*, New York: Holt, Rinehart & Winston, 1942, p. 135.

(四)负责任的政党政府——批判与重建

美国现行政治体制却是和公共责任相疏离的,或者说,美国的政府是不负责任的政党政府。而这主要是由于美国政党的分散性(Decentralization)造成的。

谢茨施耐德并不认为美国政党对于公共责任的疏离并非是全过程的。事实上,在美国政党选举过程中,两党都表现出对公共事务的极大热情,伴随着这一热情的高涨,全党的集权化过程也曾短暂存在,但是在选举之后,这一过程也宣告结束了,政党依然呈现高度分散化的特征,党的中央领袖与地方领袖的冲突依然存在。

分散性表现为政党组织结构的分散性。在政党政府中,存在分散的政党结构,各级政党对自身主张的关注远远超过对民意的关注,而民意与自身主张之间的分裂已经渗透到整个政党的生命乃至每一个角落。这种分裂直接导致政党政府的公共责任的疏离与旁落。从政党组织结构看,美国的政党也是高度下沉的,与其相对的中央政党却是无纪律、高度透明甚至是虚幻的(参见图2.3)。

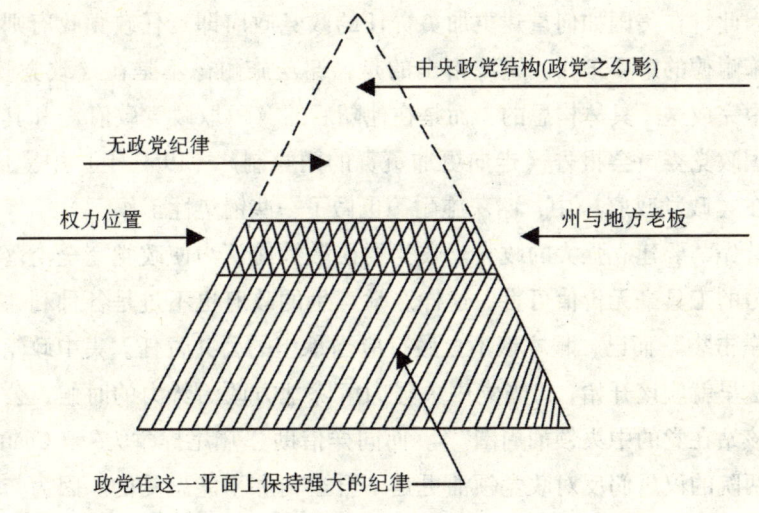

图 2.3 美国政党之金字塔结构①

---

① 图表来源:E. E. Schattschneider, *Party Government*, New York: Holt, Rinehart & Winston, 1942, p. 164.

这一金字塔结构说明美国政党权力的高度下沉，州与地方老板之间的权力划分清晰，而政党的中央领袖并没有巨大的政治权力，在州与地方政党机器之上的是透明如丝的"政党之幻影"。

分散性同样体现在总统提名过程中。由于总统提名的过程有助于政党的集中化，因此，观察这一过程中的向心与离心的冲突则成为考察美国政党权力分布的又一重要视角。1820年的议会预选会议成为总统候选人提名由中央下放到地方的重要标志。虽然直到1824年总统选举时，候选人的提名权还牢牢地掌握在党中央领袖手中，但事实上总统也能够在党的会议中直接提名自己的继任者，这一传统直到安德鲁·杰克逊（Andrew Jackson）被颠覆。1844年"黑马"布伦（Van Buren）杀出，才意味着"强大的中央的缺失，总统提名在这个世界已经成为一种偶然"①。这一过程直接激发了政党的非集中性或分散性趋势，而以提名候选人为目的的全国性党员代表大会也开始融入更复杂的因素，党中央的角色逐渐衰落，代之以地方老板的博弈。"事实上，党的全国会议彻底说明了党的议会党团如何陷入毫无声望的地方政治家的泥潭的。"②

因此，在美国如何重建更加负责任的政党政府即责任政党政府则成为谢茨施耐德的重要工作。应该指出的是，谢茨施耐德不是在《政党政府》一书中完成这一具体构思的，而是在他随后的《争取政党政府》和其执笔的美国政党委员会报告《走向更加负责的两党制》（1950年）中完成的。但是在《政党政府》中，谢茨施耐德也做了一些铺垫性工作。

首先，要建立强大的政党。政党的松散性使认为使政党完全沦落为角逐权力的工具毫无价值可言。这样选举产生的政府也不过是各种利益组织的"拳击袋"而已，根本谈不上履行应当承担的公共责任。集中政党权力的做法早就应该开始，"当党中央努力解除地方政治势力的时候，公众早就应该站在党的中央领袖周围"③。而同样借助"燕尾提举力"（Coattails）进入两院的议员们反对政党领袖更是不合逻辑和不能忍受的。因为与地方

---

① E. E. Schattschneider, Party Government, New York: Holt, Rinehart & Winston, 1942, p. 153.
② Ibid., p. 157.
③ Ibid., p. 149.

老板相比，全美的政党领袖是具有卓越才能的，这一才能尤其通过政党的选举得以体现。"任何对竞选的统计数字匆忙一瞥的人都会发现，总统选举是美国政治的脉搏……无论是地方政党、州一级政党还是全国性政党，通过这种途径产生的总统候选人背负巨大的政党选票，从而显示了卓越的全国性政党的领导才能。"① 因此必须建立纪律严明、结构严密的政党，排除地方老板的分裂因素，逐步剥夺他们的权力，把政党的权力高度集中于全国代表大会和中央。

其次，要强调次大党（The Second Major Party）作为反对党的关键地位。在美国的选举中，反对党垄断反对权也是不容忽视的。在选举中，由于单一席位选区的制度安排使美国的选票不可能集中于一身，次大党总是能有效地煽动对执政党的反对，并由于单一席位选区的简单多数的选举制度而获得对反对权的垄断地位。道理很简单，分散的小党在这样的选举制度下很难做到有效反对，只有次大党才能有效地集中反对票，形成有力的反对力量。这也是两党制的又一核心所在，既是切断执政党成为法西斯党的关键所在，也是切断次大党和众多小党的关键所在，更是两党制长存的关键所在。因此，两党制必将在美国长期存在，因为，次大党扮演了重要的角色——它不仅能够抵御执政党，也能抵御形形色色的小党的挑战。②

第三，改革政治体制，把压力集团纳入政党体制内运行。压力集团存在很多缺陷，但是，要试图取缔压力集团是不可能的，因为这是由美国的公民自由权所决定的，诸如自由结社、自由表达等权利。但是应当有发明良好的政治架构，代表他们的政治主张，吸纳压力集团的积极因素，并使之纳入正常的政治轨道上来还是十分必要的。因为少数有利益主张被聆听的权利，但是他们没有进行治理的权力，而后者只有在加入政党之后，才能拥有这一权力。而只有政党至上的地位确定以后，这一切才有可能。③

在《政党政府》一书的总结中，谢茨施耐德再次对美国现行的政党政府体制充满了担忧，强调只有高度集中的政党体制才能建立真正的责任政

---

① E. E. Schattschneider, Party Government, New York: Holt, Rinehart & Winston, 1942, p. 150.
② Ibid., p. 84.
③ Ibid., p. 204.

党政府，才能够重整美国的民主。"作为民主的创造者，政党必须能够维护民主。"① 而由压力集团主导的政府则是不可想象的。此外，政党政府还是一个民主的理论原则。因为它是一个动员多数的特殊的政治组织，而多数恰恰也是民主的重要体现。政党政府还是一个权力与自由的解决方案，即只有政党政府才能同时保障自由的意志。第四，政党是宪法外的积极产物，虽然美国政党政府的产生不是合法（legal）的过程，却是一个理智（intellectual）的积极过程。政党政府也将使宪法问题的解决简单化。②

综观《政党政府》全书，我们看到，谢茨施耐德的分析是从结构功能主义分析开始的。他清晰地看到，在美国，政党的分散必然造成政党的分裂。分裂的党是谈不上什么纪律的，而一个没有纪律的政党如何保证执政纲领的通过与施行？一个不能言行一致的政党如何承担公共的责任？一个不能承当公共责任的政党如何组建一个负责任的政党政府？这一连串的问题压迫着谢茨施耐德。谢茨施耐德也看到这一连串问题的复杂性，其解决方案是从组织再造起步的，试图通过削减地方政党的政治恩赐，减少地方政党的政治功能，从而实现政党的统一。

但是问题又发展到另外一面，结构功能主义理论告诉我们，结构与功能并不存在先后的顺序，功能也决定了组织结构的变迁。在美国政党体制中，一个削弱了政治功能的地方政党的边界在哪里？我们知道，在20世纪60年代前，地方政党的基本功能就是在选举中召开预选会议。美国的预选会议又是通过"分层"选举进行的，即政党地方人士在地方选区会议上选出参加高一级行政区会议的代表，这一级代表再依次选出参加州一级会议的代表，最后由州一级的会议代表选出参加本党全国提名代表大会的代表。这是美国法定的选举过程，从而使决定总统候选人的程序始于基层，始于地方领袖。因此，基于基层的选拔方案，党代表必然依附于产生他们的地方政党组织和地方政党领袖，这也是由他们的政治生命的产生过程决定的。那么要想保持党的一致性和纪律性，就必然要对这一预选制度进行改革，而这恰恰碰到了美国政治体制的基石——联邦主义和分权主义，任

---

① E. E. Schattschneider, Party Government, New York: Holt, Rinehart & Winston, 1942, p. 208.
② Ibid., pp. 209–210.

何动摇美国政治制度基础的努力都是十分艰难的。这也预示了谢茨施耐德的努力必然回到起点的痛苦上。

同时应该看到的是,在《政党政府》中,谢茨施耐德并没有就如何重建责任政党政府体制进行进一步的论述,这也决定了谢茨施耐德必须在理论和实践上取得双重的突破,才能继续完成其完善美国责任政党政府理论的构想。而这一构想是在1950年的由其任主要执笔者的美国政治学会报告《走向更加负责的两党制》(Toward a More Responsible Two-Party System: A Report of the Committee on Political Parties)中完成的。

三、责任政党政府理论的实践指向:《走向更加负责的两党制》

1946年,美国政治学会(APSA)成立了政党委员会。[①] 1950年,该委员会发表了《走向更加负责的两党制》(下文简称《报告》),在美国政治学界引起了强烈的反响。《报告》指出,美国两党由于历史或其他的原因,并没有形成严密的组织体系,政党的责任在选举后便趋于消失(vanish)。《报告》严厉批评了这种现象,认为其损害了美国民主的心脏,并导致了严重的内政外交问题。[②] 美国政党缺少效率,是不负责任的政党,美国政党必须改革,否则必然面临许多难以解决的问题:极端主义的政治危机,潜在的美国总统滥用职权的问题,美国人民对政治和决策过程的不满。[③] 所谓责任政党就是能够向选民提供合适的政策选择的政党。[④] 《报告》具体地勾勒了责任政党的路径指向。

《报告》共分责任政党的需要、政党责任的建议、行动的展望等几个部分,从现实的必要性指出了美国责任政党政府建立的必要性。事实上,

---

① 该委员会由以下16名成员组成:E. E. Schattschneider (chair), Thomas S. Barclay, Clarence A. Berdahl, Hugh A. Bone, Franklin L. Burdette, Paul T. David, Merle Fainsod, Bertram M. Gross, E. Allen Helems, Evron M. Kirkpatrick, John W. Lederle, Fritz Morstein Marx, louise Overacker, Howard Penniman, Kirk H. Porter, J. B. Shannon (See John C. Green & Paul S. Herrnson, *Responsible Partisanship*? University Press of Kansas, 2002).

② American Political Science Association, "Toward a More Responsible Two-Party System: A Report of the Committee on Political Parties", *APSR*, 1950 (44), No. 3, Supplement. V.

③ Ibid., pp. 91 – 6.

④ Ibid., p. 1.

《报告》的主要执笔人之一便是后来接任政治学会会长的谢茨施耐德,因此其中的主要观点和谢茨施耐德在《政党政府》中的阐述基本一致。基于论述的必要,下文将对《报告》的主要内容进行引述。

(一)美国政党政府制度的存在问题

美国政党制度的存在问题主要体现在政党角色、政党体制及一些美国特有的不足等方面。

第一,责任政党政府中美国政党的角色担当存在不足。美国政党应当扮演的角色主要有以下几个方面:从政党和公共政策关系来看,虽然政党被看做独立于政府以外的组织,但是在一个人口超过 1.5 亿的大国里,人民需要政党提供合适的政府行为选择。① 在党纲方面,政党的应该有宏观的政治导向。因为在公共需求和公共事务(现代政府的整体政策、总体方案和政府活动)之间的核心即在于需要明确的表达。从政党体系的潜力来看,两党制的潜力在于假定这样的目标,即一方面,任何大党不能垄断选举,另一方面,所有政党必须适应外部的需要。② 但美国政党并没有很好地做到这一点。

第二,责任政党政府需要强大的责任政党体制。责任政党政府必须是民主、责任和有效的政府。而政党必须首先是民主的、负责任的、有效率的政党——能够回应公众,尊重不同的意见表达,处理现代政府的复杂问题。具体而言,首先,这种政党制度必须是强大的两党制:有影响的政党需要制订其能够实施并能通过有效的内部合作完成的前瞻性计划,并使大量的民众有机会共同参与政党纲领的发展;需要有影响的反对党。两党制的基本要求就是反对党必须扮演执政党的批判者的角色,发展、限定和提供政策的选择方案使其更接近公共决定。因此,有组织的反对党也有助于建立一个责任政党政府。其次,这种政党制度必须是经过良好整合的政党:一是需要巨大的压力抵制能力。利益集团在近年来不会停止发展,因此处理日益增长的组织压力成为政党必须开展的工作。只有在对公共利益

---

① 一亿五千万为当时美国人口数字——作者注。

② American Political Science Association, "Toward a More Responsible Two-Party System: A Report of the Committee on Political Parties", *APSR*, 1950 (44), No. 3, Supplement, pp. 15 – 16.

有共同认识的前提下，不同利益的妥协才和自由社会的目标相一致。二是需要对政党制度充分的忠诚。三是这种政党制度必须是更加负责任的政党制度。政党责任（不管是执政党还是反对党）主要体现在：(1) 政党的公共责任（外部责任）。政党（包括反对党）外部责任——公共责任意味着公民的政策选择权。执政党责任通常以公共政策的形式体现其在政府行为的责任，因此这种责任首先体现在公共必须能够选择，其次，政党对政策的解释应该基于一个理想的公共讨论之上。(2) 政党的党内责任。政党的党内责任主要体现为党魁对于党员、干部、规定的责任。政党过程应该是民主的过程，党员应该能有机会参与政党的内部事务，党魁也必须对政党负责。也只有党内高度团结一致，政党才能充当政府与人民的媒介，也只有通过实施党内民主，才能使党魁与党员保持密切联系。政党的内外责任不需要斗争，如果普遍认为联邦、州和地方党魁都对党员负有责任，那么党内的斗争会缩小。[①]

第三，美国现有政党制度存在的缺陷。相对责任政党政府制度而言，美国现有的政党制度存在一些根本性缺陷。首先，这种缺陷表现在联邦基础上。在美国政治思想家梅里亚姆（C. E. Merriam）看来，"美国政党制度植根于联邦制度上，它的规则和控制全部或部分地受联邦行为所规定"[②]。这就是说，中央和地方的政党组织在很大程度上是彼此独立的，在政党政策和战略上没有一致的趋向。因此，这种联邦主义的自然结果如今在政党体制内表现为一种过度的分离。议会党团独立于全党，同一政党的上下两院党团又彼此独立。结果，政党结构由于缺少合作而显得不够安全。其次，体现在政党领导的定位上。在某种程度上，由于政党制度中离心力的存在，政党组织的领袖从整体意义上讲不再是简单的个人或委员会。无论是引人注目的地位还是本质，党魁都是民意的符号或象征。但事实上在美国，没有任何核心的机构或个人能够宣布政党的问题、政党的政策和政党

---

① American Political Science Association, "Toward a More Responsible Two-Party System: A Report of the Committee on Political Parties", *APSR*, 1950 (44), No. 3, Supplement, pp. 17 – 24.

② Charles E. Merriam, "State Government at Mid-Century", *State Government*, 1950 (23), p. 118.

的战略。再次，体现在对党员的理解上。身居高位的党魁权力的含糊性必然导致基层党员身份的模糊性。对于普通党员来说，党内并没有理解、制度和规则。①

第四，美国现有政党制度存在的其他不足。《报告》还指出除上述的基本问题外，美国现行政党制度还存在一些特别的不足。这些不足首先反映在全国政党机构的臃肿上，现行的全国党代会是笨重的、无代表性、缺少责任感的政治体。1948年，共和党代表大会有代表1094人，民主党为1234人。虽然有这么多代表，但是代表大会的代表性却是值得怀疑的。其次，还表现为政党平台的缺位。在美国政党政府中，日益增长的国家事务越来越成为美国政党政策的重要部分。而在规定的时间内，没有一个观点或党的政策能够单独表达所有政党成员的愿望。再次，还表现为党内民主的缺乏。而美国政党党内民主的缺乏导致政治参与的下降。事实上，政党对于党员疏于掌握，党员资格的获得应该成为一年一度的事情，党员建设性的活动和政党组织机制应该能够吸引更加广泛的政治参与。而在事实上，政党并没有成功地做到这一点。在1948年，4700万适龄选民没有投票；在1946年国会选举中，只有1/3的选民参加投票，而这个数据远远低于其他民主国家的政党纪录。②

(二) 现代公共政策对责任政党政府的新要求

美国政党政府正在面临着一个环境的深刻变化，这些变化从各个方面对政党领导提出了新的要求。

现代公共政策与以往的不同在于其首先具有广泛性，而政策的广泛性呼唤强大的政党动员。"现代政府责任已经被扩大、纵横交错，不仅体现在政府对国家的经济活动和社会生活的调节中，无论立法活动还是公共行政，都变得无比重要。而在民主社会中，没有广泛的政治支持，任何计划都不能被接受或运作。而这些支持只有在强大政党的动员下才有可能。"其次，公共政策也对公众产生极大的影响。公共政策的扩大需要政府的内

---

① American Political Science Association, "Toward a More Responsible Two-Party System: A Report of the Committee on Political Parties", *APSR*, 1950 (44), No. 3, Supplement, pp. 25–27.

② Ibid., pp. 28–30.

部整合。在工业社会，公共政策已经涉及国家的每一角落：劳工关系、信用规则、社会保险、住房、物价支持、退伍军人援助乃至公共管理收入等。再次，政府纲领管理程序。从政府层面看，无论是立法还是行政，对纲领的说明与管理都是同样重要的。这样的说明也必须是政治层面的，必须是在政党制度之上的。①

全国性政策及事务的增长对政党提出了新要求。首先从历史趋势看，即使没有国际背景，美国公共政策的发展也是必然的政治过程，这是与美国工业化和城市化的过程相伴随的，也是与运输和通讯革命相伴随的。正是这样的过程与革命使美国的全国经济成为可能，并使之成为美国政治的基础。经过20世纪30年代的大萧条之后，经济稳定成为一种特殊的公共要求。此外许多人对生活不稳定性的焦虑也要求政府采取必要的措施予以解决。其次，从美国现状看，在过去的20年，美国政治已从局部性、地方性政治走向全国性政治，这种全国性的政治必然需要强大的政党组织。再次，新的利益集团的崛起也对美国政党制度提出了新的要求。经济社会的因素减弱了局部主义的政治比重，也催生了新的人数众多的利益集团。这些来自工业、农业的各种利益集团同时追逐它们新的政治目标。这些利益集团的产生破坏传统的政党垄断规则，限制了后者的传统的行动自由。因此，未来的成功的政治领导者必须能够做到在新旧政治集团之间建立联盟，这就是今天的政治环境。②

（三）责任政党政府体制建立的宪法前提

虽然许多学者的建议修改宪法，但事实上并不需要对现有的宪法进行修改，要做的工作恰恰是在现有的宪法框架内建立强大的责任政党政府。许多人赞成在有效的政党制度建立以前移植类似英国的责任内阁制度。一个责任内阁使大党的领导者成为执行机构的合法首脑，共同为政府行为负责。这种关系促进了立法机构和执行机构的合作——议会中的多数建立一个能够对其政策负责的党团，政府体系围绕政党而建立，政党扮演了重要的角色。但是英国式的内阁制度是否能够适应美国的议会——总统制政府

---

① American Political Science Association, "Toward a More Responsible Two-Party System: A Report of the Committee on Political Parties", *APSR*, 1950 (44), No. 3, Supplement, pp. 31 – 3.

② Ibid., pp. 33 – 5.

既取决于政党是否有强大的力量,也取决于内阁制度对政党制度不同的影响路径。所以不宜过高估计宪法修改带来的好处及美国宪政安排的稳定性。事实上政党可以在宪法框架内活动以实现其政治目的。只要政党足够强大,它就可以为总统——议会制提供合作性的政治基础。但是政党并没有发现它们在现有宪法框架内应该承担更多的责任。因此应当鼓励政党做做什么,而不是考虑宪法体制的修改,更不是在政党已经建立起来的时候考虑是否需要政党责任。①

(四) 责任政党政府体制建立的路径

美国责任政党政府体制建立的路径主要体现在政党结构、党内关系、政党纲领、政治参与、政治资源等重构上。

1. 重建全国性政党主体责任体系

首先,改革全国代表大会。现行的政党代表大会在命令和行动中是笨重、非代表性、少责任感的组织。为了更有效地开展活动,政党全国大会至少每两年开一次,而不是现在的四年一次,同时,要改变现有仅仅作为委员会的笨重的结构和缩小规模,最好不要超过500—600人。同样,全国代表大会应该是政党选民、全国和州政党组织的代表。其次,改革全国委员会。各党全国委员会已经独立于全国代表大会之外,而不是作为后者的下属机构而存在了。这些委员会的成员考虑自身多于政党,全国政党权力因此被削弱。全国委员会必须努力使自己作为政党一部分并履行其应当履行的职责。再次,建立常设性的政党理事会(party council)。必须建立一个机构促进同一党的全国、议会和州之间组织的和谐,在白宫和国会间建立联系,在总统与他的国会党团之间建立联系,促进理解和沟通。政党理事会由以下成员组成:(1) 总统、副总统,多数党内阁成员、最主要的前总统候选人;(2) 国会党员;(3) 政党通知者及奔走者;(4) 全国委员会成员及州党主席;(5) 全国委员会或州委员会或诸如年轻民主党人和年轻共和党人等联盟挑选的突出的领导者。但是《报告》进一步认为,需要的是一个常设的政党机构。具体而言,政党理事会由50人组成,来自五个

---

① American Political Science Association, "Toward a More Responsible Two-Party System: A Report of the Committee on Political Parties", *APSR*, 1950 (44), No. 3, Supplement, p. 36.

主要团体：全国委员会（5 人），国会党团组织（5 人），州委员会（10 人），政党统治者（5 人），其他政党团体（20 人）。该理事会要有规律地经常性（至少季度性）地开展活动，讨论方方面面的政策，向全国代表大会报告其处理结果。①

2. 重建全国政党党内的责任体系结构

美国的政党组织模型在权力分布上的界限不清等诸多不足必然导致政党责任的缺乏。首先，重建州和地方政党组织关系。《报告》严厉批评了越来越多的州立法者正在丧失自己的责任感，缺乏纪律意识。越来越大的州政府的分裂也正在发生。因此，在现有的条件下，无论州与地方，所有政党都必须重新审视他们的目的与功能。作为政党领导者，应该注意到党员参与的官方组织的缺乏，全国委员会应当成为州政党组织的样板，州和地方领导者应该重新鉴定其组织的方法与目标，明确其组织高度的责任；其次，重建全国、州、地方政党组织关系。彼此独立的政党组织是造成政党常见的困难、不谐和困惑的主要原因。例如加州共和党在公共议题甚至政党政策上都不同于爱荷华州共和党的，也和全国共和党迥然不同。但是第三党或小党却组织得非常和谐，它们并不否认州政党组织在决定和行动方面的自治权的尺度，但是全国政党组织却是超越州政党冲突之上的，基本的政党理论和政策是由全国政党组织决定的，州和地方组织必须服从。基于小党或第三党的模式，两个大党可以通过结构的重组以结束现有体制的不稳定和弥补不足之处。再次，重建政党总部与工作人员关系。如今大党已经本质上仅仅成为竞选组织，它们建立了总部，到处派出工作人员，在竞选期间高速运转，在间歇期则关闭。全国委员会，即使是主要的委员会，四年只能召集两次——第一次是在全国代表大会之后立即召集的，目的是挑选工作人员和竞选委员会；第二次是在下一次全国代表大会期间的 12 月或 1 月，目的是拟订代表大会的口号。但是经过一段时期的竞选，所有的政党现在都意识到需要控制持久的总部，需要长期从事调研和宣传的工作人员，但是这仅仅是一个开始，还有许多工作要做。政党总部的工作

---

① American Political Science Association, "Toward a More Responsible Two-Party System: A Report of the Committee on Political Parties", *APSR*, 1950 (44), No. 3, Supplement, pp. 38 – 43.

人员的发展让政党意识到自身适当而持久的责任。在如今的日子里，离开这些工作人员，政党领袖便难以处理政党复杂的政党目标和策略。①

3. 重建全国政党纲领责任意识

首先在政党纲领的本质上，政党纲领的重要本质就是对公众约束性的宣誓和对事业庄严的承诺，因此需要明确政党纲领应该实现永久的政党哲学和短期的政党行动的结合；党纲需要对政策及原则进行详细的解释；全国和州的党纲之间有冲突的可能，因此，需要政党理事会协调政党主要的主张，并且，党纲的内容也要对政党候选人有约束作用；其次，希望就在于党纲委员会的前瞻性安排能被全国代表大会所确认。所有政党在公共政策制定方面吸纳公共意见的机制都能够被较好地建立，而这种咨询机制是重要的，它有助于政党意识到特殊政策背后的利益存在。在这里，地方政党会议可以扮演另外一个建设性角色。再次，针对美国党纲的存在问题，首先党纲至少两年阐述一次以适应形势并加强非国会选举年的联系，全国党纲应该着眼政党原则和全国性事务，州和地方党纲应该着眼地方性事务，政党理事会建立后，应该准备党纲草案以备全国代表大会审议，同时，地方政党组织应该定期召开会议讨论党纲建议稿。②

4. 重建国会党团责任体系

哪怕是在国会的行动上，国会党团没有被要求较高程度的责任。但是在国会中责任政党的行动的条件已经浮现，关键就是如何充分利用这些条件。应使国会党团组织关系更加密切，但政党组织是十分复杂的，它不仅体现在国会之间，也体现在政党之间。而讨论国会党团组织关系时，政党领袖③、政党领导组织和政党干部会议或其他讨论会议都是非常重要的。首先要加强政党领袖的责任意识。因为在公共视野中，政党领袖在总体上相当于一党的发言人。其次，要加强领导委员会的责任。在美国政党中，如今的问题不在于没有政党领导委员会，而在于存在众多功能相异的领导

---

① American Political Science Association, "Toward a More Responsible Two-Party System: A Report of the Committee on Political Parties", *APSR*, 1950 (44), No. 3, Supplement, pp. 44 – 50.

② Ibid., pp. 50 – 6.

③ 《报告》认为政党领袖主要包括下院发言人、下院多数党领袖、副总统、上院多数党领袖等国会四巨头——作者注。

委员。而这些委员会的激增却导致一些事情无人过问或各政党领袖各自为政，因此对于每一个政党来说，在两院中相互分离的领导集团应该合并到一个真正有效和负责任的领导委员会中，同时每一个委员会的政策目标不仅要对党员负责，而且要通过委员会形成立法时间表。再次，党的干部会议或其他讨论会议也必须承担责任。这样的国会党员会议应该经常召开。否则在政党地位方面就没有真正的讨论，在领导者的决定方面就没有真正的参与。离开这样的讨论和参与，任何加强政党责任的努力都是无用的。第四，在如何加强政党委员会的责任上，主要通过对委员会主席的选择和委员会委员及工作人员的任命完成的，因为这一选择和任命不是永久的特权，个人的竞争和对政党的忠诚应该是重要的价值尺度。此外，这一责任还通过立法时间表予以确定。①

5. 扩大党内民主，扩大政治参与

正是广泛的民主参与培育了责任，正如政党在其事务和政策方面的民主控制一样。一个责任政党政府和其政治参与的形式及其一般水平紧密联系，而美国责任政党政府建立的困难在于美国没有必要的党内民主。党内民主与一致行动是紧密联系的。在美国政治学会看来，所谓政党就是一个广泛的拥有共同愿望的选民通过选举代表来实施共同目标的组织。② 党员则意味着他们对这一组织存在身份认同并能采取一致行动，而这些外人则不能分享。但是美国的政党成员与其他民主国家的党员不同，在后者，党员要缴党费，接受党组织既定目标，公开对抗党组织可能要冒纪律处分的危险，但是这在美国责任政党政府理论派看来，这些危险恰恰是领导人民共同行动所必需的。

同样，一个政党应当能够通过引导公共政策与其宣传的计划相一致的过程以说明其正当性。这意味着所有政党的鼓吹者必须跟随一个统一行动的过程。而领导集体，如果在公共政策方面目标不同、意见不一，那么这一集体行动必然陷入困境。政党内部的统一的能力是一种重要能力，同样内部观点的不统一也可以通过党员的一致认识而得到解决。他们将被鼓励思考全国

---

① American Political Science Association, "Toward a More Responsible Two-Party System: A Report of the Committee on Political Parties", *APSR*, 1950 (44), No. 3, Supplement, pp. 56 – 64.

② Ibid., p. 66.

事务而非地方事务。而这也有助于克服政党过分狭隘的党内观点，打破政党赏赐—提名—选举的观念，而这恰恰是过去人们对地方政党组织的一般认识。

第二，党内民主必须是双向互动过程。政党金字塔顶部和底部的变化可能引发党内成员更加广泛的和更有目的性的活动。如果全国代表大会把重要的观点付诸广泛行动的话，那么它必须从低层发起。最低层的地方政党集团就需要经常性的会见、讨论并创设政策。从这一意义上讲，党内民主的过程就是一种双向的互动过程（two-way communication）。①

第三，党内民主与党员资格概念。党员资格在许多美国人眼里，是"一些时候"、"一些人"、"一些地方"的事情而已。当政党的全国性事务出现时，在经常性的政党代表大会中草拟全国性政党议题时，虽然代表的广泛性和威信是不同的，但是无论是民主党人还是共和党人，都将被促使支持这一计划，而不是局限于自身的利益、自身的政治恩赐和地方事务。同样在地方党员方面，地方党团的参与有助于在同一方向上制定政党政策，党员有机会通过政党议题的贡献而加强自身的义务，并可能和国会党员一样支持政党的方案。因此"一旦政党机器的建立能够使党员和他们的代表以在政党框架内分享政党目标时，一旦一些党内的有影响的命令能够得以保卫，党员和他们的代表将十分乐意地接受支持政党方案的义务"②。

第四，党内民主与提名程序的改革。美国责任政党政府理论学派认为，美国党内民主发育的迟缓与美国提名程序的滞后性有关。国会议员是国家意义上的公职人员，他们站在国家利益的立场上为全国立法。但是美国议员的提名和代表却是在很大程度上是由州法律规定的。因此党的全国性的统治必须根除这些众多的不利因素。直接预选③和关门预选制度，认

---

① American Political Science Association, "Toward a More Responsible Two-Party System: A Report of the Committee on Political Parties", *APSR*, 1950 (44), No. 3, Supplement, p. 67.

② Ibid., p. 70.

③ 在直接预选的各州，规则各有不同。有些州的选民只投票选举代表；另一些州的选民既要选举代表，也要对争取提名的人投票，表示其支持与否。但是后者在有些州并无约束力，而称为一种咨询预选；在有些州则具有约束力，即选出的代表必须赞成本选区得票最多的人做总统候选人；还有一些州，投给竞选人的选票按比例分配代表名额给总统争取提名的人；而有些州则实行"赢者统吃"的办法，即该州获得选票最多者获得州的全部代表——参见陈其人等著：《美国两党制剖析》，商务印书馆，1984年版，第40页。

为这是通向党内民主的重要一步。"直接预选（除一州外，）制度已经建立起来……在促进党内民主的武器库中，这是一件十分有用的武器，没有其他的东西能够取代这种制度，它也许能够适应政党制定全国政策的需要。"① 关门预选（closed primary）和开门预选（open primary）两种还在热烈的讨论之中。针对开门预选中选举人不用登记他的党员身份（party affiliation）并可同时填写多张不同政党选票的现象，《报告》认为关门选举与责任政党制度的发展相适应。它倾向于支持政党是具有相似意向或目的的人民的联合体这一组织（association of like-minded people）的概念，而开门预选则可能摧毁这一概念。② 而同样需要指出的是，总统提名也应该和国会议员有相似性，必须具有广泛代表性，这也符合党内民主的内在要求，"总统提名应该穿上广泛的地域和观点代表的马甲"③。

第五，改革选举制度，扩大政治参与。必要的政党竞争是实现党内民主的重要原因。但是有的选区划分使权力天平掌握在少数的工业州里，这样的选举复活了已经枯萎的一党独裁并导致政党大选的高度集中；其次，选举人团是一党制形成的主要原因，正是选举人团制度，使政党缺乏有效的竞争对手；再次，代表任期太短使政治家们疲于奔命，因为一个新当选的成员在了解他的工作或在向他的选民和政党证明能力之前必须着手再次获得提名，因此需要延长代表期限到 4 年；第四，现有的投票过程给选举造成很大障碍。在今天的公民和投票之间，仍然存在许多障碍。如在许多州，登记和选举程序已经成为一种强加在选民头上的不必要负担。每年许多公民在选区内由于种种对新来者的歧视政策（必须居住两年以上方可参加居住地的选举）而被剥夺了选举权，这种限制也限制了政治参与。同时由于投票时间固定，也使许多人离开了投票站。④

（五）责任政党政府理论的自我展望

从责任政党政府理论的自我发展来看，《走向更加负责的两党制》确

---

① American Political Science Association, "Toward a More Responsible Two-Party System: A Report of the Committee on Political Parties", *APSR*1950 (44), No. 3, Supplement, p. 70.
② Ibid., p. 71.
③ Ibid., p. 73.
④ Ibid., pp. 74–7.

实比《政党政府》更趋完备。尤其在其后半部分，显示了责任政党政府理论学派的强烈的责任感和实践指向，并强调建立责任政党政府体制的条件和各种资源已经成熟，而迟迟不采取行动则是极端危险的。

1. 责任政党政府理论未来的研究对象

在美国责任政党政府理论看来，对美国现行政治制度的进一步理解要求美国政治学界不能在美国政党制度这一事实前无动于衷，必须对美国政党制度作出进一步的研究，这也是美国政治学的发展的必然；其次，责任政党政府理论认为，政党的研究也是美国政党政府建设的内在需要，政治主体尤其是政府的代理机构需要做许多工作以搜集和出版有关选举和政党的基本数据和事实；再次，即使是美国政党自身也要对自己保持清醒的认识，因此政党自身需要发展自身的研究。

责任政党政府理论学派在提交了《报告》之后，对责任政党政府这一制度的构想充满了信心。他们认为，政党结构和行动的根本性调整是依赖于宪法改变的。但是大多数的调整不需要改变法律，更多地来自众多支持性主张的增加，因此必须在这个国家的个体和团体的积极的政治力量中寻找。因为所有这些政治力量都必须在更加有效的政党体制内寻找自身的位置，因此，需要重新检视它们在政治主体中的立场。

第一，经济压力集团。如果责任政党行为是一种政府的替换物，那么压力集团是否反对这种（即加强责任政党体制）变化。《报告》指出，其实这些最愿意对抗政府的压力集团是那些高度组织化的由弱小的无直接选举权的特殊利益组成的，因为他们发现在现有的条件下，他们的贸易前景会十分糟糕。这些压力集团十分愿意看到个别立法使政府官员在特殊压力面前毫无保护。但是应该看到的是，拥有大量成员的压力集团（large-membership groups）并不持有相同的立场。许多农业、工业和商业压力集团和过去一样，在他们的肩膀上面，如今也必须长着一张公共的面孔（public looking）。它们知道利益集团对于政党的要求至少必须同时对大量的选民公正，因此，合乎情理的期望则是那些拥有明智领袖的多成员组织（large-membership organizations）支持转向责任政党。在改进后的政党结构中，压力集团更能有效地开展工作。特殊利益组织也许并不渴望建立责任政党，但是它们却更可能从政党责任中获利。①

　　需要指出的是，责任政党政府理论本身也在不断进行自我修正。但是在有关利益集团的叙述中，不难看出责任政党政府理论学派对这一组织的厌恶与抵制。在集团理论发展以后，一味地对压力集团进行打击已经非常困难。在1960年出版的一部著作中，谢茨施耐德对利益集团的表述有部分调整，但是总的来说他对于利益集团的批判是一贯的。他首先接受了基（V. O. Key）在《政治，政党与压力集团》中对于压力集团的定义：即压力集团是"这样的协会组织……它试图通过影响政府而非提名候选人取得政府职位从而促使本组织的利益得以实现"②。那么不难看出，这样的定义之所以能为责任政党政府理论接受是因为其摈弃了价值导向，这使得责任政党政府理论所坚持的民主价值没有受到损害。在此基础上，谢茨施耐德开始对利益集团进行划分，即将其划分为公共利益集团与特殊利益集团。但是大量的数据证明，多数人并不能参与集团政治，因此，压力政治基本上是小集团政治。③

　　第二，政党领袖与政府官员。如果强化全国政党领袖的责任，是否会受到州和地方政党领袖的抵制？毫无疑问一些人会抵制，尤其是那些代表区域性和其他特殊利益的地方领导者。但是很显然，他们在两党中都是少数。更多的有前瞻性的领袖都相信政党必须作出变化，他们中的许多人都十分欢迎政党重组的建议，大量的政党责任会上升到政府及官员层面上，政党责任的结果将与政府官员的利益保持平行。④

　　第三，国会、总统与选民。国会和选民是否会成为政党责任的支持性因素？在国会中，那些支持全国性观点的领袖是值得关注的，他们可以成为推动政党责任的有效的支持者。总统及候选人是否鼓励政党体制的变革？在有组织的多数党中，任期中的总统要比任何个人都更有影响力，这

---

① American Political Science Association, "Toward a More Responsible Two-Party System: A Report of the Committee on Political Parties", *APSR* 1950 (44), No. 3, Supplement, pp. 85 – 6.
② ［美］E. E. 谢茨施耐德著：《半主权的人民——一个现实主义者眼中的美国民主》，任军锋译，天津人民出版社，2000年版，第18页。
③ 同上书，第34页。
④ American Political Science Association, "Toward a More Responsible Two-Party System: A Report of the Committee on Political Parties", *APSR* 1950 (44), No. 3, Supplement, p. 87.

也成为其他小党所效仿的对象。作为国家元首，他被期望能够提升政党主张和义务的水平；作为政党元首，他被期望能够提升政党保卫并执行公众计划的能力；作为个人责任的标杆，他也会充分感受到他必须拥有和权力等同的责任。而作为一个整体，选民由三部分组成：（1）很少或从不投票者；（2）固定地投自己党者；（3）在两党之间进行选择者。第一种很显然不是一种支持性力量，但是他们一旦发现其投票的重要性，则有可能转化为投票者；第二种保持一种政治惯性，但是他们中仍有一些人对政党的决定保持坚定的兴趣，他们支持政党的责任转向；第三种是积极的但是不受约束的群体，但恰恰是两党功能是否转换的有效力量。[①]

2. 责任政党政府理论未来的实践指向

既然确定了研究对象和研究方向，那么在责任政党政府理论支持者看来，不采取积极的行动是危险的。"变革必要性的支持来自对这种变革必要性的理解。如果变革的原因是确定性的，那么顽固地无视这一点则是毫无意义的……毫无作为则于事无补"[②]。

《报告》在结尾处指出，如今，已经没有更多的时间来悠闲地实现责任政党政府的目标，相反的是，重构强有力的两党制的压力正变得紧迫起来。无所作为就将面临以下的危险：一是在爆炸性时代，政党制度由于不能充分支撑深思熟虑的纲领、不能为纲领提供广泛的支持将可能导致严重的结果；二是美国人民为了弥补这种不足，将大量的责任施加到总统身上，从而威胁到宪政的安全；三是犬儒主义的日益高涨和政党制度的持续无效可能导致两党制的解体；四是两党在有意义纲领上的持续无能，可能使支持力量走向两极从而导致政党解体，因为每一个狂热者都决心把自己的特殊的万灵药用在这个国家身上。

第一，爆炸性时代的危险。二战结束后，美国人民正在享受着不稳定的、特殊的和平。他们习惯于讨论两个世界：面对面的东方世界和西方世界。在这样的环境下，他们毫不情愿地承认，在现代战争现实中，美国不仅需要保卫自己，而且必须保证美国的国家安全。这意味着在利用政治资

---

① American Political Science Association, "Toward a More Responsible Two-Party System: A Report of the Committee on Political Parties", *APSR* 1950 (44), No. 3, Supplement, pp. 89–91.
② Ibid., p. 91.

源方面已经有了新的冒险和新的目标，这些资源包括财政的、外交的、军事的、生产的、教育的、心理的……适当的政府纲领如果不是通过责任政党行动进行提供的话，那么这一纲领的政治基础是非常不稳固的。

第二，总统扩权的危险。事实上，没有一个共和国能像美国一样把大量的宪法责任委托给总统。当总统的纲领事实上成为唯一纲领的时候，他的政党或者变成一群羊，或者走向分裂。使总统直接得到了多数选民的支持使总统成为这样一种概念——这种概念抛弃了政党制度，从而有利于总统剥削政治资源，并把国家看做自己的后花园，从而毫不在意地把政府转变为其个人的政府。

第三，两党分裂的危险。在选民和大党之间的持续的疏远是一种不祥的趋势，这种碎片性的结果可能导致一些小党制度，美国政治结构十分坚固的两党制基础也因此会倒塌成为诸多微小的部分。

第四，不可逾越的政治分裂的危险。如果两党不能发展替代性的纲领以供执行，那么选民对于国家政策的挫折感和理解的歧义也许会触发极左或极右的趋势，而一旦对立的政治团体的裂缝产生，所有的团体都会本能地工作以加深这种裂缝。这些团体也将凌驾于美国政府体制和民主制度之上。[1]

就这样，从1879到1950年，从威尔逊到谢茨施耐德，从《美国内阁》到《政党政府》再到《走向更加负责的两党制》，美国责任政党政府理论用71年的时间完成了巨大的理论原创和完善。在美国这样拥有分权传统和联邦主义的新兴国家里，破天荒地提出这样一种接近欧洲的政治理论注定要引发长时间的争论。事实上，从这一理论的最终形成开始（1950年），责任政党政府理论就开始了长达半个世纪的争论，而且在今后的一段时期内，这种争论仍然有持续下去的可能。但不管怎么说，美国责任政党政府理论揭开了美国政治学的一个重要的历史篇章。

四、责任政党政府理论在西方政治学界的反响

作为对美国的政党政府体制的批判与反思，作为对以英国政党政府制

---

[1] American Political Science Association, "Toward a More Responsible Two-Party System: A Report of the Committee on Political Parties", APSR1950 (44), No. 3, Supplement, p. 92 – 6.

度一个理想化的翻版的崇拜,责任政党理论的提出在西方尤其是英、美两国政治学界引起强烈的反响。在《政党政府》出版尤其是美国政治学会的报告《走向更加负责的两党制》发表以后,许多深入的研究文章开始大量出现。可以这样说,正是责任政党政府理论的兴起开启了美国政党研究之门。在美国,更多的学者开始投身到政党研究中来,仅仅是1951年的《美国政治学评论》(APSR),关于美国责任政党政府理论文章就发表了三篇①,而其他重要的政治学杂志如《政治学季刊》(Political Science Quarterly)、《政治学杂志》(Journal of Politics)、《政治学透视》(Perspectives on Political Science)、《民意季刊》(Public Opinion Quarterly)等都先后载文,而一些专著如伊利诺伊大学奥斯汀·兰尼教授(Austin Ranney)的《责任政党政府学说》②则首先对责任政党政府理论做了比较明确而全面的总结。即使到了新的世纪,责任政党政府理论依然为人们所纪念,甚至在《报告》推出的半个世纪之后,为了纪念这一理论的出台,阿克伦大学(University of Akron)政治学教授约翰·格林(John C. Green)和马里兰大学(University of Maryland)保罗·汉森教授(Paul S. Herrnson)还编写了《负责任的党派》(Responsible Partisanship?)来对这一理论进行回溯与纪念。所有这些,都有力地推进了美国政治学对责任政党政府理论的研究。同时,作为一种前瞻性的政治学理论,甚至是作为一种理想的政治理论,责任政党政府理论也为美国20世纪中叶以来的政治活动提供了理论指导。

(一)责任政党政府理论的理论反响

作为一种颠覆性的政治学理论,责任政党政府理论在美国政治学界必然是毁誉参半的。支持者认为这一理论确实指出了美国政党政府体制的核心问题,认为正是这些问题损害了民主的价值;批判者则认为美国的政党制度有其内在的发生逻辑,松散而分权的政党制度正是美国民主制度的组成部分。事实上,在美国,非政党化或去政党化的理论一直是个时髦的话

---

① 分别是:Julius Turner (1951), "Responsible Parties: A Dissent from the Floor", *APSR* Vol. 45, pp. 143 – 152. Austin Ranney (1951), "Toward A More Responsible Two-Party System: A Commentary", *APSR* (45), pp. 488 – 499. George B. Galloway (1951), "The Operation of the Legislative Reorganization Act of 1946", *APSR* Vol. 45, pp. 41 – 68。

② Austin Ranney, *The Doctrine of Responsible Party Government: Its Origins and Present State*, Urbana, Illinois: The University of Illinois Press, 1954.

题，因此责任政党政府理论提出的命运注定是艰难的。参加《报告》出炉全过程的保罗·戴维（Paul T. David）在40年后回忆《报告》命运的时候就感叹，《报告》一出台就成为政治学界批评的靶子，而鲜有人对其作全面的辩护。①

1. 对责任政党政府理论的批判

在对责任政党政府理论的批判中，从方法论上看，可以分为规范性批判与经验性批判两种。② 具体而言，我们认为大致有来自三个领域的批判，即多元主义民主论者（如爱泼斯坦）的批判、公共政策论者（如伊夫龙·柯克帕特里克和奥斯汀·兰尼）的批判和科学范例（如伊夫龙·柯克帕特里克）的批判，从逻辑结构上看基本上可分为前提批判（如朱利斯·特纳、爱泼斯坦等）、过程批判（如奥斯汀·兰尼等）与结果批判（更多的作者）。而从时间上看，朱利斯·特纳和奥斯汀·兰尼作为最先发难者对后来的批判起着重要的引导作用。后来的意见也大都没能超过他们批判的范围，尤其和奥斯汀·兰尼极为相似。出于典型性的需要，本书选择了四个政治学者的相关观点进行重点分析。

（1）朱利斯·特纳：责任政党政府理论解决的基本上是一个假问题。③ 阿勒格尼学院（Allegheny College）朱利斯·特纳（Julius Turner）在委员会的报告发表的次年就撰文对这一理论进行批判。他指出，《报告》在两个方面存在错误：一是委员会低估了现今政党的责任；二是委员会探索的改革方案将加重政党制度的缺陷。

首先，委员会低估了现今政党的责任。特纳认为，在对政党责任进行批评的时候存在两个问题需要回答：第一，政党是否给予选民明确的选择权？第二，一旦选民作出了选择，对于政党议题的支持与反对是否有效？

在第一个问题上，委员会的回答是否定的。在一些具体法案和政策方面，两党赋予了选民的选择权。而党纲的问题不在于他们有没有给选民以

---

① Paul T. David, "The APSA Committee on Political Parties: Some Reconsiderations of Its Work and Significance", *Perspectives on Political Science*, 1992 (21), pp. 70 – 9.

② John C. Green & Paul S. Herrnson, *Rsponsible Partisanship*? University Press of Kansas, 2002, p. 6.

③ 本部分内容引自 Julius Turner, "Responsible Parties: A Dissent from the Floor", *APSR* 1951 (45), pp. 143 – 152。

选择的权利,而在于一种普遍的观点认为党纲对于选民来说是毫无意义的。同样,特纳认为,在对国会的批判上,委员会也犯有错误。与大众印象不同的是,政党在国会中通常能够保持统一阵营,并保持足够的团结以至选民能够在不同的主张中加以分辨。即使在全国范围内国会党团的主张也是很容易被辨认的。他列举了1921—1948年国会党团票决的有关数据后指出,虽然有个别议员没有遵守党团的纪律,但是在国会党团会议中,每年也仅有4%以下的众议员和7.4%的参议员投了反对党的赞成票。

在第二个问题上,多数选民对于政党议题的支持与反对是否有效?假定多数选民支持了1948年民主党纲领和杜鲁门总统的竞选演讲,那么很显然这一纲领就并没有得到有效的实施,因为从1948年起民主党人并不能成功地对许多法案进行撤销或制订。因此,如果说全国纲领和当选总统的演讲代表着这种议题的话,选民对于政党议题的支持并不是完全有效的。

其次,委员会探索的改革方案将加重政党制度的缺陷。特纳强调,政治改革的主张是动态的,但是经验告诉我们,改革的结果有时比改革之前更加不能忍受。委员会将以以下两个方面给政党的统治集团以武器:在美国一党领域将增加;小党自我摧毁的趋势将加重。

在第一个问题上,特纳不无担心地自问自答,什么将成为统治集团的武器?除了《报告》中民主的、志愿的、合作的途径以达到党内意见一致外,委员会也允许党的统治集团将整个政党按照他们的意愿运作。而这样武器的应用首先在美国扩大了一党垄断。政治家和政治学家都已经习惯了竞争性的两党制,认为这样才可以增加政府的责任性。从更深层次上讲,在选举时,美国人已经能够意识到他们对于政党的议题的竞争性已经减弱了。这种一党统治趋势已经在美国很多地区非常明显,因此委员会的改革方案将加重这种一党趋势。

特纳强调,虽然看起来英国的政党能够保持纪律性并维持平和的关系,但是在美国许多公共服务是由州和地方代理机构完成的,而不是像英国是由中央机构完成的。如果非要将地方政府的责任放置于中央政府的肩上,那么将妨碍对政府的全面控制。

而在第二个问题上,特纳强调,对于政党领袖来说,"原则居于政治之上"成为一种趋势,他们将坚持自己的经济和社会教条而无论选民是否接受这一教条。这一趋势的上升和政党支持的下降是同步的，也将导致小党的自杀。而在原来的反对党那里，通过对经济发展和政治事务的转变，这种自我摧毁的趋势已经被抵消。但是委员会的对于政党议题的限制将阻碍政党吸收新鲜观点和血液。

（2）奥斯汀·兰尼：美国政党制度的基因是由多数统治与少数权利作用产生的。同样在1951年，奥斯汀·兰尼（Austin Ranney）发表了《走向更加负责的两党制：一个评论》（Toward A More Responsible Two-Party System: A Commentary）[1]，这篇论文后来扩充为前文提及的著名的《责任政党政府学说》。在这篇论文中，兰尼指出，《报告》展示了两个紧迫的问题：即首先如何建立一个能够有效地承担艰巨任务的政府体系；其次，我们如何确信这样的政府是对人民负责的政府？委员会的目标是建立一个有效而民主的政府，委员会的《报告》则唤起了对这一紧迫问题的严肃的讨论。

第一，什么是党内民主？在《报告》中，"党内民主"这个词出现也是十分频繁的，与对广泛的选民负责的外部责任相应，党内民主意味着"内部责任"，或曰无论在国会、干部会议或者党员大会上，党魁对于党员的责任。"党内民主"包括三个方面的内容：①党内过程必须是民主的；②党员必须有机会参与党务；③党魁必须对党负责。

而这样的概念导致两个问题：其一，哪些人可以称为能够参与党务并要求党魁负责的党员？因为如果不能确定党员和选民的区别标准，就难以确定内部民主中的党魁负责的对象。其二，多少责任是可以制度化并且是有效的？但是《报告》事实上并没有给出有用的概念。而在《报告》的全国委员会的"非代表性"部分中关于党员的定义更接近选民的概念。如果这样定义的话，那么实现党内民主还有很长的路要走。《报告》也没有明确回答党魁的何种负责才是有效的。也许《报告》之所以默默无闻的主要原因在于其没有明确解释什么是"民主"，看上去党内民主包括参与与控制。在谢茨施耐德教授看来，如果让2700万民主党员"参与"民主党事

---

[1] 以下引自 Austin Ranney, "Toward A More Responsible Two-Party System: A Commentary", *APSR*1951（45），pp. 488－499。

务并对后者进行密切监督也许要比 1.5 亿美国人"参与"并监督政府更加有效。"这是必要的吗?"进一步说,"政党的发展是为了简化并限定党员的选择的吗?"难以看出,委员会"党内民主"的定义达到了其设定的其他目标,仅仅以党对社会的外部责任为例,《报告》认为党内民主有助于实现党内责任,但是委员会没有看到这样也有助于党内派别斗争。因此需要对这样的观点持保留态度。

第二,为什么美国政党成为他们现在的模样?兰尼强调,对于阻碍美国责任政党政府发展的因素,委员会的立场是:①美国人需要有效的民主政府;②在现有宪法框架里,负责任的两党可以产生这样的政府;③政党的衰落源自人民不理解政党产生民主政府的作用;④因此现在的工作是教育人民理解责任政党的可能性、进行政党自我改革而非试图进行艰难的宪法改革。但是问题在于,政党具有这些缺点已经持续多久?是否已经出现变革的重要迹象?委员会的《报告》是自相矛盾的。《报告》一方面指出政党改革已经持续半个世纪,一方面也指出其进行了自我反思——虽然它们不清楚政党需要作哪些改变,但是政党改革是否已经达到委员会的要求并抛弃以下特征:分权化和地方化、领导的零散化、成员的分歧化及在公共政策保持一致意见的无能。在回顾 1875—1950 年 75 年的美国政党研究的先哲的文章时,如伍德罗·威尔逊(Woodrow Willson)、亨利·J. 福特(Henry Jones Ford)、罗威尔(A. Lawrence Lowell)、奥斯特戈斯基(M. I. Ostrogoski)、克罗利(Hebert Croly)及艾伦·史密斯(J. Allen Smith)的文章,发现他们在 1875—1915 年论述的美国政党的主题和委员会在 1950 年论述的主题基本一致。而 1950 年证明政党阵线在国会软弱的数据也基本等同于 1902 年罗威尔的研究数据。

兰尼认为,如果美国政党在很大程度上保持了相同的品质,那么研究这种品质的原因则是必要的。虽然委员会没有在这一点给我们启发。其实在《报告》出台之前,责任政党政府学说已经有 60 多年的历史了,但是政党的品质并没有变化。其实抱怨人民不理解政党在建立民主政府中作用的观点是站不住脚的,因为一旦人民看到了政党这种变化的证明,那么人民自然会支持政党的这种转变。因此兰尼认为,50 多年前罗威尔的为什么政党抵制转变的观点值得《报告》的撰写者深入思考。罗威尔分析了美国政党之所以成为美国政党现在的样子是因为美国的政党正好适应了美国人渴望的政府体制。统一的、纪律严明的责任政党仅仅适合从普遍多数人手中攫取公共权力的政府。英国政府就是这种政府的前兆。简言之，责任政党体制是必不可少的、独立于无限多数统治的体制。

但是罗威尔继续强调，在美国，人民仅仅在一个点上——即当保障个体及组织多数对少数的压迫时——明确地需要多数统治。这就是说，美国人同时需要多数统治和少数权利，而前者不能剥夺后者，后者必须能够从根本上制约前者。此外，美国人相信必须对多数统治进行必要的限制而非相信他们能够自我限制。因此，罗威尔相信，只要美国人拒绝放弃对少数权利的关怀，那么美国政府体制，包括这种不负责任的政党体制都不能改变。

在兰尼看来，罗威尔的分析确实揭示了美国政府体制的许多核心问题，即使不能接受罗威尔的观点，那么在认识美国政党政府体制之前，必须回答民主政府的本质、美国人是否需要这样的政府等问题。罗威尔论述的最重要的价值在于明确表达了在多数统治和少数权利之间的选择关系。但是《报告》的作者并没有充分回答这样的问题，便匆忙地向美国人"出售""更加负责任的"政党制度。他们必须认识到，责任政党制度是个制度模型，而且是民主制度的模型。他们相信是政党而非个人，能够在政府选举中有效地承担责任。如果真正的政党出现，赢得多数的政党将因此而获得政府的全部权力。如果多数政党不能行使全部权力，它便不能为政府的行为（无论其成败）承担责任。但是对于没有被出售这种观念的美国人来说，他们便不能接受多数统治的有效性。因此兰尼强调，如果委员会真的希望看到一个真正的有效和民主的政府在美国出现，那么，即使这种制度看起来是不切实际的，委员会必须获得美国人对多数民主统治的普遍接受。而不是决定是否首先改变宪法体制或者政党体制。

（3）伊夫龙·柯克帕特里克：责任政党政府理论作为科学范例的缺陷。作为委员会《报告》署名者之一的伊夫龙·柯克帕特里克（Evron M. Kirkpatrick）在1971年提出了最具破坏性的批评。他指出，《报告》在确立标准上和依据经验上都是有缺陷的。他对《报告》的如下设想都表示异议：两党制能够而且应该制定各项政策；选民能够合情合理地辨别各项政策；英国政党制度是一个理想化了翻版应该用来作为这些责任政党的模型；不一定要修改宪法来改革政党制度；而通过改革政党制度就能改变整个政治制度。他也对《报告》所提的建议表示异议，理由是还没有从实际经验上检验过它们可能发生的政策效果。

他认为《报告》作为一个政治科学的范例也是有缺点的，因为它没有清楚地解释和证明它的各项社会准则的目标，也没有提供一个能把各项建议同正在出现的前景结合起来的、适当的起改进作用的分析。他为研究政党而提出的建议有：研究与现行政党制度有关的社会准则；研究可以用来评价各种例行做法的成绩的标准；研究政党的组织和政党的例行做法与各种评价结果之间的关系；研究诸如关门的直接预选制、党内民主、资历制度、联邦制度、牵制与平衡、在政策效果方面的政党竞争等这样一些制度的影响；对参与政治和具有理性政治生活的准则的分析。①

同样在责任政党政府发源地的英国政治学家维尔（M. J. C. Vile）看来，美国各个政党的主要作用就是为各种职务提供候选人，因此政党分赃的现象在各级政府部门都可以看到，而宪法把权力分别授予各级政府，这就对政党结构起了强烈的分解作用，因此不难想象根据宪法把分散的权力由一个政党集中起来的后果——直到今天美国的政党制度还没有出现过能够导致这样一种权力集中的条件。全国性政党只不过是一些州和地方党的联合组织，因此在美国与其说是单一的政党制，还不如说是 50 个州党制，全国性政党只是以复杂的联合形式同这些州党发生关系。但是虽然有这样的缺陷，维尔坚持认为，大多数改革政党体系的建议都存在危险，以致各政党变得比目前更加不负责任、更加反应迟钝。任何想对选举人团进行的改革都应该考虑到，英国式的或欧洲式的政治是否是美国应当效仿的好样板？②

（4）多元主义对责任政党政府理论的批判。③ 作为多元主义者的代表，列昂·爱泼斯坦（Leon D. Epstein）主要在《西方民主国家的政党》、《美

---

① 转引自［美］哈罗德·F. 戈斯内尔等著：《美国政党和选举》，复旦大学国际政治系译，上海译文出版社，1980 年版，第 333 页。

② ［英］维尔著：《美国政治》，王合等译，商务印书馆，1981 年版，第 46 页、241—242 页。

③ 参见何文辉著：《为美国政党辩护——列昂·爱泼斯坦〈西方民主国家的政党〉评介》，载《开放时代》，2004 年第 4 期。

国式政党》等著作中对责任政党政府理论进行批判的。

爱泼斯坦考察了20个西方民主国家政党发展的历史和现状，反驳了责任政党政府学派的政治主张。他指出，无论美国政党的组织框架如何粗略，它们的诉求如何地没有纲领性，以及它们推选的政府官员如何地不团结一致，都不能认为它们比其他国家更强有力的政党落后或不合时宜。美国政党将不会朝着欧洲政党的方向发展，而设想通过改革，在美国的环境下推行欧洲式的责任政党政府则既不可行也不可取。

在多元主义者看来，现代国家中并不存在一个占人口大多数的团结一致表达自己利益的阶级，选民投票支持某个政党的候选人并不意味着同样支持这个党的政策，因为选民很有可能对政策问题无知或没有兴趣，而仅仅根据候选人在竞选中的表现或政党领袖的个人魅力来投票。因此，所谓对公共政策的选择也是不正确的。在爱泼斯坦看来，不同社会政治条件决定了政党的不同类型和风格。美国分权松散的干部党与欧洲强有力的大规模群众党之间的种类差别，也正是由于美国的社会政治条件决定的。因此出于同样的原因，欧洲式群众党也是特定时期和特定地点的历史产物，没有也不会发展为普遍的政党模式。爱泼斯坦坚持认为，群众党的统治模式不适宜于美国，在美国发展责任政党存在一道无法逾越的宪法屏障——行政权与立法权的分立，它使责任内阁政府以及这种体制所指向的政党政治在美国成为不可能。

多元主义政党理论的基本理念是，在一个民主社会中，有各种类型和规模的群体在寻求表达自己的意见，这些不同规模的少数者群体构成了政治的主体，因此政党不需也不可能代表任何固定的大多数，它只需代表一个或多个少数者群体，它推选的政府官员可以自由地回应选民中任何一部分人的愿望，不必团结一致地执着于某一套纲领政策。爱泼斯坦认为，美国政党就是这种模式的典型，正是美国政党组织的松散、非纲领性和较少凝聚力使它们的运作符合多元主义民主的内涵。

（5）其他对责任政党政府理论的批判。除了上述对责任政党政府理论进行直接的批判以外，有一些政治学著作也在一定程度上为美国的政党及其基础作了辩护。

在《报告》发表的次年，美国政治学家 D. B. 杜鲁门出版了《政治过程——政治利益与公共舆论》，虽然杜鲁门没有直接对责任政党政府理论进行批评，但他对美国已有的政党制度进行了有力的辩护。他认为，"'政党'一词所蕴涵的意义相当丰富。政党的活动在不同的时间、地点、不同的国家、政府有所不同。从全国来看，所谓的政党制度给人留下了一种缺乏组织的印象，如果不是混乱的话，这种印象并不十分正确，但很明显，全国性政党在特定时刻具有流动性和不稳定性，更多地是由临时性的个人组成的联盟，而不是连续的制度化关系……简单下结论是危险的"①。

对于政党地方主义②的认识。英国政治学家维尔在其著作1973年出版的《美国政治》中也表述了不同的认识："对某一地区或某个社会集团的依附感，向来是人们忠于自己的政治理想、采取政治行动的一种最强大的动力……美国是从独特的殖民地社会中发展起来，以偏重于强调于地方性忠诚的方式逐渐逐渐扩展，横跨了整个北美大陆的；同时，1787年形成的联邦主义的宪法结构又为这些忠诚的持续表现提供了良好的机会。于是区域性的行为方式造就了美国政治史上的基本特征。"③他认为，在美国的全部历史上，正是对抗的形式表现得不那么引人注目的地方主义构成了美国政治的原动力之一。而且他也指出，其实在20世纪，美国的地方主义已经大大削弱了，政党的地方性特点已经越来越模糊了。他强调指出，在1964年的选举中，投票的地方性格局已经有了很大的变化，共和党总统候选人戈德华（Goldwater）赢得了南方原民主党人控制的五州（密西西比、亚拉巴马、路易斯安娜、南卡罗来纳和佐治亚）。因此他认为，政党的地方性将为罗斯福新政以后的阶级性所取代。④

---

① [美] D. B. 杜鲁门著：《政治过程》，陈尧译，天津人民出版社，2005年版，第307页。

② 谢茨施耐德曾警告说："在市政改革运动中，强调取消地方政府中的党派倾向，这可能使地方政府在不知不觉中失去对公共利益的关注。那种主张不分党派的地方自治政府观念存在着深刻的内在矛盾。"[美] E. E. 谢茨施耐德著：《半主权的人民——一个现实主义者眼中的美国民主》，任军锋译，天津人民出版社，2000年版，第9页。

③ [英] 维尔著：《美国政治》，王合等译，商务印书馆，1981年版，第18页。

④ 当然，谢茨施耐德坚决否认这样的说法，他认为自己有足够的理由相信，从两大党反映全国利益和实力的普遍性趋势来看，共和党在那次所取得的地区性胜利，只是一时的反常现象。谢茨施耐德著：《美国的政党制度》，转引自斯蒂芬·K.贝尼著：《美国政治与政府》，宾龙译，香港：今日世界出版社，1975年版，第116页。

此二人的观点是许多美国政治学家的比较常见的主张。同样如果把上述主张加以综合的话，可以看出美国责任政党政府理论遭遇的巨大挑战，或者说责任政党政府理论本身已经具有极大的理论勇气。

2. 对责任政党政府理论的支持

相对于风起云涌的批判浪潮，对责任政党政府理论的任何辩护都似乎是无力和苍白的，但是这种批判从一定意义上也恰好说明这一理论的深层价值——它起码首先唤起了人们对美国政党政府制度的高度关注。其实即使是对责任政党政府理论强烈批评的特纳，也承认这一理论存在许多重大价值：诸如在选举人团改革、四年期国会如何与总统任期同步，改革政党全国代表大会以与全国人口保持一致。这些建议将给总统、国会以及党的全国代表大会更多观点相近的选民，并且减少选举中政党议题阐释中的不确定性。① 而一些美国政治学者分别在不同年代如贝利（Bailey）在1959年、伯恩斯（Burns）在1963年、桑得奎斯特（Sundquist）在1988年发表论文予以支持，在政治学理论的学者那里，责任政党政府理论的核心目标——更加民主、更加有效、更加负责的政党确实已经被广泛分享。② 这一理论确实开启了一个研究的新领域，昭示了一个理想的政党政府制度。

（1）研究工具的变化与责任政党政府的必然性。责任政党政府理论最强有力的辩护首先依然来自这一学派自身，作为这一学派倡导者之一的谢茨施耐德，其一生都在为其"不合时宜"的理论进行辩护。他在临终的那一年对自己的工作进行评价时说："我想我在自己所研究的领域里做过的最重要的事情是：我比其他任何活着的人花费更多的时间和精力、更持久地热衷于谈论政党。"③ 在《政党政府》出版以后，他先后在1948年、1960年和1969年出版了《争取政党政府的斗争》、《半主权的人民》和《两亿美国人寻求一个政府》。在这些著作中，谢茨施耐德侧重于一种新的研究方法的使用，虽然这一方法在其《政党政府》中已有涉及，但是相对

---

① Julius Turner, "Responsible Parties: A Dissent from the Floor", *APSR* 1951 (45), pp. 143–152.

② John C. Green & Paul S. Herrnson, *Responsible Partisanship*? University Press of Kansas, 2002, pp. 6–7.

③ ［美］E. E. 谢茨施耐德著：《半主权的人民——一个现实主义者眼中的美国民主》，任军锋译，天津人民出版社，2000年版，序言。

来说，他在其后的文章乃至演讲中更为频繁地使用这一方法——冲突理论。

首先，民主社会普遍存在冲突。在《半主权的人民》中，谢茨施耐德把经济与政治权力截然分开，并从政府与商业的二元关系中对美国历史作出全新的解释。他指出，18世纪末的田园诗般的民主体制因为大商业的崛起而遭到颠覆，因此美国革命只是一场至今仍在持续的冲突中的一个事件而已。"民主的功能便是向公众提供另一种权力系统，一种可供选择的权力系统，它可以用于平衡经济权力。"①

其次，政党冲突是自由的表现。针对有关美国政党相似性的批评，谢茨施耐德引入了冲突理论，即在美国社会中存在冲突的现状及可能性，而这种冲突则往往表现为政党间的冲突。在晚年的一次演讲中，他强调，在美国，民主党和共和党的区别是明显的，前者更倾向于成为一个政府的政党，而后者则趋向于成为一个工商业者的政党，因而在两党之间存在政治上的相对的分歧甚至冲突。"在美国的社会里，每个人都要自由，每人都要生活水准高，政党的冲突完全符合大多数美国人的需要。"②

第三，责任政党政府理论是为了解决现有政治冲突中存在的问题。谢茨施耐德对现有的冲突版本的设计并不满意，因为在现有的制度设计中，有4000万不投票者的利益没有得到代表，而他们不投票的原因也正是由于他们的利益不能得到代表。因为"现有的政党体制不过是六千万人的政治组织而已"③。因此必须改革现有的政府体制，使其成为一种竞争性的、可供选择的权力系统，因为"民主是这样一种竞争性的政治体制，在这种体制中，相互竞争的领袖和组织以某种方式确定公共政策的选择范围，以便使公众能够参与决策过程"④。

（2）责任政党政府理论代表着特定时代的政治学情感。克林顿·罗斯

---

① [美] E.E. 谢茨施耐德著：《半主权的人民——一个现实主义者眼中的美国民主》，任军锋译，天津人民出版社，2000年版，第108页。
② 转引自 [美] 斯蒂芬·K.贝尼著：《美国政治与政府》，宾龙译，香港：今日世界出版社，1975年版，第117页。
③ [美] E.E. 谢茨施耐德著：《半主权的人民——一个现实主义者眼中的美国民主》，任军锋译，天津人民出版社，2000年版，第98页。
④ 同上书，第125页。

特（Clinton Rossiter）明确地为责任政党政府理论进行辩护："一般来说，委员会做了力所能及的分内工作，他们指出了一条可能的走向更加具有纪律性的、更加负责任的政党的道路。"① 爱德华·施奈尔（Edward V. Schneier）等人也认为："无论美国政治学会政党委员会的优点有哪些，但有一点是毋庸置疑的，那就是《走向更加负责的两党制》表达了学会成员的主要情感和信仰。"②

（3）责任政党政府理论反映的是一种美国理想的政府结构。许多学者批评了美国政党的组织性、纪律性和责任性的缺乏，认为只有责任政党政府才是符合美国政治发展的理想的政府形态。哈佛大学政治哲学教授哈维·C. 曼斯菲尔德就认为，党派有着高低两层含义——负责任的党派和追求自身优势的党派。③ 哥伦比亚大学的罗杰·希尔斯曼教授也持这一观点。他对责任政党政府理论的有关描述进行了针对性的比较（如图2.4）：

表2.4 理想的负责任的政党、党的机器和党魁时期的政党、今天的共和党和民主党比较④

作用	理想的负责任的政党	党的机器和党魁时期的政党	今天的共和党和民主党
提出有关治理国家和公共政策的一贯思想	必须具备	毋需具备；经常是含混的	毋需具备；两党均有自由派和保守派，但在思想上有分歧
集中反映各种利益	必须具备	一般在某种程度上起到这种作用	一般在某种程度上起到这种作用

---

① Clinton Rossiter, *Parties and Politics in America*, Ithaca, NY: Cornell University Press, 1960, p. 180.

② Edward V. Schneier, Jr., Julius Turner, *Party and Constituency: Pressures on Congress*, revised ed. Baltimore, Md.: Johns Hopkins Press, 1970, pp. 245–246.

③ ［美］哈维·C. 曼斯菲尔德著：《驯化君主》，冯克利译，译林出版社，2005年版，第385页。

④ 表格来源：［美］希尔斯曼著：《美国是如何治理的》，曹大鹏译，商务印书馆，1986年版，第342—343页。

在政府面前代表人民的利益	必须具备	通常在某种程度上起到这种作用	通常在某种程度上起到这种作用
在人民面前代表政府意愿	必须具备	同上	同上
提出一贯的政策纲领	必须具备	不固定地提出；很少提得具体	偶尔提出；内容含混
必要的程序以保证所提候选人忠于党的思想和纲领	必须具备	候选人不一定忠于党的思想和纲领	候选人不一定忠于党的思想和纲领
组织党务工作者为党筹集经费	在政府提供经费之前需起这一作用	在政府提供经费之前需起这一作用	在政府提供经费之前需起这一作用
组织党务工作者在选举人宣传党的政策	必须具备	必须具备	随着公众的媒介和政府资助的发展，变得不那么重要了
在选举日组织党务工作者动员选民投票	必须具备	必须具备	随着公众的媒介和政府资助的发展，变得不那么重要了
任命忠于党的思想和纲领的官员和法官	必须具备	赠予官职，授予小恩小惠，重于对党的思想和纲领的忠诚	任命官员的能力和威望重于对党的思想和纲领的忠诚
在立法、行政法规和司法判决中贯彻党的纲领	必须具备	可取；但更重要的是保护那些党的坚定支持者的利益	可取；但更重要的是维护国内支持者的联合
赠予某些人以低级别的官职	毋需具备	重要条件	文官制度兴起后已不太重要

沟通政府与友好的私人企业签订合同（诚实的受贿）	不鼓励这样做	重要条件	比一般人所了解的或承认的具有更大的重要性
（在政府以外）批评政府；提出供选择的政策方案	必须具备	批评是重要的；可能也可能不提出可供选择的政策方案	同前
把党的经费用于个人的福利	毋需具备	重要	毋需具备；更多地是选举官员的作用而不是党的作用
起听取批评、搜集意见的作用，帮助人民参与国家管理	必须具备	必须具备	毋需具备；更多地是选举官员的作用而不是党的作用
如党员和其他的人提供社交活动机会	毋需具备；但这是受欢迎的副产品	必须具备	有些社交活动是受欢迎的

（二）责任政党政府理论的实践反响

责任政党政府理论在美国政治体系中也引起了很大的反响，应该说，责任政党政府理论提出以后，美国两党都在一定程度上吸纳了这一理论的有关要点，并依相关观点对政党进行了积极的改造。

1. 责任政党政府理论再次启动了美国政党改革浪潮

在美国责任政党政府理论提出之前，在20世纪初，中产阶级对党魁操纵选举的愤慨导致了一次重大的政党改革。在这次改革中，他们通过政党预选这一手段把提名程序交还给了人民。但是也有一些政党专家认为预选不仅导致党魁的衰落，也导致了责任政党的衰落。因为代表大会不仅仅是遴选候选人的工具，还是基层的领导班子。而这一改革事实上导致了许多州与城市代表大会——随同大多数领导班子的完全消失。①

而责任政党政府理论的提出则使政党改革更加明确和具体，一些猜想在半个多世纪之后逐渐变为现实。在理论提出之后的一段时间里，"美国的政治发展确实开始越来越具有全国性导向，更加具有政策定向，许多对于公民政治参与的限制也开始被废除。美国政党组织越来越趋向于强大的全国性政党结构，利益集团也越来越在政治过程中起着重要的作用"②。责任政党政府理论启动了美国政党的又一次改革，这一改革首先在民主党中进行。在1956年，民主党全国主席保罗·巴特勒（Paul Butler）创建了民主党咨询委员会，该委员会的目的是向在任何一个国会议院也许被代表，或者也许不被代表的民主党人提供收集到的声音，同时，帮助制定1960年的党的纲领。由萨姆·瑞布姆（Sam Rayburn）和林德·约翰逊（Lyndon B. Johnson）领导的国会民主党议员忽视了民主党咨询委员会的作用，约翰·肯尼迪（John F. Kennedy）当选总统后，其被彻底解散了。后来，非正式的组织（如民主党领导理事会）成立起来，以规划政党的议程。③ 应该看到的是，保罗·巴特勒自己也承认，他建立民主党咨询委员会的设想受到了《报告》的影响；而在艾德莱·史蒂文森成为民主党挂名领袖时期，这一委员会已经是民主党非南部分部的一个分支。④

1968年，民主党成立了两个致力改革的委员会——政党结构委员会和代表遴选委员会，前者以南达科他州参议员乔治·麦戈文为主席，建议州的政党组织要确保党的会议有适当的预先通知，并在公共场合和规定时间进行；禁止委托投票。后者由密歇根州众议员詹姆斯·奥哈拉担任主席，通过投票废止了集体投票法（unit rule），即一个代表团的全部选票按该团多数表决的意见投票。在扩大政党参与方面，麦戈文—弗雷泽委员会提出

---

① ［美］詹姆斯·M. 伯恩斯等：《民治政府》，陆震纶等译，中国社会科学出版社，1996年版，第397页。

② John C. Green & Paul S. Herrnson, *Responsible Partisanship*? University Press of Kansas, 2002, p. 7.

③ John Kenneth White, "Responsible Party Government in America", *Perspectives on Political Science*, 1992 (21), pp. 80 – 90.

④ ［美］哈罗德·F. 戈斯内尔等著：《美国政党和选举》，复旦大学国际政治系译，上海译文出版社，1980年版，第335页。

了三条建议：一是保证政党规则禁止基于种族、肤色、信仰、性别或民族出身的歧视；二是允许并鼓励所有年满18岁及18岁以上的人参与政党事务；三是建议必须采取具体步骤保证青年、妇女和少数民族在党的事务方面（尤其在决定提名问题上）有"与他们在各州人口中的存在合理地相称"的代表权，即主张推行特定选民集团的比例代表制。①

而在1968年民主党的代表大会以后，"一场全国规模的政党改革的发展，导致在许多州成立了改革各级政党的机构。改革者们对两党的提名程序和遴选全国代表大会代表的做法提出了起诉"，但是"一般来说，党内的改革和变化一向较多地是与遴选全国代表大会代表的方式相关，而不是与全国委员会同各种州和地方委员会以及党的候选人的关系如何相关。"②

1974年，民主党人召开了党章大会，以制订美国政党历史上第一部成文"宪法"，大会采取以下步骤：其一，承认全国代表大会是党的最高管理机构，要求各州政党修改它们的规则和惯例，使之符合全国性政党的标准；其二，扩大民主党全国委员会，使它更坚强有力并且更具有代表性；其三，巩固党的全国性机构和财务机构；其四，授权中期全国党代表大会（midterm party conference）在总统任期中途讨论国家的公共政策。③ 这里面最引人注目的是民主党人重新恢复了"中期政党会议"，但是出于对政党分裂的担心，这一会议制度在1985年便被取消了。但不管怎么说，持续到20世纪70年代末期的民主党改革浪潮起码在委员会《报告》参加人保罗·戴维（Paul T. David）看来确实是深受责任政党政府理论的影响。④

当然，受到责任政党政府理论影响的不仅仅是民主党，保守的共和党也在随后的时间内进行了类似的改革，这一改革一直延伸到了20世纪80年代末期甚至更晚。

---

① ［美］詹姆斯·M. 伯恩斯等著：《民治政府》，陆震纶等译，中国社会科学出版社，1996年版，第398—399页。
② ［美］哈罗德·F. 戈斯内尔等著：《美国政党和选举》，复旦大学国际政治系译，上海译文出版社，1980年版，第50页。
③ ［美］詹姆斯·M. 伯恩斯等著：《民治政府》，陆震纶等译，中国社会科学出版社，1996年版，第402页。
④ Paul T. David, "The APSA Committee on Political Parties: Some Reconsiderations of Its Work and Significance", *Perspectives on Political Science*, 1992 (21), pp. 70-9.

2. 责任政党促进了议会改革步伐

在哈罗德·F. 戈斯内尔等人看来,委员会《报告》中的有些内容对后来发生的以下工作可能存在影响:加强党的总部工作人员;废除加利福尼亚州的关于预选中候选人可以作为一个以上政党成员登记的法律;授予住在哥伦比亚特区的公民以选举总统的选举权;重新划分议员选区,使各选区人口大致相等;修改控制竞选财务的法令;为走向国会规章程序现代化而采取几个步骤,例如参议院政策委员会以及改革两院的委员会结构。①

《1970 年立法重组法案》的通过拉开了国会改革的序幕,这一法案是自 1946 年以来第一次实质性重组国会的立法程序。这些措施包括:其一,规定委员会主席应当通过党团会议以不记名投票选举出来。1975 年,民主党人决定所有委员会主席的提名都必须通过党团会议全体成员以不记名的投票选举出来;其二,对于议员担当多个委员会主席职务和多个委员会职位进行限制;其三,要求委员会必须有书面的规则,对于委员会中的代理投票加以了限制,其目的是限制委员会主席利用代理投票操纵委员会的投票;其四,新的规则要求每一个委员会都建立民主党党团会议,赋予党团会议以较大的权力,迫使委员会主席同其他民主党议员分享权力。同期,参院也在规则上作出了一定的变革,主要也是打破原有的资历制,限制委员会主席的权力;此外,还努力推进"阳光政策",改变秘密立法的行为,将国会的立法活动加以公开,接受公众和媒体的监督。《1970 年立法重组法案》规定,所有委员会的记名投票都公布于众,众议员在修正案上的立场都在《国会纪录》上公布,使议员对自己的行为负责。其次是允许电视转播国会的立法活动。70 年代的国会改革还强化了国会的权力,使得国会能有效地参与政策的制定,改变同行政当局竞争时极为不利的局面,真正发挥国会应有的作用。②

(三)责任政党政府理论在 21 世纪的理论与实践

直到 21 世纪,责任政党政府理论依然没有湮没,事实上,在 21 世纪

---

① [美]哈罗德·F. 戈斯内尔等著:《美国政党和选举》,复旦大学国际政治系译,上海译文出版社,1980 年版,第 335 页。
② 袁征著:《论二十世纪七十年代美国国会的改革及其影响》,载《世界历史》,2002 年第 1 期。

到来的时候，年轻的政治学者正在积极地为美国政党政府体制寻找出路，2002年出版的一部纪念《报告》的政治学著作，让撰写该书后记的爱泼斯坦感到疑惑的是为什么还有如此多的学者仍然在关注这一理论。①

1. 责任政党政府理论的目标正在美国部分实现

责任政党政府理论在政党结构、政党关系、政党过程方面提出了许多有益的建议，这些建议经过了半个世纪的洗礼正在逐步得到证实。许多理论成果也被用来加深对这一理论的认识。而随着后来者对这一理论的深入探讨，许多理论成果也被间接地转化为政党和政府行动。

（1）责任政党政府理论的有关规则正在得到司法支持。科尔比学院桑迪·马歇尔（L. Sandy Maisel）教授和威斯康星大学密尔沃基分校约翰·拜比（John F. Bibby）教授在其合作的论文《选举法、司法主导、政党规则与实践》中认为，所有有关选举法、司法主导以及政党规则与实践的变化都趋向于建设一个责任政党政府理论所提出的"更加负责的政党"的目标。这些最典型的事例莫过于降低投票门槛，在宪法中强化政党、政党结构的整体化与全国化等。这些变化说明了美国政党对环境的适应性，但是，一些变化尤其是在候选人为中心的政治过程中则说明政党责任感的弱化。②

同样这篇论文指出了政治献金在中央和地方政党过程中的巨大作用。而这一作用也同样被明苏尼达大学弗兰克·索拉夫教授（Frank J. Sorauf）所抨击。在其论文《权力、金钱与大党责任》中，索拉夫通过历史性地分析，指出了虽然竞选资金分配偶尔也会阻碍政党选举过程，但这一阻碍并不随着后水门时代的资金改革而有所加强，事实上，大党都成功地适应了这些改革，并开拓了新的资金来源诸如"软钱"（soft money）、"事件辩护金"（advocacy）和"独立开支"（independent expenditures）等。到了2000年，政党已经掌握了资金。他指出，资金充足的政党并不必然导致责任政

---

① Leon D. Epstein, "A Persistent Quest", See John C. Green & Paul S. Herrnson, *Responsible Partisanship*? Lawrence: University Press of Kansas, 2002, pp. 201 – 216.

② L. Sandy Maisel & John F. Bibby, "Election Laws, Court Rulings, Party Rules and Practices: Steps Toward and Away from a Stronger Party Role", See John C. Green & Paul S. Herrnson, *Responsible Partisanship*? Lawrence: University Press of Kansas, 2002, pp. 61 – 82.

党的出现,相反,寻求责任政党体制的道路仍在进行中。①

弗兰克·索拉夫的观点受到了国会议员广泛的重视。参议员约翰·麦肯(John McCain)和罗素·菲格(Russell Feingold)和众议员克里斯·夏尔斯(Chris Shays)、马丁·梅翰(Martin Meehan)接受了弗兰克·索拉夫的观点。在他们的推动下,美国国会在 2002 年通过并经总统签署了《两党竞选改革法》(the Bipartisan Campaign Reform Act),对索拉夫教授所抨击的"软钱"等进行限制或禁止。②

(2)政党关系正在逐步理顺。针对美国责任政党政府理论关于国会党团的评价,加州大学洛杉矶分校芭芭拉·辛克莱教授(Barbara Sinclair)则肯定了美国国会党团半个世纪的变化与越来越重要的作用。她指出,这种重要性首先反映在国会党团越来越良好的组织结构与立法推动上,其次反映在广泛而滚动的选举号召对责任的体现上。她认为,2000 年的美国国会党团已经实现了半个世纪前责任政党政府理论学派的梦想。当然她也指出,在总统党与国会党之间,即使他们实现了共同的权力控制,但仍然存在一些需要严肃对待的问题。③

但是由于"候选人中心政治"的崛起,责任政党政府理论中的代理理论的价值正在受到挑战。杨伯翰大学戴维·马格里比教授(David B. Magleby)、凯丽·帕特森(Kelly D. Patterson)和美利坚大学詹姆斯·瑟伯教授(James A. Thurber)在其论文中运用代理理论分析了美国政党、候选人、选民和竞选顾问(consultant)之间的关系(见图 2.5、2.6)。在其对美国竞选顾问的调查后发现后者正在承担重要的联系作用,但是这些政

---

① Frank J. Sorauf, "Power, Money, and Responsibility in the Major American Parties", See John C. Green & Paul S. Herrnson, *Responsible Partisanship*? Lawrence: University Press of Kansas, 2002, pp. 83 – 101.

② John C. Green & Paul S. Herrnson, *Responsible Partisanship*? University Press of Kansas, 2002, p. 10.

③ Barbara Sinclair, "The dream fulfilled? Party Development in Congress, 1950 – 2000", See John C. Green & Paul S. Herrnson, *Responsible Partisanship*? Lawrence: University Press of Kansas, 2002, pp. 121 – 140.

党竞选顾问有着不同的目标,他们比政党组织更容易在行动和意识上犯错误。①

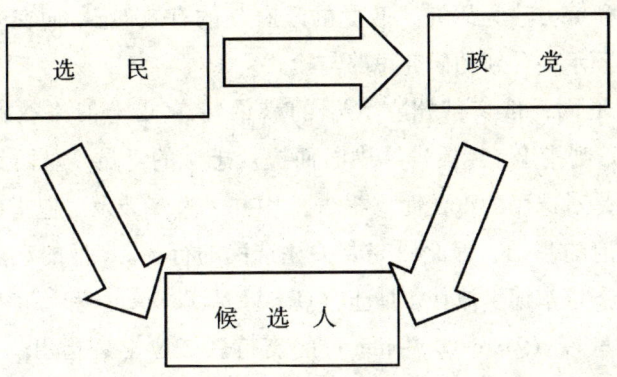

图 2.5　代理理论下的责任政党政府的可能模型

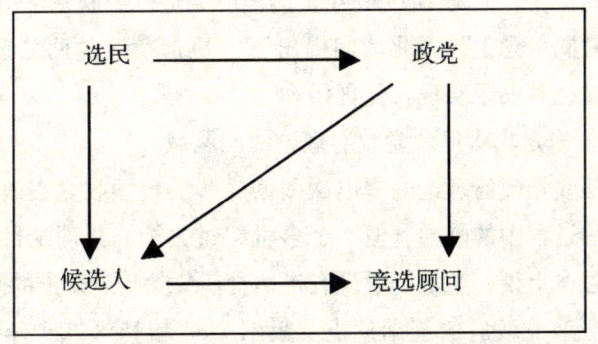

图 2.6　代理理论下的候选人中心的可能模型

(3) 责任政党政府理论的研究对象需要转变。在研究对象上,由于美国政治的变化,有的学者也主张研究要进行必要的调整。阿克伦大学查里斯·琼斯教授(Charles Jones)指出,虽然《报告》视总统的领导为责任政党政府的关键,但是责任政党政府理论对总统和政党的研究仍然存在模糊性,琼斯认为,问题根源在于分权体制的压力。因此他认为,学术界不

---

① David B. Magleby, Kelly D. Patterson, James A. Thurber, "Compaign Consultant and Responsible Party Government", See John C. Green & Paul S. Herrnson, *Responsible Partisanship*? Lawrence: University Press of Kansas, 2002, pp. 101 – 120.

要过多地关注"政党政府"（party government），而更应该研究"政党的政府"（government of party），他认为，对于《报告》最好的纪念方法是改变政党导向的研究方法为研究"政党的政府"的有效性。① 而在爱泼斯坦看来，这也许预示一种新的研究思路与模式。

与琼斯不同，俄亥俄州立大学的赫伯特·威士伯格教授（Herbert F. Weisberg）则指出，《报告》中时而提及忠诚的党员，时而又提选民的重要性，但是对选民的重要性《报告》中并无过多涉及。他指出，选举是责任政党政府的基础，因此研究要关注选民的行为。② 他的观点得到了普林斯顿大学杰拉尔德·波普尔博士（Gerald M. Pomper）和鲁特格斯大学马克·威耐尔教授（Marc D. Weiner）的支持。二位学者指出，在《报告》出版的时候，美国的党员的影响仍然局限在家庭及其他社会关系中，因此难以建立政党责任，但是到 1990 年，美国的党员已经联系密切，并建立在共同事务和共同信念上，因此他们提出了"更加负责的两党选民"概念，并坚持认为这将有助于实现政党责任。③

2. 美国仍未走出责任政党政府理论的问题域

虽然责任政党政府理论的提出试图彻底解决美国政党在政治基础、组织结构、政治过程中的弊端，但半个多世纪过去了，其理论目标只得到部分实现，从总体上说，美国仍然没有走出责任政党政府理论的问题域。

(1) 责任政党政府的基础危机。戴尔·S. 赖特《八十年代政府间的关系：政府间关系的新阶段》对美国的政府间关系作了如下划分：

冲突阶段：20 世纪 30 年代以前

合作阶段：20 世纪 30 年代至 50 年代

---

① Charles Jones, "Presidential Leadership in a Government of Parties: A Unrealized Perspective", See John C. Green & Paul S. Herrnson, *Responsible Partisanship*? University Press of Kansas, 2002, pp. 141 – 160.

② Herbert F. Weisberg, "The Party in the Electorate as a Basis for More Responsible Parties", See John C. Green & Paul S. Herrnson, *Responsible Partisanship*? University Press of Kansas, 2002, pp. 161 – 180.

③ Gerald M. Pomper & Marc D. Weiner, "Toward a More Responsible Two-Party Voter: the Evoling Base of Partisanship", See John C. Green & Paul S. Herrnson, *Responsible Partisanship*? University Press of Kansas, 2002, pp. 181 – 200.

集中阶段：20 世纪 40 年代至 60 年代
创造阶段：20 世纪 50 年代至 60 年代
竞争阶段：20 世纪 60 年代至 70 年代
测算阶段：20 世纪 70 年代至 80 年代①

责任政党政府理论是基于冲突、合作与集中阶段的特定政治产物。但是直接这种阶段的划分只是相对的，促使责任政党政府理论胎动并催生的罗斯福新政在一段时间以后便遭遇了困境，最高法院在新政实施之后也对有些措施进行阻止，而罗斯福改组最高法院的努力也没有赢得国会的支持。直到 1941 年，美国的失业率依然居高不下，但是二战结束最终使美国的经济摆脱了困境，也使美国责任政党政府理论失去了它赖以支撑的社会基础。也就是说，在美国独立战争、南北战争以及新政这样的特殊的社会历史时期，责任政党政府理论的发展仅能依靠观念的抽象生长，而这对于一个试图解决具体问题的政治学理论来说是远远不够的。20 世纪 60—70 年代以后，作为责任政党政府研究对象的美国政府也发生了很大的变化，政府集中被政府竞争所替代，统一的政府体制再次回到了分散的状态。而在欧洲，"民主制中政党政府的出现，使政党能够同时对行政机构和立法机构施加影响，而且（至少在有的时候）还能影响到司法机构。在这种情况下，依据分权原则本应各自分立的两种权力、甚至所有的三种权力就合并在一起了。在当代议会制政体中已经发生了这种演变，而在美国则还没有出现类似的趋势：在议会制下，可以确保在议会和内阁中都是由同一个取得多数的政党占据支配地位，而美国总统因为是选举中直接产生的，所以行政机构和立法机构可能由不同的政党取得多数并加以控制"②。在这一时期的美国的政党与欧洲政党相比，其组织仍然比较松散、凝聚力较弱、纪律较为松懈。因此有的美国学者认为，美国政党是"州和地方组织的联合会，联合起来仅仅是为了选举在它们的标签下从事竞选的候选人"③。

---

① [美] 戴尔·S. 赖特著：《八十年代政府间的关系：政府间关系的新阶段》，转自彭和平等著：《国外公共行政理论精选》，中共中央党校出版社，1997 年版，第 373 页。
② [法] 让·布隆代尔等著：《政党政府的性质——一种比较性的欧洲视角》，北京大学出版社，2006 年版，第 16 页。
③ 转引自谭君久著：《当代各国政治体制——美国》，兰州大学出版社，1998 年版，第 128 页。

"实际上,没有全国政党,我们冒失地称之为全国政党的,只不过是各式各样的州和地方组织的联盟"①。因此即使到了上个世纪 80 年代末,国内学者仍然倾向于这样来定义美国政党:美国的两大党实际上是一个由追求政府公职者、政党领袖和政党忠诚分子、利益集团和政策热衷者组成的松散联盟。②

(2) 责任政党政府的结构危机。进入上个世纪 90 年代后,美国的政党仍然面临三条主要的指责:一是各党在各种问题,尤其 90 年代的一些问题上,没有采取意义重大且相互对立的立场;二是从本质上说,党员身份毫无意义,以致政党既不能严谨地确定问题,也难以达到组织上的繁荣;三是政党过于关心那些在意识形态上持中庸之道的好说话的人们,因而难以成为社会进步的阶梯。③

从组织结构上看,即使在美国,一些人在回答"靠什么来构成一个强有力而持久的政党"时,可分为悲观论者和乐观论者,悲观论者仍然倾向于一种"旧式"的观念:政党应是一个地方、县、州委员会的金字塔,以全国性领导为其顶点;在底层,应有一个成员广泛的基层组织;应是一个既民主又有纪律的组织,它能够拿出意义重大的政治纲领,能提名并选出致力于该政纲的政治家,并对它在政府的当选成员的立法和行政作用施加相当大的影响。而乐观论者则认为这是理想化的看法,认为根据美国的政治体制,美国从未存在过,也不可能存在那样的政党。乐观论者期望政党组织这一角色为选民简化意义重大的选择,并在选民意愿和政府行动之间建立联系。④

(3) 责任政党政府的过程危机。马里兰大学的汉森教授(Paul S. Herrnson)在《为什么美国没有责任政党》一文中指出,传统意义上的责任政党都是为了通过选举进入议会,并在议会的立法等活动中通过自己的政治主张,但是在美国,政党的主要功能只是为了赢得选举,获得公共

---

① 转引自谭君久著:《当代各国政治体制——美国》,兰州大学出版社,1998 年版,第 128 页。
② 同上。
③ [美]詹姆斯·M. 伯恩斯等著:《民治政府》,陆震纶等译,中国社会科学出版社,1996 年版,第 383 页。
④ 同上书,第 394—395 页。

席位。① 那么从这一逻辑出发，以选举为中心的政治活动有可能使候选人而非政党成为政治的中心。这一点终于为后来的美国事实所证实。在美国政治学者约翰·格林（John C. Green）看来，这也是美国责任政党政府理论的创建者最没有想到的事实，在美国政治过程中，以候选人为中心的政治过程正在取代以政党为中心的政治过程。而这改变了1950年《报告》以来美国政党的发展方向：首先，在这50年中，美国的独立候选人正在取代中央和州政党组织的责任；其次，总统正在以前所未有的能力控制着全国和州的政治过程，白宫力量的增长甚至使总统摆脱了政党和政府的束缚；再次，第三党的力量也开始不再无足轻重，甚至在1968、1980、2000年的选举中直接挑战两党制。②

2001年，加州大学芭芭拉分校的助理教授詹姆斯·亚当斯（James Adams）的观点可以看做是对政党过程危机的当代解读，他认为，在选民和党团之间，有三个问题必须得到有效解决：首先，政党由于争夺选民而形成的政策分歧。没有这些分歧，选民就没有机会通过其选票来影响政府的政策，而竞争性政党之间的政策对话却又可能使其失去吸引力而失去大量的选民。因此，在政党政策与政策的支持者之间是很难达到一致的；其次，争取选民应该注意政策的部分稳定性。因为激变的政策容易使选民不知所措，而即使当选民被告之改革后的政策将保持稳定时，选民们仍然担心当选的政党也会轻易改变政策；再次，部分选民的政策投票。选民必须基于或至少部分基于对政党政策的评价上来决定其如何影响政府的公共政策，如果选民没有被政党的政策所吸引，那么，强化政党和选民的纽带是危险的。③ 或者说，在美国，显然还不具备建立一个责任政党政府的条件，美国尚未走出责任政党政府理论的问题域。

因此在美国责任政党政府理论发展过程中，无论是乐观论者还是悲观论者，也许问题并不在于是否建立一种"旧式"的即责任政党政府体制，

---

① Paul S. Herrnson, "Why the United States does not have responsible parties", *Perspectives on Political Science*, 1992 (21), p. 92.

② John C. Green & Paul S. Herrnson, *Responsible Partisanship*? University Press of Kansas, 2002, pp. 7 – 8.

③ James Adams, *Party Competition and Responsible Party Government*, Ann Arbor: The University of Michigan Press, 2001, p. 5

关键在于美国是否已经具备建立这样体制的条件。政党虽然比以前更加强大，但是并没有比以前更加负责，① 也没有起到连接选民和政府的重要作用，因此还远不能建立一个责任政党政府。

本章小结

在美国，政党政府依然是一个特殊的发展过程，这一过程由于其联邦制和分权制的影响，注定和英国乃至其他国家的政党政府制度有着本质上的差异。虽然人们对于美国政党政府抱有实现民主的期望，但是美国政党的分散性使其遭遇着英国政党不同的问题。美国政党的松散性造成了履行责任的困难，也存在一些诸如分裂国家和社会、造成人民控制政府困难、政府责任消退等问题，因此鉴于这些缺陷，责任政党政府理论诞生了，责任政党政府理论遵循着以下的逻辑：第一，任何责任政党都是阶级政党，因此责任政党首先代表本阶级利益诉求，并以本阶级的视角看待国家与社会发展并解决其发展过程中的困难。第二，责任政党必须是建立在同一纲领之上，纲领不同，政党亦不同。第三，责任政党首先必须有严密的金字塔结构，党内生活以民主集中制实现信息的交互作用，并以严明的党纪相约束。第四，国家应该存在至少两个主要政党，每个政党都有其明确的纲领、领袖。第五，选民根据政党的纲领而不是候选人的个人品质进行选举，赢得选举的政党候选人以党员的身份而非个人身份赢得对政府权力的控制。第六，责任政党把党的纲领转化为具体的公共政策，并在政府过程中保持政党的一致行动，所有政党集体为自己的政治行为负责。第七，责任政党政府是责任政党与责任政府的结合与超越，责任政党是责任政府的前提，政府中的执政党对政府政策失败承担责任。同时责任政党政府又不简单等同于责任政府与政党政府，在相同的外壳下，是对政党责任的强调。第八，不同的责任政党在政府体系中相互竞争，作为负责任的反对

---

① John C. Green & Paul S. Herrnson, *Responsible Partisanship*? Lawrence: University Press of Kansas, 2002, p. 9.

党，虽然无权过问政府的政策，但可以提出不同的政策主张，并以获得政府的控制权为目的，使本党的政府成为可供人们选择的替代性政府。第九，民众对于政府的控制是通过选举进行的。第十，责任政党政府体制必须以宪法为保证。第十一，责任政党政府必须建立在社会自由与经济自由的基础之上。第十二，责任政党政府理论否认利益集团参与政府过程的合法性，认为政党才是利益表达的合法管道。只有达到了以上这些方面的要求，才能说建立一个责任政党政府体制。

自独立以来，美国社会一直具有自我修复的能力。责任政党政府理论是美国一次制度性自我修复，还是一种持久的理论变迁尚不得而知，但是不管怎样，责任政党政府理论是美国近半个世纪以来的最重要的政治理论之一，这一理论既使美国政治学界获得了反思其传统政治制度尤其是政党制度的契机，也有助于我们进一步认识美国政党制度和政府制度的未来走向。同样更重要的是，这一理论也可以成为我们研究国家政府变迁的分析工具，为我国责任政府建设寻找破壁之路。

第三章　美国责任政党政府理论反思

美国历史学家卡尔·贝克尔（Carl Becker）在《论〈独立宣言〉——政治思想史研究》中表达了这样的思想：任何文本都不是抽象的存在，因此《宣言》的产生也必然存在它自身的前提，即它的大前提是从在那一世纪占主导地位的社会哲学而来的，小前提则是从导致它产生的关键性政治事件而来的。① 这样的判断也适用于美国责任政党政府理论。亨廷顿指出："在美国，社会变革经常对不同的社会集团产生激励，使其从政治上动员民众去变革体制。结果，未尽完善的美国自由理想有一种循环往复的政治活力，它易于使用。"② 在美国政治发展的主脉中，正是应然的民主精神和实然的民主体制之间的张力构成了美国政府的活力。如果说德性的共和和理性的自由构成了西方政府的两大文化传统，那么美国的政治发展就是一条从德性的共和走向理性的自由的道路。

第一节　反思之大前提——美国政治学对于民主理念的基本认识

虽然作为一种政体的民主概念的出现可以追溯到古希腊哲学家所处的

---

① ［美］卡尔·贝克尔著：《论〈独立宣言〉——政治思想史研究》，彭刚译，江苏教育出版社，2005年版，序言。
② ［美］塞缪尔·亨廷顿著：《失衡的承诺》，周端译，东方出版社，2005年版，第128页。

年代,不过,其在近代的使用却只能上溯到西方社会 18 世纪末的革命动荡时期。当托克维尔在 1831 年踏上美国的土地时,他对于美国的民主已经有了基本结论——社会民主,而直到 1848 年他还是把民主局限为一种社会状态而非政治形态。① 美国的政治发展很快突破了托克维尔的判断,在 20 世纪中期的美国,有关民主含义的讨论已经形成了三种常见的观点,即作为一种政体,民主一直是根据政府权威的来源、政府所服务的目的和组成政府的程序来界定的。② 美国政治学对于民主政府的基本认识决定了其对政党政府的基本态度。

一、民主——从雅典理论到美国现实

在亚里士多德看来,民主政体其实就是平民政体,大量的平民是推动古代雅典民主政体的最重要力量。"平民政体的第一个品质是最严格地遵守平等原则的品种。在这种城邦中,法律规定所谓平等,就是穷人不占富人的便宜;两者处于同样的地位,谁都不做对方的主宰。有些思想家认为自由和平等在平民政体中特别受到重视,我们如果认为他们所设想的是恰当的,那么平民总是占多数,由多数的意旨裁决一切政事而树立城邦的治权,就必然建成平民政体。"③

如果说在这里,民主是自由的保证的思想仍然停留在理论层面,那么伯里克利在阵亡将士墓前的演讲就不仅仅是停留在形式的歌颂上,更是把全体人民控制城邦的民主看做是一种政治价值。他把实行专制政治、强调秩序的斯巴达人与实行民主政治和崇尚自由的雅典人进行了比较,指出"我们的政治制度不是从我们邻人的制度模仿得来的。我们的制度是别人的模范,而不是我们模仿任何其他人的。我们的制度之所以被称为民主政治,因为政权是在全体公民手中,而不是在少数人手中"④。

---

① [美] 乔·萨托利著:《民主新论》,冯克利等译,东方出版社,1998 年版,第 9 页。
② [美] 塞缪尔·亨廷顿著:《第三波——20 世纪后期民主化浪潮》,上海三联书店,1998 年版,第 4 页。
③ [古希腊] 亚里士多德著:《政治学》,吴寿彭译,商务印书馆,1965 年版,第 189—190 页。
④ [古希腊] 修昔底德著:《伯罗奔尼撒战争史》(上册),谢德风译,商务印书馆,1960 年版,第 147 页。

基于同样的出发点，洛克和卢梭把国家的主权完全授予了全体人民，认为人民以社会契约的形式建立了政府。也从同样的理由出发，这一理论被具有移民背景的美国奉为圭臬。在 1620 年"五月花契约"签订的 100 多年后，美国以《独立宣言》奠定了联邦政府的思想基础，并回应了亚里士多德的论断："我们认为这些真理是不言而喻的：人人生而平等，他们都从他们的'造物主'那边被赋予了某些不可转让的权利。为了保障这些权利，所以才在人们中间成立政府。而政府的正当权力，则系得自被统治者的同意。如果遇有任何一种形式的政府变成损害这些目的的，那么，人民就有权利来改变它或者废除它，以建立新的政府"①。民主理论在美国变成了生动的政治现实。

二、民主统治——从普遍参与到多数控制、多数选择

按照一般的逻辑，自由只有由人民自我控制时才能得到保证，在政治国家的范畴，这一控制是以人民控制国家主权得以实现的。这也是亚里士多德的理论出发点，强调平民在民主政体中的作用，构成了亚里士多德《政治学》论述的重点之一，这种对于民主政体形式的基本理解，也在雅典执政官伯里克利在阵亡将士墓前的演讲中得到鲜明的继承。洛克在追溯到人类起源的自然状态时，明确地指出："这是一个平等的状态，在这种状态中，一切权力和管辖权都是相互的，没有一个人享有多于别人的权力。极为明显，同种和同等的人们既毫无差别地生来就享有自然的一切同样的有利条件，能够运用相同的身心能力，就应该人人平等，不存在从属或受制关系，除非他们全体的主宰以某种方式昭示他的意志，将一人置于另一人之上，并以明确的委任赋予他以不容怀疑的统辖权和主权。"②

这种认为民主政体就是人人平等、共同掌控国家的判断直到今天仍然为许多人所尊奉，任何宣称民主的政府都不能否认伯里克利的演讲。在美国独立之初，起码从形式上看，从联邦党人对于君主制度的批判来看，民主一定意味着多数统治，正如 1863 年林肯总统在纪念阵亡将士的葛底斯堡

---

① 李道揆著：《美国政府和美国政治》，商务印书馆，1999 年版，第 770 页。
② [英] 洛克著：《政府论》（下篇），叶启芳等译，商务印书馆，1964 年版，第 5 页。

演讲中说:"这个民有、民治、民享的政府,从大地上崛起,将坚不可摧。"①

但是从现实来看,民主的多数控制的政府的实现是一个艰难的过程,甚至多数人统治,少数人被统治,在卢梭看来是"违反自然秩序的"。因此他说:"真正的民主从来不曾有过,而且永远也不会有。"② 公共意志如何得到正确的体现、直接参与如何避免多数的暴政这些问题是美国的创建者必须首先严肃思考的。华盛顿等美国国父们作出了妥协性的选择——分权与代表。在他们的行动逻辑中,这种选择首先是通过宪法予以确认的。华盛顿对联邦宪法的支持是坚定的,"宪法所赋予的权力将永远掌握在民众手中。这项权力是为了某些特定目的,在特定期限内授给他们自己选出的代表的。当这种权力的使用违背他们利益,或不符合他们的愿望时,他们可以而且无疑会撤销他们公仆的资格"③。这种对宪法的坚定性今天看来甚至有武断的一面,但是在美国联邦建立初期,其对于宪法的推崇则是不难理解的。

普遍参与转向多数控制是通过选举完成的。这一转变最终被密尔以《代议制政府》所确认:"不难表明,理想上最好的政府形式就是主权作为最后手段的最高支配权力属于社会整个集体的那种政府;每个公民不仅对该最终的主权的行使有发言权,而且,至少是有时,被要求实际上参加政府,亲自担任某种地方的或一般的公共职务。"④ 正是在这一转变中,民主政府成为代议制政府。由于代表往往通过选举产生,于是民主也经常被简单地定义为选举,在美国国父们设定的选举中,这种选举是通过选票的严格而琐碎的选区划分、通过赢者通吃的选举人团制度完成的。同时在这里不难看出,广泛的选举应该包含诸多要素,同时广泛的选举有被政治组织操纵的可能。"民主不仅仅是选举……除了定期的自由选举之外,民主还要求如下几个运行良好的机构:强大而独立的议会、强大而独立的法院、

---

① [美]亚伯拉罕·林肯著:《林肯杰作选》,深幻译,北京出版社,2005年版,第202—203页。

② [法]卢梭著:《社会契约论》,何兆武译,商务印书馆,2003年版,第84页。

③ [美]乔治·华盛顿著:《华盛顿选集》,聂崇信等译,商务印书馆,1983年版,第237页。

④ [英]J. S. 密尔著:《代议制政府》,汪瑄译,商务印书馆,1982年版,第43页。

强大的政党、强大的足以传达自身观点的利益集团以及政府中强大的基层参与。"① 但是这些机构并没有能进入美国立宪会议的视野，因为"立宪会议毕竟必须要设计一部宪法；它不可能设计一个社会"②。被视若神明的美国宪法没有将政党设计进去也不是偶然的疏忽，而是美国创建者对于民主的认识使然，但是，美国政党的作用已经呼之欲出了。

三、民主过程——从单一民主走向多元民主

达尔在对美国的民主进行分析时，发现美国人没有充分地调和麦迪逊式民主和平民的关系。在他看来，一个政体的民主性质是放在社会中才能体现的，民主过程就是社会制约权力的过程。达尔伟大的贡献之一在于他揭示了美国民主的"多元多重"的特点，"它不是多数人的统治，甚至也不是少数人的统治，而是多重少数人的统治"③。但是应该看到的是，达尔对多元的强调却使民主投向了少数人的怀抱。

美国独立之后，单一的农业经济逐步为工业经济取代，地方自治的传统和工业大生产使得利益分化加剧，在庞大的联邦范围内实现任何单一的民主治理方式显得困难，但是在美国，民主仍然显现出一个逐渐衍变的过程，"美国的体制从贵族政治发展到大众民主，并且继续延续下来……正常的美国政治体制可能就是这种奇怪的混合体，不可向其他国家输出。但是，只要民主的社会先决条件在这个国家之中没有受到实质性的损伤，那么在一个由永不安静、毫无节制的人民操纵的幅员广大、强大、变化多端、极其复杂的社会中，美国的体制似乎对于加强一致、鼓励中庸和维持社会和平是相对有效的"④。这种独特的民主模式在达尔看来也是美国政治科学必须关注的，与抽象的理论原则出发点不同，"多元政体理论表明，政治科学家必须直接注意的第一位的、关键的变量，是社会因素而不是宪

---

① [美]霍华德·威亚尔达著：《比较政治学导论：概念与过程》，北京大学出版社，2005年版，第114页。
② [美]达尔著：《民主理论的前言》，顾昕等译，北京三联书店·牛津大学出版社，1999年版，第112页。
③ 同上书，第176页。
④ 同上书，第204页。

法因素"①。而美国政党既是诸多变量中的关键变量之一,又是诸多因素综合作用的结果。

对于达尔的民主论是多重而少数人控制的判断,谢茨施耐德不以为然,他认为民主仍然是一种多数控制,不过这种控制是通过政党完成的。而政党如何帮助人民实现国家控制呢?他强调指出:"民主的功能便是向公众提供另一种权力系统,一种可供选择的权力系统","问题不是180,000,000个亚里士多德如何实施民主,而是我们如何才能组织由180,000,000普通人组成的政治共同体,使该共同体对这些普通人的要求作出及时反应"。因此,谢茨施耐德得出结论:"民主是这样一种竞争性的政治体制,在这种体制中,相互竞争的领袖和阻止以某种方式确定公共政策的选择范围,以便公众能够参与决策过程。"②

于是通过上面的分析,我们可以大概看出美国政治学是如何实现雅典民主在美国落地的过程。也正是基于这样的历史发展过程,美国政治哲学家威尔·金里卡(Will Kymlicka)给出了自由主义民主的核心价值:"它既使得有益于其公民的高效和强大的现代国家的建构得以可能,又能够约束国家的权力并避免滥用这种权力而对公民形成伤害。"③ 同时,由于美国历史形成的特殊过程,美国试图建立最优的民主政治的努力是开创性的,但是"美国人并无什么特别的天赐,别人有什么天性,他们也概莫能外"④。因此,美国的政治并不是凭空产生的,它不可能不受到欧洲国家尤其是英国政治制度的影响,这一影响集中体现在美国民主体制的建立过程中。在美国,民主不再是一个大国如何实现雅典式的直接控制,而是一种代表制下的多数控制,这种多数控制是通过多数选择进行的。

---

① [美]达尔著:《民主理论的前言》,顾昕等译,北京三联书店、牛津大学出版社,1999年版,第225页。
② [美]E. E. 谢茨施耐德著:《半主权的人民——一个现实主义者眼中的美国民主》,任军锋译,天津人民出版社,2000年版,第108、123、125页。
③ [美]威尔·金里卡:《当代政治哲学》,刘莘译,上海三联书店,2004年版,中译本序。
④ [美]塞缪尔·亨廷顿:《失衡的承诺》,周端译,东方出版社,2005年版,第6页。

第二节 反思之小前提——美国民主体制的历史任务

在两种文化传统的融合中,民主主义的基本原则被逐步建立起来。这一原则在美国政治体制的建立过程中,始终发挥着巨大的历史作用。总的来说,在美国,"共和——在这种场合,并非全体人民真正制定法律或执行法律,而是选举某些人来做这些事……制宪者喜欢用共和一词,以免与纯民主相混淆。对他们来说,民主是指暴民,是指统治和政治煽动家煽动'群众'"①。但是事实上,相关概念的使用正说明美国建立民主体制的过程本质上就是美国人对于民主价值认识的过程,也是民主价值走向民主体制的过程,而正是这一过程伴着美国政党的建立。

一、民主主义的美国实践

在雅典和罗马的古典民主制度覆灭以后,作为一种政治传统的承载者,民主的因素就深刻地消融在具体的制度之中了。相对民主价值而言,民主政府是在民主理论解决国家主权归属后更加具体的体制性安排。民主在多大程度上实现遏制多数暴政和少数专制,实现自由与秩序的完美结合必然成为所有国家的政治探索的方向。

当然在传统的民主理论中,暗含着一个假定的康德式前提,即柏拉图和亚里士多德的前提——国家和人民是不容分离的,而人民是由不同部分组成的。但是在美国,这一前提并不存在。美国是一个拥有独特历史的国家,从移民到独立,美国的政治经验总的来说对别国的发展可以直接借鉴的经验很少,具体而言有以下表现:

(一)国家的虚无与社会的强大

如果说民主主义的基础是公共生活和公共国家的话,那么美国的选择

---

① [美] 詹姆斯·M. 伯恩斯等著:《民治政府》,陆震纶等译,中国社会科学出版社,1996年版,第28页。

是前者而非后者。美国的国家建立是个历史的联合过程,"五月花契约"使作为清教徒的美国人更加依赖自己生活的集体而非抽象的国家,独立战争最终促成了一个联邦制共和国的形成,但是这样的国家是一个"例外",它完全不同于西方对于国家的基本认识。在广袤的北美大陆,在美国人西进过程中,国家的概念注定是抽象的,甚至"美国思想中实质上缺乏'国家'(the state)的概念……国家的观念意味着将单一主权、中央集权、政府权威集于一身。这种概念从未被英国的北美殖民者们所接受,他们拥有的是一种更古老的传统……只是到了19世纪末,一些美国学者,其中包括伍德罗·威尔逊在德国从事研究时,才在美国政治思想中提出国家的概念。但它的使用仅限于学术论著,而且相对简略"①。

其实当托克维尔踏上美国的土地时,给他影响最深刻的不是美国作为一个国家的价值,而是社会的力量。这种社会的力量天生对权力不信任甚至是反感,从人性批判出发,"美国人从来未对权力的重大不平等做过辩护。由此可见,美国人可以接受财富的福音,却从未接受、而且从本质上也不可能接受权力的福音。相反,他们接受一种无所不在的反权力伦理"②。这种从社会出发的共和思想对于强调国家和公共利益的绝对地位的欧洲大陆政治思想来说是不可思议的,但正是这种思想有效地保证了美国的公民权利。

(二)共同认识的重建与权力分离

美国殖民地的开拓原因是多方面的,租"五月花号"到新世界的那些移民是一个具有高度凝聚力的、排外的宗教团体,他们本想建立一个同质的清教徒社会。③ 但是在后来不断的移民中,"五月花号"载来的在宗教、价值同质性移民世界很快就被打破,因此在美国对于民主认识的过程中,隐含着一个共同认识:(或曰美国理念)建立和重建的过程。

在亨廷顿看来,美国的共同认识是由三种范型框定的,即美国建国到

---

① [美]塞缪尔·亨廷顿著:《失衡的承诺》,周端译,东方出版社,2005年版,第42—43页。
② 同上书,第40页。
③ [美]斯科特·戈登著:《控制国家——西方宪政的历史》,应奇等译,江苏人民出版,2001年版,第287—288页。

20 世纪初的进步主义理论，20 世纪初到二战时期共识理论，二战以后的多元主义理论。① 美国人对于民主的基本认识基本符合亨廷顿对于美国共同认识的三个过程的判断。同时，这种从美国现实出发形成的民主精神体现在美国的共和体制上也势必形成自身的特点。因为在美国这样一个移民国家成立的时候，亚里士多德的民主前提已经不复存在。相对于欧洲大陆的专制统治，美国的民主集中体现在共同认识基础上的多元权力观——分权与制衡，有学者认为这种多元权力观的基本内涵体现在"权力主体的分裂"、"权力机构的分立"和"共识性规则下面的制约平衡"三个互相联系的方面。②

(三) 民主制度的政治文化偏向

美国的共同认识和共和制度不是只能用一维的简单判断就可以明确区别的。在美国区域政治学研究者丹尼尔·易拉泽（Daniel Elazar）看来，"个人主义政治文化"、"道德主义政治文化"和"传统主义政治文化"共同构成了美国主流政治文化的基础。

"个人主义政治文化"强调政治与个人福利的关系，在这种文化中，政治秩序便意味着市场。"个人主义政治文化"强调强大的政党组织、选民和政治候选人对相对固定的党派忠诚。它主要集中在大西洋各州。

"道德主义政治文化"认为，政治和政府的目的就是改善公共福利，政治活动被视为建立和维护良好和公正社会的途径，鼓励政治参与，并以之为一种公民义务。在道德主义政治文化中，政党变得无足轻重，选民直接按照议题（而非政党标签）作出决断。它强调由职业文官组成强大的、不为党派利益驱使的官僚机构行使公共管理职能。这种文化主要分布在新英格兰、大湖区以及后来的太平洋西北部地区。

"传统主义政治文化"认为，政治和政府的目的是为了维护传统的政治秩序。这就意味着政治和政府应当控制在少数享有特权的精英人物手中。在这种文化中，政治只是少数精英之间的竞争，将公共管理视为精英

---

① [美] 塞缪尔·亨廷顿著：《失衡的承诺》，周端译，东方出版社，2005 年版，第 5—9 页。
② 参见牛彤：《西方共和主义传统中的多元权力观》，载《教学与研究》，2003 年第 4 期。

的专有特权,因此它反对建立庞大的官僚体制。这一文化主要集中于以农业经济为基础的南部地区。①

通过上面的分析我们可以看出,在美国的共同认识和不同的政治文化中,对于权力和政治过程的认识是有区别的。但在后来的政治发展中,从一种比较普遍的视角来看,基于对权力恶的道德批判,分权思想一直是不同程度地存在,尤其是当一个在分散的联邦基础上权力相对集中的国家必须建立起来时,在国家观念必须被逐渐强化时,美国的民主体制分权与集权的悖论使美国政治结构面临新的平衡状态,而这一平衡具体到美国现实中是由美国的历史任务决定的。

二、美国民主体制的历史演进

在美国对于民主的实践中,民主价值被赋予了实在性的制度安排。20世纪是一个标新立异的时代,伴随着进步主义的萌动,自由放任的自由主义受到了越来越多的理论批判。从西奥多·罗斯福、伍德罗·威尔逊到富兰克林·罗斯福,美国的民主体制实现了历史性的转向。

(一)联邦党人的基本观点——强政府与民主体制并不矛盾

我们知道,美国独立战争首先面临合法性依据的问题,即如何摆脱叛乱的诅咒。《独立宣言》在这方面作出了巨大贡献。它首先从自然法的角度指出在英国议会中并无北美殖民地的代表,因此殖民地人民的利益不能被正确地伸张,这否定了英王在北美的政府管理的权力的正当性。

"为了保障这些权利,才在人们之间成立了政府。政府的正当权力来自于被统治者的同意。无论何时当某一形式的政府变得是危害这一目的的,人民就有权改变或者废除它,并建立新的政府。"② 这段话包含着两个方面的内容:一是政府必须是个弱政府;二是政府过程是人民参与的过程。前者意味着人民的绝对主权,后者则是这种主权在民的制度性保证。那么从这样的角度出发,很容易引出如下的结论:强有力的政府是同民主政体不相符合的。这时,美国实用主义的思辨方法又占了上风。汉密尔顿

---

① 任军锋著:《地域本位与国族认同》,天津人民出版社,2004年版,第26—27页。
② [美]卡尔·贝克尔著:《论〈独立宣言〉——政治思想史研究》,彭刚译,江苏教育出版社,2005年版,第4页。

在《联邦党人文集》第 70 篇严厉批判了这样的认识,指出管理不善的政府,不论从理论上有何说辞,在实践上就是个坏政府。他进一步强调,要使行政部门能够强而有力,所需要的因素是:统一、稳定、充分的法律支持、足够的权力。而保障共和制度的安全,需要的因素是:人民对之一定的支持;承担一定的义务。①

(二) 西奥多·罗斯福的新国家主义

西奥多·罗斯福就任美国第 26 任总统是一次历史性的意外。在其就任总统期间,美国正在为自由放任的经济自由付出代价,工业兼并速度加快。到 1900 年,美国的财富已经基本上集中到了 73 个工业联合体手中,每个资产都超过 1000 万美元,其中许多联合体对本行业的控制达到 50%以上。② 垄断资本已经危害到了国家的核心地位。而在新国家主义看来,国家的核心地位恰恰是不容动摇的。1910 年,西奥多·罗斯福在堪萨斯州奥萨瓦托米演讲中强调:"新国家主义将国家需要置于派系或个人利益之前。它不容地方议会企图将国家问题作地方问题处理所引起的天下大乱局面。更不容政府权力分工过细造成的瘫痪状态,这种状态使财力雄厚的利益集团得以借助地方私利或法律花招令国家活动无法开展。新国家主义认为行政权乃是公共福利的监护,它要求司法部门主要关心人民福祉而不是财产,同样,它也要求代议机构代表全体人民而不是某一阶级或派系……"③ 这一演说后经阐发演绎而成为 1912 年进步党的竞选纲领。

新国家主义关心的首要问题是政府在社会发展中的地位。罗斯福指出,司法、立法、行政三个部门的管理近 40 年来都跟不上极为复杂的工业发展,好的政府必须依赖好的管理,行政权力应成为政府的核心。他主张增强行政部门的主动性,使政府成为实际改善全国社会和经济条件的有效机构。而对于不称职、不诚实的官员,应予迅速罢免。④

新国家主义最直接的影响,还体现在伍德罗·威尔逊的国内政策上。

---

① [美] 汉密尔顿等著:《联邦党人文集》,程逢如等译,商务印书馆,1980 年版,第 356 页。
② 钱满素著:《美国自由主义的历史变迁》,北京三联书店,2006 年版,第 67 页。
③ [美] 西奥多·罗斯福著:《新国家主义》,参见剑宏评论网 (http://www.comment-cn.net/data/2006/0228/article_2313.html) 2006-10-12。
④ 李剑鸣著:《西奥多·罗斯福的新国家主义》,载《美国研究》,1992 年第 2 期。

在 1912 年大选中，威尔逊把自己的政治主张概括为"新自由"。其实新自由与新国家主义并无本质差异，区别仅仅在于手段的不同。威尔逊也承认美国处于一个大变动的时代，需要进行改革。但他把恢复自由竞争看得高于一切，主张把杰斐逊的原则运用于现代美国。①

（三）"新自由"背后的威尔逊范式——代表、责任与权力的合一

《联邦党人文集》第63篇指出："美国之所以有异于其他共和政体者，其最可恃之处，乃在于代议制的原则。"② 在美国，无论是政治学还是行政学在美国化的过程中首先面临的问题就是移民社会代表性分散、政府权力分散的难题，而这种分散必然使一个责任政党政府的建立将面临许多欧洲不曾遇到的难题。因为在美国行政学奠基人威尔逊看来，权力和责任是相关的。

文森特·奥斯特罗姆在1973年出版的《美国公共行政的危机》对威尔逊的思想作了以下概括：（1）在任何政府中总是存在一个占支配地位的权力中心；一个社会的政府为单一的权力中心所控制；（2）权力越分散，它就越不负责任；或者换言之，权力越是一元化，他就会受到来自更为负责的单一权力中心的指导；（3）宪法结构界定和决定该中心构成，并确立与立法和行政控制有关的政治结构之间的关系。每个民主政府的体制都把人民的代表提高到绝对主权的位置；（4）政治领域设定行政的任务，但行政的领域在政治的适当范围之外；（5）就行政的功能来说，所有现代政府具有极相似的结构；（6）经职业化训练的公务员等级序列的完善为"良好"行政提供了结构条件；（7）等级制组织的完善会使效率最大化，在此效率尺度为花费最少的钱和做最少的努力；（8）上文界定的"良好"行政是人类文明的现代化和人类福利的提高之必要的条件。③

从奥斯特罗姆的总结中不难看出威尔逊的思想的核心，即"权力越分散，就越不负责任"。当然这种思想深受法、德等欧洲国家政治制度和思

---

① 转引自李剑鸣：《西奥多·罗斯福的新国家主义》，载《美国研究》，1992年第2期。
② [美]汉密尔顿等著：《联邦党人文集》，程逢如等译，商务印书馆，1980年版，第322页。
③ [美]文森特·奥斯特罗姆著：《美国公共行政的危机》，毛寿龙译，上海三联书店，1999年版，第36页。

想的影响。虽然在威尔逊构建美国行政学的时候已经意识到这种影响的存在，并试图使欧洲的行政学在思想、原则、目标上适应美国权力高度分散的政府形式建立起来，① 但是一旦深入认识到美国政府的内在结构与政党的功能时，他认识到集体负责不仅是人们渴望的，而且是必需的。在1908年出版的著作《美国宪政》中，威尔逊指出，不是国会的权威，不是总统的领导，而是政党的纪律与热情把人们聚集在一起。他进一步指出，只有这种感觉才有可能制定并执行国家计划。他补充道，必须少考虑一些权力的制衡，多一些协调，少一些功能的分化，多一些集体的行动。② 更为重要的是，这一关于权力与责任的思想也在后来成为美国政府理论的重要思想之一。

（四）罗斯福"新政"——国家对于人民的责任是具体的

威尔逊在19世纪末发现了美国权力分散与社会分化带来的负面作用，从而主张代表、权力与责任的统一。在20世纪中叶，他的理论终于越过了胡佛总统，得到了富兰克林·罗斯福总统的回应，"新政"的施行使美国分散的社会与权力结构得到了空前的整合。在理查德·霍夫施塔特（Richard Hofstadter）看来，胡佛可谓是美国自由放任自由主义的最后一位总统。那么按照这样的说法，富兰克林·罗斯福则成为国家干预经济的第一位美国总统。

罗斯福终于以国家干预主义的纲领赢得了选举，虽然这一纲领遭遇了许多党内外的反对。例如竞争者胡佛就反对这种"随意的试验"，认为不应该"由于我们的苦难特别惊人，由于有些人胆小得怀疑我们的信念与制度的有效性，我们为了医治苦难，就必须转向一种国家控制或国家指导的社会与经济体制。那不是自由主义，而是专制政治，那是灭绝自由、希望与机会的专制官僚主义统治下人的规范化。……真正的文明是趋向自由，而不是趋向规范化，这是我们的理想"③。但是在特定的历史条件下，仍然鼓吹抽象的美国价值与共识并不能解决美国实际问题。1933年罗斯福"新

---

① ［美］伍德罗·威尔逊著：《行政学研究》，竺乾威等：《公共行政学经典文选》，复旦大学出版社，2000年版，第17页。

② See John Kenneth White, "Responsible Party Government in America", Perspectives on Political Science, 1992 (21), pp. 80–90.

③ 刘绪贻等著：《美国通史第5卷 富兰克林·D. 罗斯福时代 1929—1945》，人民出版社，2002年版，第71页。

政"开始了美国政府大规模进入社会经济生活的历史：仅仅从该年3月9日到6月16日，罗斯福就敦促美国国会通过了15部主要法律，包括银行紧急法、经济法、农业调整法、紧急农场贷款法、田纳西流域整治法、保险真实法、家宅贷款法、全国工业复兴法、银行法、农场债权法以及铁路协作法，以及后来的社会保障法、公用事业控股公司法等一系列法律；建立社会保障局、工业振兴局等政府部门，通过税收等财政货币政策，使联邦政府以"总资本家"身份，实现了对经济、社会的绝对控制；通过挽救金融、农业、工业、商业危机，缓解了劳资矛盾，最终保证了社会秩序，为美国的经济复兴提供了前提，并凸现了一个强势政府的社会控制力和责任感。我们通过一个数字就可以看出这一变化，即罗斯福任职期间，联邦政府的行政功能和机构不断膨胀，联邦公务员人数增加了3.5倍（1928年是60万，1946年是212万），而且总统对议会和国民的政治领导权也明显扩大。①

从威尔逊到罗斯福，大危机"促使一个强有力的、活动范围遍及全球的全国性政府得以产生"②。权力与责任终于通过政党被联结起来，于是"直至1950年，集体政党责任已成为政治学的首要戒律，偏离它就会被视为异类"③。而美国政治学对这种新的形势并无理论准备。责任政党政府理论的提出正好解决了美国政治学对于特定历史任务中民主价值与民主体制的关系问题，填补了美国政治学的理论空白。

第三节 责任政党政府理论的价值

责任政党政府理论在激发美国政治学界研究热情的同时，也引发了激烈的争议。简单而言，这种争议从表面上看表现在对这一理论的支持或反

---

① ［日］田口富久治等著：《当代世界政治体制》，耿小曼译，光明日报出版社，1988年版，第44页。
② ［美］E. E. 谢茨施耐德著：《半主权的人民——一个现实主义者眼中的美国民主》，任军锋译，天津人民出版社，2000年版，第12页。
③ John Kenneth White, "Responsible Party Government in Americ", *Perspectives on Political Science*, 1992 (21), pp. 80–90.

对上,从更深层意义上看,则表现了美国政治学界在特定历史时期重塑美国政治学的努力,它具有重大的意义和价值。

一、责任政党政府理论有助于重新认识美国宪政

我们知道,政党不是从来就有的。从经济分析和阶级分析的视角出发,恩格斯在《关于共产主义者同盟的历史》中指出,由于经济基础的变化,必然产生阶级对立,"这些阶级对立,在它们因大工业而得到充分发展的国家里,因而特别是在英国,又是政党形成的基础,党派斗争的基础,因而也是全部政治历史"[1]。因此,政党必然是一定阶级利益的代表,即使是在世界复杂变化的今天,"要想了解一个党的作用,不是看它的招牌,而是看它的阶级性质和每个国家的历史条件"[2]。

同样,美国的宪法本身虽然排斥了政党的地位,但是按照经济分析的视角,政党并不是宪法之外的怪物,而是宪法之内的必然产物。1913 年,查尔斯·奥·比尔德(Charles A. Beard)在《美国宪法的经济观》中作了这样的解释:"把宪法视为一种抽象的法律,没有反映派别的利害,没有承认经济的矛盾,则是一种完全错误的观念。它是一群财产利益直接遭受威胁的人们,以十分高明的手段写下的经济文献,而且直接地、正确地诉诸全国的一般利害与共的结果。"[3] 因此,宪法中掩盖的派别斗争迟早要暴露出来,在美国,它首先表现为在全国政策上的不同趋向,还表现为观点不同的政治派别和政党组织之间的斗争。

其实,在任何国家,宪法都不是固定的文本,而是一个不断变化和发展的过程。1990 年,詹姆斯·M. 伯恩斯(J. M. Burns)等人的著作《民治政府》出版。该书强调,在美国,"制宪者并不赞成建立一个由人民群众直接参加的政府,也不赞成建立一个代表广大人民或对广大人民负责的政府。相反地,他们力求控制派别原则和多数压力。他们主要关心的是这样设计一个有活力但受限制的政府。制宪者没有见到过现代意义上的政

---

[1] 《马克思恩格斯选集》第 4 卷,人民出版社,1995 版,第 196 页。
[2] 《列宁全集》第 19 卷,人民出版社,1959 年版,第 207 页。
[3] [美]查尔斯·A. 比尔德著:《美国宪法的经济观》,何希齐译,商务印书馆,1984 年版,第 130 页。

党，即使见到也不会喜欢。他们不喜欢宣传和动员式的领导，主张稳定、平衡和长官式的领导，乔治·华盛顿被期望担任（而且真的担任了）这种领导。今天我们遇到的是高压政治，其特点是：紧密组织起来的各种集团和政治行动委员会；由制造舆论的领袖所控制的强大而易变的公众舆论；竞相动员全国大众的政党；被媒体亲切报道的著名官员。我们的管理持续对公众态度和情绪的急速变化有多大适应性？我国宪法及其创建的政治制度是否能对付第三个世纪的问题？"[①]

《民治政府》还指出，在美国其实存在两部宪法，作为文本的"第一宪法"和作为政党活动的"第二宪法"即政党宪法。第一宪法是由当时的精英们即由"教养优越、学问渊博、营养丰富、婚姻美满的人们"只用了一个夏天来完成的。而"第二宪法"则是通过百年之期，由众多的男女人等（通常是"平民百姓"）在酒店和市政厅碰头，在所有议论政治的场合召开会议而形成的。第一个宪法在必需数目的州批准后立即生效。"政党宪法"则用了数十年时间才扎根于人民的思想和行动之中。[②]

可以说，美国政党不是宪法文本的产物，而是宪法文本的补充，是宪法价值的产物和宪政的组成部分。当然由于美国政党这一体制内产生于同一阶级的特殊性，"有时看来，把美国的政党彼此区别开来似乎是不值得一试的事情"[③]。责任政党政府理论解释了一个基本问题，就是政党的问题不仅仅体现在政党自身，更体现在美国的整个民主政治过程中。

二、责任政党政府理论有助于建立更加积极有效的政府形态

"责任政党政府，这一名词经常被学者以及选民认为是矛盾的统一体。学术界认为责任政党政府是可能存在的，但同时也认为由于不了解与责任政党政府联系在一起的利益的爱争吵的选民，他们是建立责任政党政府最

[①] [美] 詹姆斯·M. 伯恩斯等著：《民治政府》，陆震纶等译，中国社会科学出版社，1996年版，第36页。

[②] 同上书，第357页。

[③] [美] 小阿瑟·施莱辛格著：《美国共和党史》，复旦大学国际政治系编译，上海人民出版社，1977年版，第21页。

大的障碍。选民需要一个责任政党政府，但不需要政治纠纷。"① 从这一意义上讲，一个联系选民的优良的责任政党制度是责任政府实现的前提。

（一）责任政党是责任政府必不可少的组织结构

政党政府的历史证明，对公众的回应、公共政策的制定并不是政府的专利，政党责任的履行恰恰是责任政府建设的重要组成部分。责任政党政府理论认为，"政党制度需且必须是民主的、负责任的、有影响的政党，即能够回应公众，尊重不同的意见表达，处理现代政府的复杂问题……有影响的政党需要制订其能够实施并能通过有效的内部合作完成的前瞻性计划。并使大量的民众有机会共同参与政党项目的发展；需要有影响的反对党。对于两党制的基本要求就是反对党必须扮演执政党的批判者的角色，发展、限定和提供政策的选择放方案使其更接近公共决定。因此，有组织的反对党也有助于建立一个责任政府"②。

（二）责任政党竞争有助于责任政府竞争的不足

我们知道，由于政府的天生垄断性，因此政府较市场而言有竞争不足的缺陷，而政党的进入有助于弥补这种缺陷。正如麦迪逊所指出的那样，党争是不可能消除的，但党争是可以控制的，因为"造成党争的最普遍而持久的原因，是财产分配的不同和不平等。有产者和无产者在社会上总会形成不同的利益集团。债权人和债务人也有同样的区别。土地占有者集团、制造业集团、商人集团、金融业集团和许多较小的集团，在文明国家里必然会形成，从而使他们划分为不同的阶级，受到不同情感和见解的支配。管理着各种各样、又互不相容的利益集团，是现代立法的主要任务，并且把党派精神和党争带入政府的必要的和日常的活动中去"③。但是，在一些一党制的国家，政党并没有充分发挥其功能，甚至党的代表大会很少召开。如象牙海岸的党章规定，党的代表大会每年召开一次，但是从1959年至1975年这17年中只召开过4次，即使是按照规定召开大会但在多数

---

① John Kenneth White, "Responsible party government in America", *Perspectives on Political Science*, 1992 (21), pp. 80 - 90.

② American Political Science Association, "Toward a More Responsible Two-Party System: A Report of the Committee on Political Parties", *APSR*1950 (44), No. 3, Supplement, pp. 17 - 18.

③ [美] 汉密尔顿等著：《联邦党人文集》，程逢如等译，商务印书馆，1980年版，第46—47页。

场合也以时间限制为由不进行实质性的工作。大会只是听取并承认党及政府领导人的报告和演说。大会最重要功能之一，是为天才的领导人提供发表伟大政策（或者改变政策）的戏剧性场所，并不进行有内容的质询、批评和提出反对的提案。大会变成了拍手喝彩的场所。群众敲着大鼓，国会议员一个接一个地重复赞美最高领导人的演说。实质性的政策的制定和决定，是在大会以外的地方，在由少数人组成的机构中进行的。①

（三）责任政党有助于积极参与制定政府政策

美国政治学会的《走向更负责的政府》主张，政党组织应该致力于政党组织的环境与发展上并积极参与政府政策制定，主要包括：（1）两年一次的政党提名大会；（2）积极选举党员参与国家事务；（3）通过重新分配代表席位促使民主党和共和党更加关注公众、在联邦事务中采取更加积极的行动；（4）建立政党理事会以起草党的纲领，并介入日常事务中，通过全国性或地方的政党决定，从一般的训练有素的人中选择并审查有希望的总统候选人和议员候选人；（5）延长美国众议院的任期2—4年，并在总统选举年推选党员。②

在罗斯金等人看来，责任政党政府的关键是要看多数党将其立法计划变成法律的程度。虽然议会制政府更接近于谢茨施耐德的责任政府，但是美国政党可以通过更大规模地进入政府来实现其政治责任。"两种体制下，政党都是通过给政党活跃分子在不同部门和机构提供职位来实现参政。在英国，约有100名获胜党议员能否获得内阁和高级行政官的职位，而在美国当一位新总统上台后，大约有3000多名美国人可以得到政治任命。"③

同时从政策科学发展的角度出发，诸如伊夫龙·柯克帕特里克在1971年对于"政党是否应当制定政策"的发难已经得到了明确的肯定性回答。从政策科学来看，公共政策首先是由问题决定的，在问题到公共政策问题之间经历了这样的链条：

---

① ［日］田口富久治等著：《当代世界政治体制》，耿小曼译，光明日报出版社，1988年版，第176页。

② John Kenneth White. "Responsible party government in America", *Perspectives on Political Science*, 1992 (21), pp. 80-90.

③ ［美］迈克尔·罗斯金等著：《政治科学》，林震等译，华夏出版社，2001年版，第220页。

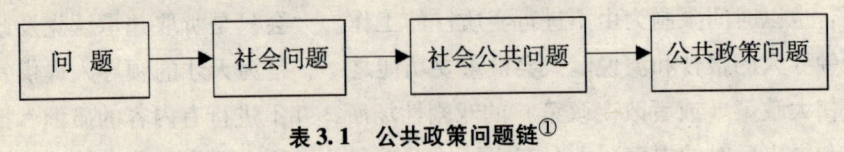

表 3.1　公共政策问题链①

而正是基于这样的链条，次广义的政策制定被界定为：议程设立、方案规划和方案合法化三个阶段。② 伊夫龙·柯克帕特里克的批判只是狭义上政策制定的批判，只是对方案合法化意义上的批判，这一批判现在看来已经是片面的了，而政党参与政策制定对今天的政策科学来说也已经是一个事实命题了。

（四）责任政党有助于建立一个全国性政府

其实在美国政治发展历史上，"稳定的南方"（Solid South）和"稳定的北方"（Solid North）一直是民主党和共和党的基地，北方和南方在相当长的时间里缺乏有效的两党竞争体制。大危机的出现使全国性事务出现了，也避免了国家长期的政治分裂。在上个世纪 30 年代以后，尤其是责任政党政府理论出台以后，政党开始相互进入对方的基地，在全国范围内展开竞争，美国的政治全国化开始了。"政治全国化必然打破原有的权力垄断和地方派性权力集团；实际上，新的冲突维度对组织范围和权力中心的改变起着决定性的作用。政党从地方性联盟向全国性联盟的转变导致了政党分野指向的改变，从而为政治开辟了新的天地，以及一种新的可能性与不可能性格局。"③ 在其后的一段时期内，"我们看到一个遍及美国全国的竞争性两党体制正在形成，这在美国历史上还是第一次"④。

我们可以从以上的分析中看出，在责任政党政府理论及其支持者看来，虽然对政党实现责任有不同的看法，但是在通过强化政党责任实现民主、责任、有效的政府上，大家的看法是一致的。以美国政治学会政党委

---

① 资料来源：严强等著：《公共政策学》，南京大学出版社，2002 年版，第 224 页。
② 陈振明著：《公共政策分析教程》，中国城市出版社，2004 年版，第 81 页。
③ [美] E. E. 谢茨施耐德著：《半主权的人民——一个现实主义者眼中的美国民主》，任军锋译，天津人民出版社，2000 年版，第 11 页。
④ 同上书，第 81 页。

员会为代表的一些学者（包括学会《报告》发表前的一些持相似意见的学者）认为，在美国有必要回到强政党政府的权力结构，以使政党更好地行使自己的政治责任。具体而言，这种观点认为，在一定程度上有可能出现政党责任向责任政府中交错、扩展与延伸的趋势。伊利诺伊大学奥斯汀·兰尼教授在其《责任政党政府学说》中对责任政党政府理论作了明确而全面的总结："这一理论都同意：首先，美国政党从一定意义上扮演着众多有价值的角色；其次，理想的政党模式必须是有效的、前瞻性的、有能力的政党，它既能向公众提供可供他们决定的现有的公共政策的选择，也能提供未来的政策走向。"①

第四节 责任政党政府理论的不足

我们在考察美国责任政党政府理论时，不难发现理论的倡导者对于欧洲议会制国家的政党政府制度高度推崇的痕迹。由于分权制度的精密设计，作为一种制度"例外"的美国将很难产生欧洲式的责任政党政府。虽然责任政党政府理论的提出在美国政治学界仍然充满了划时代的价值，但是应该看到的是，理论本身还存在一些不足之处。正如奥斯汀·兰尼指出的那样："这种理论唤起了一个困难的、值得反复思考的问题。"②

一、责任政党政府理论不能挽救美国政治分裂

美国总统和国会分别由人民直接选举，彼此并不互相负责的制度安排本来就埋下了政治分裂的种子。每当重大的政治变革开始时，这一分裂便可能加剧。罗斯福"新政"开始了美国政府大规模进入社会经济生活的历史，也同时形成了政治分裂。"新政时期，政治分裂沿着经济的阶级阵线展开，这在美国历史上可能绝无仅有。尽管联盟并非鸿基永固，但穷人都云集在罗斯福麾下，加入民主党；而富人，包括原来的许多民主党人则加

---

① Austin Ranney, *The Doctrine of Responsible Party Government: Its Origins and Present State*, Urbana, Illinois: The University of Illinois Press, 1954, pp. 8 – 9.

② Ibid., preface.

盟共和党。"①

同时在罗斯福"新政"过程中，随着联邦政府功能的扩大，许多利益集团开始抬头，不同目的的政治同盟建立起来。1934年8月，一个由狂热保守政客、金融家、大企业家和公司律师正式组成的美国自由同盟，反对罗斯福新政中的国家垄断主义倾向和所谓政府管制中的"独裁""亲共"倾向。② 此外，一些法西斯主义、左翼政党的活动也给新政带来了很大的压力，美国政治趋于分裂。这种分裂还体现在利益集团导致的社会阶级分裂上，以及美国理想和美国现实的分裂上。政治分裂在美国造成的一个更加重要的后果就是政府的分裂（divided government），一个新生的政治学理论——责任政党政府理论也必须迅速解决美国政治难题尤其是政府分裂的难题，而这一问题的解决必须首先回答以下问题：

第一，政府分裂后如何保持政策的一致性。

如果依靠两党的共识来实现总统的政策，那么这意味着反对党已经首先放弃了自身的责任，因此它是不负责任的政党。如果执政党的政策不能得到反对党的支持，总统的政策就难以施行，那么总统党也就难以成为一个责任政党，总统就不能成为一个责任政党政府的首脑。

第二，政府分裂后谁代表美国。

在美国政府分裂的情况下，谁代表美国并掌控权力，是总统还是国会？当总统党同时成为国会党时，这个问题不难回答。但是当政府分裂，总统党不再成为国会党后，谁代表美国则是难以回答的宪政问题。事实上1792年还不能看做一种政府的分裂，政府的分裂应当从1828年杰克逊当选总统的制度改造算起。正是他发明的新的宪政体制取代了杰斐逊体制。③

---

① ［美］塞缪尔·亨廷顿著：《失衡的承诺》，周端译，东方出版社，2005年版，第103页。

② 刘绪贻等著：《美国通史第5卷 富兰克林·D.罗斯福时代 1929—1945》，人民出版社，2002年版，第102页。

③ 宾克利（W. E. Binkley）认为，这一体制主张：第一，在立法或司法机构中未得到有效代表的群体，可以在行政中得到有效代表；第二，对于行政的代表性和立法的代表性，选举过程至少赋予同等的合法性；第三，总统也许更加有权声称代表全国的多数人。但是达尔认为，第三种含义更加符合民主的价值。见［美］达尔著：《民主理论的前言》，顾昕等译，三联书店·牛津大学出版社，1999年版，第197—198页。

在《联邦党人文集》第70篇里,汉密尔顿明确指出统一的政府才有力量,但是这种统一性可能以两种方式遭到破坏:或者把权力由具有同等地位和权威的两个或更多的人分别掌管;或者,名义上把权力委诸一人,而又使之部分地或全部地置于具有谘议身份的其他人控制之下,或者必须与后者合作。① 这是责任政党政府理论必须面对的实际问题。

第三,改变宪法是否必须。

如果不能回答第一和第二个问题,那么第三个问题就是责任政党政府如果不是坚决反对一个分裂的政府,那么是不是一定要以一党全面控制的政党政府改造甚至取代美国的总统——国会制政府。这样极端的做法在美国则意味着根本改变美国的政府体制,这样也和英国的政府体制没有差别了。而这一点也是威尔逊本人不能接受的。责任政党政府理论有可能在这一层面走上循环往复的怪圈。

二、责任政党政府理论不能遏止美国政党的衰退趋势

虽然美国政党在历史上发挥过重大的作用,但是应当看到的是,在政党诞生的200多年后,政党政治正在暴露其内在的合法性危机。在20世纪90年代以后,即使是政党的乐观主义者也勉强承认某些判断——地方一级政党机器消亡,牢固的党人亲密关系削弱和基层党员队伍衰弱。②

(一)政党的代表性模糊导致民主参与率持续走低

近代以来,人类政治的历史可以说是从广场走向议会的历史,但是广场的喧嚣能否被议会的辩论所包容,这是政治学家至今仍然思索的问题。不同的政治学家从国家的规模、领土乃至文化传统来寻找合理的利益表达方式,阶级的冲突最终以妥协的方式——光荣革命得以宣告一个段落,现代政党制度在英国的建立使人们在一定程度上回避了法国革命的血腥,也建立了现代政治传播的崭新途径。正是由于政党是一定阶级利益的代表,政党的过程首先是基于民主参与的过程。正如卡增斯坦(Katzenstein)所

---

① [美]汉密尔顿等著:《联邦党人文集》,程逢如等译,商务印书馆,1980年版,第357页。

② [美]詹姆斯·M.伯恩斯等著:《民治政府》,陆震纶等译,中国社会科学出版社,1996年版,第394页。

说的那样:"早期的工业化国家的政党是从社会底层进行政治动员的工具;政党之间的进一步的政治联盟关注的是政治参与而不是官僚机构的渗透。而在工业化晚发国家里,政党之间的联合集中关注的是官僚机构的渗透而不是政治参与。"① 在这种政治动员中,整个社会的利益诉求得到充分的整合。也正是从这种意义上讲,政党在英国表现为一种"议行结合"的粘合剂。② 但是作为阶级的政治团体,这种对于国家机构的关注必然使政党难以对阶级内部的人民进行最广泛、最合理的代表,从而导致民主参与率下降。

1963年,亨廷顿的《变革社会中的政治秩序》出版。作为美国保守主义政治学的代表人物,亨廷顿高度评价了政党制度在政治现代化中的巨大作用。他承认政党和政党制度在政治体系中既具有积极的功能又具有消极的功能。但是他仍然充分地认识到了政党制度的重要性,"传统政体没有政党,现代化中政体需要政党",因为"一个强大的政党能使群众的支持制度化。政党的力量反映了大众支持的范围和制度化的水平"③。因此,从不同的视角出发,亨廷顿得出了与罗威尔相似的结论,即政党制度长期存在的必然性与必要性。但是亨廷顿不能解决在一个市民社会高度发达的美国,美国人选择政党作为利益代言人的必然性的问题。事实上,亨廷顿的判断延续了责任政党政府理论产生的某些成果,即1952年到1968年的5届总统选举中,美国投票率一直提高并维持在60%左右,但是到了1972年,这一数字又回到了55.6%,其后投票率基本维持在50%左右。1988年,投票率为50.1%,1992、1996年,这个数字分别是55.2%和49%。④ 而在1998年美国中期选举中,公民投票率只有36%;到了世纪之交的2000年,总统选举的投票率继续维持在50%。⑤ 这一数据远远低于同期的

---

① 转引自[美]罗伯特·W. 杰克曼著:《不需要暴力的权力——民族国家的政治能力》,欧阳景根译,天津人民出版社,2006年版,第88页。

② 曹沛霖著:《制度纵横谈》,人民出版社,2005年版,第76—77页。

③ [美]塞缪尔·亨廷顿著:《变革社会中的政治秩序》,李盛平等译,华夏出版社,1988年版,第391、396页。

④ 林宏宇著:《美国总统选举政治研究(1952—2004)》,天津人民出版社,2006年版,第68页。又见人民网:布什赢得第二个总统任期(美国大选·布什VS克里·选票盘点,参见http://www.people.com.cn/GB/paper1787/13316/1193826.html,2006-08-10访问)。

⑤ 张立平著:《美国政党与选举政治》,中国社会科学出版社,2002年版,第367页。

其他西方国家。①

表 3.2　美国总统选举时的选民投票率（1824—1972 年）②

选举年份	投票率（%）	选举年份	投票率（%）
1824	26.9	1900	73.2
1828	57.6	1904	65.2
1832	55.4	1908	65.4
1836	57.8	1912	58.8
1840	80.2	1916	61.6
1844	78.9	1920	44.2
1848	72.7	1924	44.4
1852	69.6	1928	52.3
1856	78.9	1932	53.0
1860	81.2	1936	57.5
1864	73.8	1940	59.8
1868	78.1	1944	53.6
1872	71.3	1948	51.7
1876	81.8	1952	62.2
1880	79.4	1956	59.9
1884	77.5	1960	63.8
1888	79.3	1964	62.0
1892	74.7	1968	61.0
1896	79.3	1972	55.6

①　但是在 2004 年，美国大选投票率创下新高，美国媒体 2004 年 11 月 2 日公布的民意调查结果表明，约 1.175 亿至 1.21 亿美国选民参加了当天的总统选举投票，占符合条件选民总数的 58% 至 60%，能够与 1960 年肯尼迪击败尼克松时的选民投票率相提并论。对投票率有专门研究的美国选民研究委员会理事库尔蒂斯·甘斯说，自上世纪 60 年代以来，美国总统选举投票率的最高纪录是 1960 年的 65%。当时，电视的力量促进了选民对总统选战的兴趣。同样对于 2004 年的投票率中是否有政党因素尚待分析。参见人民网：布什赢得第二个总统任期（美国大选·布什 VS 克里·选票盘点，参见 http://www.people.com.cn/GB/paper1787/13316/1193826.html，2006-08-10 访问）。

②　资料来源：[美] 哈罗德·F. 戈斯内尔等著：《美国政党和选举》，复旦大学国际政治系译，上海译文出版社，1980 年版，第 292 页。

表 3.3 同期国外大选时的选民投票率（1824—1972 年）[①]

国 别	大选日期	投票率（%）	备 注
澳大利亚	1972 年 12 月 2 日	97	强制性登记和投票
加拿大	1972 年 10 月 30 日	74	
法国	1974 年 3 月 4 日	81	
西德	1972 年 11 月 19 日	91	
意大利	1972 年 5 月 7—8 日	93	强制性投票
荷兰	1972 年 11 月 29 日	83	
新西兰	1972 年 11 月 25 日	90	强制性登记
大不列颠	1974 年 2 月 28 日	79	
爱尔兰	1969 年 6 月 18 日	75	

表 3.4 1988 年西方国家全国性选举投票率对比表[②]

国 家	投票率（%）
*澳大利亚	93.8
*比利时	93.4
奥地利	90.5
*意大利	90.5
冰岛	90.1
卢森堡	87.3
新西兰	87.2
瑞典	86
荷兰	85.8
丹麦	85.7

[①] 资料来源：[美] 哈罗德·F. 戈斯内尔等著：《美国政党和选举（1952—2004）》，上海译文出版社，1980 年版，第 292—293 页。

[②] 图表来源：林宏宇著：《美国总统选举政治研究》，天津人民出版社，2006 年版，第 69 页。

	*希腊	84.5
	德国	84.3
	挪威	84
	以色列	79.7
	芬兰	77.6
	加拿大	75.5
	英国	75.4
	葡萄牙	72.6
	日本	71.4
	西班牙	70.6
	爱尔兰	68.5
	法国	66.2
	美国	50.1
	瑞士	46.1

(备注：带*表示公民投票是强制性的。)

(二) 美国政党的工具理性已经损害了其价值理性

美国责任政党政府理论是美国学者对于欧洲责任政府和政党制度的景仰而提出的，当然也有深刻的美国社会背景。本来在进入20世纪以后，凯恩斯主义的兴起使人民需要国家提供更强大的控制力，这一时机确实有利于美国重整政党制度，对美国的政党进行价值重塑和组织重构，但是美国两党制仍然停留在传统的选举层面上，仅仅为了总统和议员的选举而运转。同时为了争取更多的选票，两党在政策上也趋向接近，因此"在很多美国人看来，政党并没有太大的意义。美国的两大政党总是叫人觉得有点相似，彼此在基本价值观、意识形态以及政纲上有大量雷同之处，大选通常是依靠政党候选人的个人人格魅力而不是政党的公众亲和力"[①]。

在此前，马克斯·韦伯也在《政治作为一种志业》中颇有微词："有些政党，特别是美国的政党，在关于宪法解释的旧日冲突消失了以后，已

[①] [美] 迈克尔·罗斯金等著：《政治科学》，华夏出版社，2001年版，第215页。

经变成了纯粹以猎取官职为目的的政党；至于实质的纲领，乃是可以按照获取选票的几率而随时改变的。"① 但是马克斯·韦伯承认，起码在他的时代，他已经能够预见，"猎官制将会逐渐消退，而党的领导在性质上也会有所改变——不过我们尚不知道会怎样改变"②。因此就在市民社会高度发达、利益集团日益成熟的50年代的美国，政党制度作为民主制度的守护者已经逐渐失去其原有的感召力。而同一时期政府公共责任的增加与美国政党制度的衰落形成鲜明的对照。责任政党理论的提出试图使美国政党寻找一个新的合法性基础，继续发挥民主守护者的积极作用。但是围绕选举产生的美国政党在联邦主义和分权主义的围攻下必将难有作为。甚至直到"水门事件"发生以后，美国政府所做的一切使"美国人那时可能发现自己已经处于另一种政府体制之下，即并非一种真正的民主政党制度。在这种体制下，没有选举自由、新闻自由、结社自由和选择候选人的自由。水门事件的调查已经展示出另一种体制的某些迹象，它在统治者与被统治者之间强制实施政府的安排。我们惯常熟悉的政党制度，决不会支持政府当局秘密侦察自己的公民、通过警察调查来折磨批评政府的人，审查纳税情况，玩弄卑劣手段和干预私人的秘密。但在1972年的总统选举中，理查德·尼克松却绕过了正规的政党机构，另行设立凌驾于法律之上的他自己的组织"，③ 而当这一切发生时，作为民主守护神的政党依然无能为力。曹沛霖教授的结论可谓一语中的，"西方的多党制为什么会走向悖论？问题在于资本主义政治把民主完全工具化了，忽视了民主的价值层面"④。

即使在工具层面上，政党也不是始终能够发挥其积极的作用。事实上，从1952年起，美国总统开始从"以政党为中心的时代"（Party-Centered Era）进入"以候选人为中心的时代"（Candidate-Centered Era）。同年，田纳西州民主党参议员埃斯特斯（Estes Kefauver）无视党内首脑的反对，角逐总统职位，从而成为未获得政党首脑支持而参与竞选的第一人。

---

① ［德］马克斯·韦伯著：《学术与政治》，钱永祥等译，广西师范大学出版社，2004年版，第211页。
② 同上书，第246页。
③ ［美］哈罗德·F.戈斯内尔等著：《美国政党和选举》，复旦大学国际政治系译，上海译文出版社，1980年版，第1页。
④ 曹沛霖著：《制度纵横谈》，人民出版社，2005年版，第79页。

到了1960年，肯尼迪终于依靠自己的政治组织赢得了选举，因此他当选以后对政党作用的轻视也是可以理解的了。谢茨施耐德也在后来的《美国的政党制度》中无奈地说："在选举总统的时候，美国选民投谁的票并非决定于详细的施政计划。制度已如此古老，各政党的政治趋向又人所共知，大部分美国选民都知道他们站在什么地方。每一次大选，差不多都等于对执政党投一次信任票或不信任票。只要选举能保持其重要性，政党也不会失去它们的重要性，因为只有政党才能够赢得选举。"①

三、责任政党政府理论可能损害美国民主精神

伴随着经济滞胀的出现，国家干预主义开始逐步走向衰落。而对国家干预主义的批判也必然导致对责任政党政府理论的深刻反思，因此在之后的论述中，学界往往对责任政党政府理论有所提防。一般都认为这一理论的提出使公民可以选举政策对他们有利的议会党团。但是，由于美国宪法的限制与美国传统的分权主义的政治环境，过分强调政党的责任尤其是在公共政策方面的责任必然损害政府的独立性，并再次改变美国的宪法，甚至危及美国的政体。

（一）责任政党政府理论有可能伤及美国的民主政体

美国注定是个保守的国家，试图改变宪法的行为在美国是没有基础的。因此在一个拥有地方自治传统的联邦国家，任何强调集权都是难以接受的。许多美国政治学家担心，一个建立在原则之上的政党有可能导致政党分裂甚至类似1860年内战的危险。赫伯特·艾格（Herbert Agar）在1950年出版的《联合的代价》（The Price of Union）一书中就明确表达了这样的担心。事实上，由于美国的民主一直具有多元主义因素，任何单一的价值判断也必然导致各方本能的批判；而责任政党政府理论在美国确实有可能破坏多元主义价值，这也是爱泼斯坦等人批判的起点。

虽然《走向更加负责的两党制》中提及的诸如选举团制度的弊端屡被

---

① [美]谢茨施耐德著：《美国的政党制度》，转自斯蒂芬·K. 贝尼著：《美国政治与政府》，宾龙译，今日世界出版社，1975年版，第119页。

提起，尤其是在 2000 年大选中再次使美国总统面临难产危机①。民意调查也显示，超过 60% 的美国人对 2000 年美国大选不满，主张修改宪法，取消选举人团制度，并代之以直接选举方式选举总统。② 但是任何改变美国宪法的试图都是困难的。早在华盛顿的《告别演说》中，他就十分明确地指出种种试图改变美国宪法甚至美国政府体制的危险："为了维护你们的政府以及永远保持你们目前的幸福地位，你们不仅有必要不断地拒绝那些不正当地对公认的政府权威表示反对的意见，而且要小心地抵制那种对政府的原则进行变革的风气，不管他们的借口是多么娓娓动听。他们进攻的一种方法可能是在宪法上实现各种改变，以削弱这个制度的力量，从而从根本上动摇无法直接推翻的一切……但要记住，时间与习惯对形成政府真正的性质至少是和对形成人们其他风俗一样必要；要记住经验是检验现行宪法真实意向的最可靠的标准；要记住如果轻信纯粹的假设和意见而随时改变，假如和意见既层出不穷，改变将无休无止。"③ 因此在这样的背景下提出责任政党政府理论可能不但不能改变传统体制，反而有可能加深传统体制的弊端。

（二）责任政党政府理论本身有对民主精神的遏制的内容

从公共政策过程而非抽象民主参与的角度，责任政党政府理论有打击民主参与的可能。古德诺认为，民主的政党政府应该向人民负责。因此，个人的责任应当由政党责任替代，即通过政党责任的行使来使政府成为一个责任政府。同样在福特看来，赋予人民太多"直接民主"的权力可能反过来损害人民对政府的有效控制，因此，他相信只有责任政党政府才是民主的可能组织。也就是说，他把巩固民主的主要任务交给了政党。这样的结论其实是把代议制民主危机的解决方案整体授予了政党，人民被再次抽象和虚无化。

这一问题同样出现在这一理论后来者的有关论述中。台湾大学政治系

---

① 2000 年总统选举中，民主党候选人戈尔获得的选票比小布什多出约 50 万张，但是选举人票却比后者少 5 张（266 比 271）而落选——作者注。

② Gary L. Gregg II ed., *Securing Democracy—Why We have a Electoral College*, Wilmington, DE: ISI Books, 2001, p. 14.

③ ［美］乔治·华盛顿著：《华盛顿选集》，聂崇信等译，商务印书馆，1983 年版，第 318 页。

葛永光教授就认为，在谢茨施耐德（葛永光译为薛特史奈德）的《政党政府》中，责任政党政府理论的观点可以称为竞争团队（competing teams）的观点，认为这种观点反对群众参与政策形成的过程，认为政策形成的工作主要应由政党领导阶层来负责。民主政治是多数统治，而多数统治的意义是有两个相当团结的统治集团在相互竞争，选民的角色是从这两个竞争团队中选出一个来执政，而不是通过选举来决定政策，政策制定应由政党领导人负责。葛永光认为，谢茨施耐德的观点是相当精英主义的，他不太相信一般群众有决定政策的能力，因此把这一责任赋予政党领袖。[①] 国内学者蒋劲松的观点也可以认为是这一观点的又一种表达。蒋劲松认为，责任政党便于执政党压制本党议员的批评和反对。"每个议员都有权独立决策，执政党议员同样享有平等权。使用党纪，强迫执政党议员投赞成票或反对票，所牺牲的正是他们的平等权。"[②]

前文已经说过，在责任政党政府理论提出之后，政党是否应当制定政策就引起了很大的争议。伊夫龙·柯克帕特里克（Evron M. Kirkpatrick）在1971年发难的主要出发点也是从这里开始的：政党是否应当制定政策，人民能否辨认政策？[③] 更危险的是，由于责任政党政府理论作为一种科学范例的不足，仅仅强调政党的作用可能加强两党对政府公共政策的话语权的争夺，政党有可能突破原先的政治框架进行权力的争夺，并使党团的竞争扩大到议会以外的政治机构，最终消解宪政国家的民主精神。因此美国政治学会政党委员会的《报告》发表以后，被美国的政治学者反复阅读的同时，也招致了近半个世纪的众多的批评，前文提及的朱利斯·特纳（Julius Turner）就认为学会《报告》中的建议有可能导致一党制。[④] 奥斯丁·兰尼教授（Austin Ranney）则认为，党内民主制是非常遥远的目标。因为如果党魁向每个党员负责，那么在充分讨论后仍然不能同意政党主张

---

① 葛永光著：《政党与民主发展》，台北：国立空中大学印行，2000年版，第246—247页。
② 蒋劲松著：《责任政府新论》，社会科学文献出版社，2005年版，第540页。
③ Evron M. Kirkpatrick, "Toward a More Responsible Two-Party System: Political Science, Policy Science, or Pseudo-Science?" *APSR*, 1971 (65), pp. 965–90.
④ Julius Turner, "Responsible Parties: A Dissent from the Floor", *APSR*, 1951 (45), p. 151.

的党员将如何继续参与到政党的事务之中？谁还有可能被看做是政党的一员？这些问题是难以回答的。事实上党内民主制是否能保障政党有效地实现其目标是不得而知的。① 因此怀特（John Kenneth White）也认为，委员会《报告》提出的目标是夸张而虚幻的。②

（三）多党民主制度也造成了政府的低效与人民分裂

英国的自然法党认为，即使在英国这样的责任政党政府体制框架内，政党政府也出现很多的弊端，这一弊端主要体现在政府的低效与人民的分裂上。

"虽然我们可以自豪地宣称多党制民主，但是只有一党赢得选举并将统治国家五年，在这五年里，国家依然是一党制国家；在这个意义上，我们的一党专政正如一个独裁者一样造成许多灾难。

一个执政党，始终致力于获得连任，必然分散其政府工作开展的有效性。

执政党必然首先想到的是其支持者的利益，而不是国家的整体利益，而其他党派的支持者则感到沮丧和无休止的不满。

失去了权力的反对党则反对政府的每一步行动并千方百计使之失败。

由于只有获胜一方仅仅得到或低于50%的人口支持，这本身就不会得到建立一个统一的、成功的政府与国家之普及的基础。

政党政治不仅瓦解了议会阵营，也增加了地区性、群体性的分裂与怨恨。

结果是建立了高度无效的政府，这是一个非常关键的时刻，英国卫生、教育、就业、治安乃至其在欧洲的未来均面临严峻考验。此时当前党的政治制度必须重新评估。"③

应该说，这样的批评起码在今天看来虽然片面，但对于刚刚诞生的责任政党政府理论来说，这些基础性批判显然是十分有力的。

---

① Austin Raney, "Toward A More Responsible Two-Party System: A Commentary", *APSR*, 1951 (45), p. 490.

② John Kenneth White, "Responsible party government in America", *Perspectives on Political Science*, 1992 (21), pp. 80 – 90.

③ 英国自然法党网站（http://www.natural-law-party.org.uk/UKmanifesto/gov2.htm, 2006 – 9 – 2）。

本章小结

责任政党政府理论是基于美国政治学界对于民主的认识与美国民主体制的具体内容共同作用而产生的，因此它的产生也必然带有美国特定历史条件下的政治色彩。在美国特定的历史阶段，在经济自由和社会自由的前提下，政府介入经济、社会的深度对政党政府提出了更高的要求。因此在责任政党政府理论看来，只有责任政党才是责任政府、民主政府、有效政府的前提，才能有效保障人民主权。虽然责任政党政府理论可能存在损害民主价值等问题，但是作为一个比较系统的政治理论，责任政党政府理论无疑有助于我们认识美国政府体制、政党体制，有助于认识责任政府。

但是从美国政党的发展史仍然可以看出，一个仅仅关注权力的政党注定不是具有远大理想的政党，因此其组建的政府距离责任政党政府理论学派的主张仍然存在较大的差距，而这些正是其特定的阶级属性和其联邦、分权的政治社会基础决定的结果。按照马克思主义政治学的观点，在阶级社会中，美国注定不能克服这一难题。但是作为一种对政党政府体制的最深入的思考，作为一种重要的政治学理论，责任政党政府体制和理论有着重大的价值，其中揭示出的一些普遍性问题，对许多实行政党政府体制的国家来说有着重要的启迪意义。

第四章 中国责任政党政府的探索与建构

从晚清以来，政党开始作为一种移植物进入中国。而与美国的政治发展路径不同，中国的政党首先承担着建立现代国家的历史使命。在中国，政党与政府的关系并没有遵循前文关于政府的一般分析框架，而是表现为后者对前者的依赖。因为在一个像中国这样拥有沉重历史包袱的国家，政党"可以产生权力，可以依靠自己的理想塑造一个未来的社会，因此政党成了独立因素，而社会和政府却变成了依赖因素，附属于政党组织，其前途与变动方向，与政党领袖的信念和作风，以及整个政党的行动方针密切相关"①。因此在中国，责任政党政府的路径是以政党为逻辑起点的。如果说在民国时期，共和体制只是政党利益争夺的遮羞布，那么这一遮羞布的存在也和中国建立责任政党政府的艰难历程有关。1921年，中国历史上具有远大理想的无产阶级政党——中国共产党诞生，其从诞生之日起，就宣布了不同于传统中国政党的诸多特征，并在1949年缔造了人民共和国。新中国成立后，一个负责任的政党政府改变了中国的政治历史，并以一种艰难的步伐宣告了一种新型责任政党政府制度的模式和道路的诞生。

第一节 中国政党政府的萌动（1900—1912）

在美国政党政府制度实行 100 年后，在"早熟"的古老中国，政治发

---

① 江炳伦著：《政治学论丛》，台北：华欣文化事业公司，1975 年版，第 56 页。

展以另外的一种形式得到阐释。1840年的鸦片战争使近代中国陷入了政治危机,英国的大炮破坏了中国皇帝的威权,迫使天朝帝国与地上的世界接触。"与外界完全隔绝曾是保存旧中国的首要条件,而当这种隔绝状态在英国的努力之下被暴力所打破的时候,接踵而来的必然是解体的过程,正如小心保存在密闭棺木里的木乃伊一接触新鲜空气必然要解体一样。"① 因此,近代中国的政治发展越来越多地受到外部因素的影响,这种影响既表现为专制集权向现代民主政治的历史性转变,也表现为一个共时性的不断回应外部世界的过程。②

一、清末民初中国政治地图:三种势力、两种体制

对于近代中国而言,政治发展是指政治生活及其结构从传统的专制集权形态向现代民主形态转换的历史过程。③ 自1900年以后,晚清的政治格局更加陷于风雨飘摇之中,政治解体进程加快。为寻找救国图存的道路,不同的政治力量作出不同的选择。总体说来,中国的政治发展正是种种力量相互斗争的产物。中国的政党政府制度从一定意义上说就是康有为、梁启超的立宪党,孙中山的革命党互相斗争的结果。而在清帝国覆灭以前,作为专制势力的残余,晚清政府也参与了政治斗争;在清帝国覆灭之后,参与斗争的则是袁世凯等。三股势力的此消彼长决定着20世纪初中国政治的基本走向,决定着中国是立宪还是共和的伟大抉择。

(一) 晚清政府与立宪党人的体制之争

1900年的"庚子"是戊戌以后大清国历史车轮倒退的最底线。④ 1901年1月29日,即清政府宣布接受《议和大纲》的14天之后,慈禧太后以光绪帝的名义诏令变法,要"取外国之长,去中国之短",开始实行"新政",在经济、政治、教育、军事等方面进行改革,这也是晚清自洋务运动、戊戌变法以后的又一次深刻的政治变革。1901年到1905年,清政府下了十几道谕旨,采取了30多项措施,推行"新政",措施包括:在政治

---

① 《马克思恩格斯选集》第1卷,人民出版社,1995年版,第692页。
② 闾小波著:《中国近代政治发展史》,高等教育出版社,2003年版,第20页。
③ 同上书,第25页。
④ 汪林茂著:《层级递进的晚清三次新政》,载《历史教学》,2002年第2期。

方面，改总理衙门为外务部，"班列六部之前"，各部门裁汰冗员，停止捐纳买官；在军事方面，编练新式陆军，裁汰绿营原防勇十之二三，各省设立武备学堂，成立"督办练兵处"和"督办公所"，提出编练新式陆军 36 镇的计划；在经济方面，奖励实业，成立商部并制定一系列规章办法，颁布了商律、路矿章程、银行章程等一系列规章制度，各省设立商会；在教育方面，废除科举，兴办学校，包括大、中、小学堂，颁布《奏定学堂章程》、统一学制，奖励留学。

光绪 31 年（1905 年），清末五大臣对欧美、日本进行政治考察。次年，出国考察的大臣们先后回国。载泽等上奏，认为立宪可以永固皇位，减轻外患，内乱可弥。清政府遂于同年七月决定预备仿行立宪，从官制改革入手。次年又宣布筹备在中央设资政院，各省设立谘议局，成立宪政编查馆，但是具体的立宪日期却迟迟没有公布。一直到进行大规模的促进立宪请愿运动开始以后，清政府才于宣统 3 年（1911 年）成立"责任内阁"。由于责任内阁的成员多为皇室贵族，因此该内阁被称为"皇族内阁"。晚清立宪欺骗了包括立宪党人在内的大多数国人。

分析清政府与立宪党人的斗争不难发现，同为立宪，其政治主张并不相同。通过对日欧的考察，晚清政府试图建立起日本式的以皇权为核心的立宪体制和责任政府。清廷的立宪政体虽然也遵循西方宪政的立法、司法、行政三权分立之原则，但皇帝是凌驾于三权机构之上的绝对权威。而在光绪 34 年（1908 年）清政府颁布的《钦定宪法大纲》中对立法与司法权作如下规定：皇帝有钦定颁行法律与总揽司法之权，有召集、开闭、停止及解散议院之权。[①] 宣统 3 年（1911 年）清政府颁布的《内阁官制》又对行政权作了如下规定：内阁国务大臣"辅弼皇帝，担负责任"。[②] 因此不难看出，清政府的立宪计划是以确保皇权中心地位为前提的，其"责任政府"仅仅是对君主负责，非对议会负责。立宪派则与清政府不同，其开展

[①]《宪政编查馆资政院会奏宪法大纲暨议院法选举法要领及逐年筹备事宜折附清单二》，故宫博物院明清档案部编：《清末筹备立宪档案史料》（上册），中华书局，1979 年版，第 58 页。

[②]《宪政编查馆会议政务处会奏拟定内阁官制并办事暂行章程折附清单二》，故宫博物院明清档案部编：《清末筹备立宪档案史料》（上册），中华书局，1979 年版，第 561 页。

立宪运动是要求政权向自己开放,希望获得广泛的参政机会,因此主张建立英国式的君主立宪政体。"立宪派的聚合是在立宪运动之中的各种团体和机构的创设。作为新兴资产阶级政治代表的一个政治派别,立宪派希望通过立宪运动改变封建专制政治的现状,实现政治民主化,使自己有机会参与国家政治,以提高本阶级的政治地位。"① 因此,相同的形式掩盖下的政治目的不同也最终把立宪党人推到清政府的对立面。

虽然这次立宪有虚假性质并最终宣告失败,从而加速了清王朝的灭亡,但是立宪改革加快了中国现代化的进程。中央资政院和地方谘议局的建立,可以说是清末立宪运动的最大成就。谘议局介于立宪国家的地方议会和自治议会之间,资政院不是国会,只是一个临时过渡性的立法机构。谘议局议员皆由民选,资政院议员选举则分钦选、民选两种。这是中国政治史上第一次由民众通过选举产生政治领导人,它标志着民众参与和管理国家政治生活的开始,是民众民主训练的初步实验。这一试验使民众真正拥有了一个合法的政治参与通道,标志着中国政治现代化运动在下层社会的展开。同时,谘议局的设立为立宪团体提供了一个合法而有力的讲坛,为日后组织政党作了先期的训练。② 而作为一种制度的探索,中国历史上第一次出现了责任政府的外壳,这也为后来的政党政府的产生提供了舞台。

(二) 立宪党人与革命党人的体制之争

1893 年,夏威夷王朝的灭亡唤醒了当地华人的民族意识。1894 年 11 月 24 日,以中国革命先行者孙中山先生为主席的兴中会在夏威夷成立,中国第一个资产阶级革命团体诞生。政治团体的诞生意味着全新的政治选择。孙中山先生及其兴中会抛弃了帝制,萌发了建立共和的思想,这从《兴中会章程》中不难看出——《章程》号召,"驱除达虏,恢复中华,创立合众政府",而"所谓'合众政府',就是以美国为蓝本的资产阶级民

---

① 李细珠著:《试论新政、立宪与革命的互动关系》,载《社会科学战线》,2003 年第 3 期。

② 杨绪盟著:《移植与异化:民国初年中国政党政治研究》,人民出版社,2005 年版,第 26—27 页。

主共和国"①。可以说,从思想渊源上看,孙中山先生开始了对美国政治制度的模仿,这一选择也深刻体现在其后来主张的政治道路上。

在兴中会成立以后,维新运动的失败使孙中山怀疑渐进式改革的有效性,从此他掀起革命的大旗。"戊戌变法"六君子喋血京门,开启中国为政治民主化而流血之先河。②1905年,作为兴中会政治继承者的全国性的资产阶级政党——中国同盟会成立。中国政治体制外的政治组织开始显示了巨大的政治动员力量。《同盟会宣言》确立了"驱逐鞑虏,恢复中华,建立民国,平均地权"的思想宗旨。在《同盟会宣言》中,孙中山认为要实现这一宗旨需要经历三个过程:第一期为军法之治,约三年;第二期为约法之治,约六年;第三期为宪法之治。实施宪法后,"一国之政事,依于宪法以行之。此三期,第一期为军政府督率国民扫除旧污之时代;第二期为军政府授地方自治权于人民而自总揽国事之时代;第三期为军政府解除权柄,宪法上国家机关分掌国事之时代"③。

无独有偶,早在1901年6月,立宪党人梁启超发表了著名的《立宪法议》。他认为,中国行宪法需要一定时间,他制订了一个分六步走的宪政时间表:一是皇上宣布中国为君主立宪帝国。二是派重臣考察各国宪法之异同得失。三是开立法局于宫中,草定宪法。四是立法局将各国宪法译出,使国民增长学识。五是在报刊上公布宪法草案,令全民广泛讨论。这样5年到10年,然后逐步制定宪法。六是自下诏定政体之日起,以20年为实现立宪的期限。④

但是,同盟会的宣言宣布了不同于立宪党人的政治道路。在立宪党人那里,主张用合法的方式通过议会斗争建立责任内阁;而革命党人则坚定地主张用暴力的手段变革中国政治体制,最终实现宪政目标。如果说在革命党人初期政治主张与立宪党人的目标是基本一致的,都是要建立一个现代政府,其差异只是体现在实现手段的不同;那么到了1905年,他们的区

---

① 李金河著:《中国政党政治研究(1905—1949)》,中央编译出版社,2007年版,第23页。
② 阎小波著:《中国近代政治发展史》,高等教育出版社,2003年版,第70页。
③ 《孙中山选集》(上卷),人民出版社,1956年版,第69—70页。
④ 阎小波著:《中国近代政治发展史》,高等教育出版社,2003年版,第80页。

别已经成为建立一个完全不同的政治体制了——前者仍然要建立一个立宪政体,而后者则坚持建立一个民主共和政体。而"皇族内阁"的成立终于使革命党人获得了革命斗争的合法性。

武昌起义爆发后,清廷在革命形势的压力下,对立宪派作出一些让步。如任命由资政院公举的袁世凯为新的内阁总理大臣,由袁氏组织完全责任内阁等。然而阻碍变革的腐朽政府大势已去,武昌起义点燃的革命之火终于彻底埋葬了晚清王朝的梦呓。革命的成功也暂时掩盖了立宪党人与革命党人的分歧,而这种分歧最终在后来的政治斗争中得以完全显露。

二、清末民初中国政党政府体制的萌动

在回忆辛亥革命时,孙中山作了这样的概括:"求天下之仁人志士,同趋于一主义之下,以同致力,于是有立党;求举国之人民,共喻此主义,以身体而力行之,于是有宣传;求此主义之实现,必先破坏而后有建设,于是有起义。"[①] 在孙中山这里,民主共和的建立依赖着基于同一主义的政党斗争,政党政治不是一种可有可无的手段,而是建立民主共和国的必经环节。孙中山的总结也可以看做是对民国初年政党政府建立过程的一种理论概括。

(一)清末民初对于政党政府制度移植的讨论

在政党兴起的背后是清末民初对政党移植的激烈讨论,思想界对于政党的定义、功能、纲领、组织结构等进行激烈的争论,并最终形成比较成熟的理论判断,从而为政党政府的建立提供了理论基础。

民初思想界对政党的认识大致可以分为三派:党魁派、党纲派和党魁党纲并重派。党魁派以黄远庸为代表,认为政党成立的最大关键在于有全党崇信之首领,能指挥号召,以唤起一党的精神。党纲派以孙中山、章士钊为代表,强调党纲在政党运动中的重要性。尤其是后者,在《政党与政纲》一文中认为政党乃实行政纲的团体,而政纲又必不与人同;倘若两党之政纲未尝差异,则理论上实无两党之必要。党纲党魁并重派以顾兆熊等为代表,认为政纲政党容易因政见不同而分裂,领袖政党又容易倒向专

---

① 《孙中山全集》第7卷,中华书局,1985年版,第63页。

制，因此主张二者参半的政党。①

按照马克斯·韦伯的逻辑判断，党魁派、党魁党纲派和党纲派这三种理论派别不过是对中国特定历史时期的权威认识的差异，即对传统型权威、魅力型权威和法理型权威的不同认识而得出的结论。但是从责任政党政府理论视角来说，只有党纲派符合政党政府理论的内在规定，正是孙中山为代表的党纲派奠定了中国走向政党政府的理论基础。

（二）政党政府：一党还是多党

在世界各国的政党政府中，有一党、两党和多党之分。值得关注的是，在这一问题上，立宪党人也与革命党人有着相同的政治主张，即建立两党制。

以孙中山为代表的革命派是两党制坚定的信奉者和追求者，《国民党宣言》提出："一国政党之兴，只宜二大对峙，不宜小群分立。"② 在中华民国成立后不久，孙中山就明确表示反对一党制。他指出："政党均以国利民福为前提，政党彼此相待应如弟兄，要知文明各国不能仅有一政党，若仅有一政党，仍是专制政体，政治不能有进步……政党之必有两党或数党互相监督，互相扶助，而后政治方有进步。"③ 孙中山认为，一党执政意味着一党专制，而"一党之专制，与君主之专制，其弊正复相等"④。

显然，孙中山的结论和其受到美国的两党制的深刻影响有关。孙中山常年国外生活的经历使其对西方尤其是美国的民主共和制度极为推崇，而建立美国模式的政党政府制度也成为其奋斗的目标之一，这些也已经充分体现在《建国方略》中。同样，两党制也为政党政府制度的重要内容，因为"首先，两党制被看做一个较负责任的体制，在这种体制中，选民必须在两个可替换的政府中作出明确的选择。其次，两党制被看做一种公平的体制，它鼓励政府更换，防止任何一个政党或政党集团无限期地垄断行政权力。第三，两党制被视为鼓励温和政治活动的体制，这是因为两个竞争

---

① 张玉法：《民国初年的政党》，岳麓书社，2004年版，第24—27页。
② 《宋教仁集》（下册），中华书局，1981年版，第749页。
③ 《孙中山全集》第2卷，中华书局，1982年版，第408页。
④ 《共和民主两党宴孙先生记》，《宝山共和杂志》，1912年12月1日，第5期。转自杨绪盟著：《移植与异化：民国初年中国政党政治研究》，人民出版社，2005年版，第83页。

者都为赢得中间阵营而竞争"①。

（三）政党政府：总统制还是内阁制

民国创立之初，宋教仁坚决主张设立责任内阁制。宋教仁认为："世界上的民主国家，政治权威是集中于国会的。"② 在他起草的《鄂州约法》和《中华民国临时组织法草案》中，都对议会的选举办法作了规定。但是宋教仁的主张遭到了孙中山的激烈反对。孙中山认为："责任内阁制度平时不使总统当政治之要冲，故以总理对国会负责，断非此非常时期所宜也。孙文既为各位推举置信，自不应再设此防制之法度。"③ 孙中山的总统制设想基于一个革命时期的现实需要，在非常时期需要非常制度。这一主张终于在1911年12月27日得到大多数代表的支持，总统制得以建立并以《中华民国临时政府组织大纲》规定之。《组织大纲》规定：以临时大总统为国家元首和政府首脑，不设国务总理，临时大总统直接领导各部，行政各部部长直接对临时大总统负责，受元首任免，辅佐临时大总统，总理各部事务。临时大总统有"统治全国大权"，"统率海陆军大权"，经参议院同意"有宣战、媾和、缔结条约之权"，但制定官制及任免国务员、外交专使，须经参议院之同意……临时大总统如不同意参议院议决事件，交令复议时，参议院有到会议员之2/3以上同意，仍执行前议时，便应照原议执行。④

从《组织大纲》不难看出，美国的总统制已经被明确移植到中华民国的制度之中。1911年12月29日，由17省45位代表组成的"各省都督府代表联合会"在南京选举孙中山为临时大总统，在内阁中，立宪党人与旧式官僚占了2/3的部长席位。中华民国诞生了，民主共和制度诞生了，一个基于两党制构想的政党政府诞生了。

1911年12月3日通过的《中华民国临时政府组织大纲》规定的总统制很快就被1912年3月11日公布的《中华民国临时约法》规定的内阁制

---

① [英]米勒等著：《布莱克维尔政治学百科全书》，邓正来译，中国政法大学出版社，2002年版，第568页。
② 《宋教仁集》（下册），中华书局，1981年版，第456页。
③ 《胡汉民自传》第36页，转自郭剑林著：《北洋政府简史》（上），天津古籍出版社，2000年版，第104页。
④ 郭剑林著：《北洋政府简史》（上），天津古籍出版社，2000年版，第104—105页。

所替代。显然政体更改是为了一个简单的目的，即对袁世凯专权的控制，但是从另外一方面也说明了在中国建立民主共和制度所必须面对极权压力的政治现实。① 而从责任政党政府理论来看，建立内阁制与政党政府制度并不矛盾。

（四）民初中国政党政府的萌动

1912年4月，南京临时参议院搬迁到北京。8月10日，《中华民国国会组织法》、《参议院议员及众议院议员选举法》公布，国会采用两院制。参议院议员由各省议会选出10名，另蒙古27名，西藏10名、青海10名、中央学会8名、华侨6名，共计274名。参议院议员任期6年，每两年改选1/3。众议院议员取比例代表制，以各省区每80万人选举1名，一省人口倘不足800万的也选举10名，共计596名，议员任期3年。同年9月众议院议员名额分配如下：直隶180名、奉天64名、吉林40名、黑龙江40名、江苏160名、安徽108名、江西140名、浙江152名、福建96名、湖北104名、湖南108名、山东132名、河南128名、山西112名、陕西84名、甘肃56名、新疆40名、四川140名、广东120名、广西76名、云南88名、贵州52名。② 单单从两院的设置与议员的产生途径来看，1912年建立的民国国会很明显具有西方议会制度尤其是美国国会的特征。

中华民国国会产生的意义是重大的，这种意义首先表现为政党活动拥有了合法的场所，也为政党政府的运转提供了可能。在1912年9月《国会选举法》及议员名额分配方案公布后，各党的竞选活动开始轰轰烈烈地举行起来。但是政党林立使得政党斗争更加扑朔迷离。

中国党会有秘密和公开之分。在武昌起义之前，创办于1894—1911年间的秘密党会（即革命团体）共193个；武昌起义爆发后，中国政党发展达到了新的高峰。截至1913年底，新兴的公开党会达682个。计政治类312个，联谊类79个，实业类72个，公益类53个，学术类312个，教育类28个，慈善类20个，军事类18个，宗教类18个，国防类14个，进德

---

① 张玉法先生认为，当一个国家元首不可更换时，欲推动政治改革，最好的办法是实行责任内阁制。见张玉法著：《民国初年的政党》，岳麓书社，2004年版，第374页。

② 闾小波：《中国近代政治发展史》，高等教育出版社，2003年版，第144页。

类9个，其他10个。①

与孙中山、黄兴"功成身退"不同，宋教仁主张以同盟会为基础组成第一大党，并通过议会选举赢得多数，从而组成"政党内阁"即政党政府，继续维护共和制度。1912年7月到8月，统一共和党、国民公党、国民共进会、共和实进会与同盟会合并改组为国民党。《国民党规约》提出该党"以巩固共和，实行平民政治为宗旨"，政纲五条：（1）保持政治统一；（2）发展地方自治；（3）励行种族同化；（4）采用民生政策；（5）维持国际和平。

国民党目的明确，即建立国民党政府："第一，派人到各省组党，成立各省党支部；第二，掌握各省、县的选举，进行一次胜利的竞选；第三，取得国会及省县议会中的压倒多数，坚持议会民主制；第四，及早组织强有力的、名副其实的政党责任内阁，并且预定以宋教仁担任内阁总理。"②

大选从1912年上旬开始，到次年3月基本结束。国民党获得了参议院274席中的123席，众议院323席中的169席。尤其是在众议院中的席位，国民党所获远远超过了其他三党的总和。③ 国会多数议席为政党政府的成立奠定了基础。至此，孙中山仍然强调了两党制的优越性，"凡一党秉政，不能事事皆臻完善，必有在野党从旁观察，以监督其举动，可以随时指明。……盖一党之精神才力，必有缺乏之时，而世界状态，变迁无常，不能以一种政策永久不变，必须两党在位、在野互相替代，国家之政治方能日有进步"④。

需要指出的是，在建立政党政府的过程中，国民党不是唯一的政党力量。1912年3月2日在上海成立的统一党乃至后来的进步党等也都参与了这一过程。在统一党的第二条政纲中，明确地提出要完成责任内阁制度。⑤

---

① 张玉法著：《民国初年的政党》，岳麓书社，2004年版，第32页。
② 仇鳌著：《一九一二年回湘筹组国民党支部和办理选举经过》，全国政协文史资料委员会编：《辛亥革命回忆录》第2册，中华书局，1962年版，第177页。
③ ［美］费正清著：《剑桥中华民国史》（上卷），中国社会科学出版社，1995年版，第215页。
④ 《孙中山全集》第3卷，中华书局，1984年版，第35页。
⑤ 张玉法著：《民国初年的政党》，岳麓书社，2004年版，第82页。

1913年进步党政纲第四条亦强调,"政党内阁为世界各国之常轨,国民党主张政党内阁,进步党亦主张政党内阁,故重组内阁,必组政党内阁"[①]。统一党在得到袁世凯的支持后转向袁世凯政权,后并入共和党;后进步党取而代之,并在国会中的地位上升,从而形成了国民党与进步党的两大主要政党对峙的格局。当然在国会中,也有汤化龙、林长民等人在1912年成立的第三党——民主党。但是总体来说,在1913年议会选举结束后,中国两党政治已经初步形成,从形式上看,具有共和性质的政党政府已经确立。中华民国也作为一个共和国也在这一时期先后得到美国、巴西、秘鲁、墨西哥、古巴等国的承认。

表4.1 1913年各党所获议席一览表[②]

党派	议院名	人数	议院名	人数	合计
国民党	众议院	269	参议院	123	392
共和党	众议院	120	参议院	55	175
统一党	众议院	18	参议院	6	24
民主党	众议院	16	参议院	8	24
跨党者	众议院	147	参议院	38	185
无所属	众议院	26	参议院	44	70
总 计	众议院	596	参议院	274	870

虽然在具体的政党内阁组成形式上,国民党试图建立赢者通吃的"完全政党内阁",即区分政党为执政党和在野党的责任政党政府之努力没有成功,但国会选举的结果仍然是袁世凯所不能容忍的。袁曾经以帮助宋教仁政治活动为名,给他送去一本价值50万元的支票,并间接地表示要宋放弃责任内阁制,但遭到宋的拒绝。1913年3月20日,宋教仁遇刺身亡,袁世凯于1913年底宣布国民党为"乱党",并下令解散国民党。次年初,袁世凯又下令解散国会,中国政党政府遭遇第一次挫折。

[①] 张玉法著:《民国初年的政党》,岳麓书社,2004年版,第116页。
[②] 《时报》1912年12月10日,转引自间小波著:《中国近代政治发展史》,高等教育出版社,2003年版,第152页。

三、清末民初中国政党政府体制的反思

在清末民初,中国政党政府从理论框架到具体制度设计不可谓不严密,但是在这样的精心准备下,政党政府尤其是宋教仁提议的责任政党政府在中国的挫折是值得反思的。总体说来,这一时期的政府是一个过渡时代的政府,政府所面临的最大难题与症结是政局不稳和派系斗争激烈。而其失败的主要根源就是中央政府对于大大小小的全国军事分权者行为的失控,形成封建割据之势,从而使政党完全失去了正常运转的土壤和基础。①

(一)时人的反思

值得注意的是,时人对这一问题也进行了反思。黄远生认为民初中国的政治痼疾在于政治权力的私有化,在于没有现代的稳固的国家制度,"夫政治主义之竞争,盖国家之基础定后乃能存立。所谓基础定者,国体之确立是也。国体之确立云者,即在同一之国家以内,决无私人之特殊势力。国之特殊势力,仅存于各种社会。国之最高权力,乃唯在于国家。……今吾国甲乙两造,既绝然不相容,则政治主义之角逐,即等于私人势力之角逐。故其结果,仅容有彼此之相摧残,而决不许有公明之竞争。于是一切之政治问题、法律问题,皆超然于是非得失之外,而纯纳于势力相持之中"②。

从政党纲领到政党组织的视角看,李剑农在《戊戌后三十年中国政治史》中的分析可以看做是一次比较系统而中肯的回答。他比较了民初政党与欧美政党的差异,认为主要在以下方面存在致命的缺陷:

首先,党员接纳的随意性。民初各党领导人对党员人数的关注要远远超过党员的质量。许多要人都纷纷被拉入各党,即使是同盟会也拉了袁世凯的议和代表唐绍仪入会,"宋案"主谋内阁总理赵秉钧亦加入了国民党。

其次,党员跨党现象严重。党员首先是基于本党的纲领认同,但是在民初不少党员身兼多党党员,其中如伍廷芳、那彦图、黄兴有11个党籍,黎元洪、陆建章有9个党籍,熊希龄、赵秉钧有8个党籍,陈其美、王人

---

① 郭剑林著:《北洋政府简史》(上),天津古籍出版社,2000年版,第17页。
② 黄远庸著:《一年以来政局之真相》,载《远生遗著》卷一,《民国丛书》第二编99卷,上海书店,1990年版,第72页。

文、唐绍仪、王宠惠、景耀月、张謇、于佑任、孙毓筠有7个党籍,梁士诒、汤化龙、谷钟秀、杨度、程德全、胡瑛有6个党籍,汪兆铭、温宗尧、章炳麟、王庚有5个党籍,即使是对主义抱坚持态度的的梁启超,也拥有3个党籍。[①] 政党沦为为政客牟取权力的工具。

第三,党纲成为空洞的招牌,政党认同非常淡薄。民初政党纲领大同小异,党纲之别远不像当年同盟会与立宪派那样政见相左;即使有别,也是党纲自为党纲,政争自为政争,政党分合的真正原因与所揭举的党纲无密切关系。如国民党和共和党、进步党都将注意力只集中在袁世凯一人身上,前者防止袁世凯,后者拥护袁世凯而已。

第四,缺乏政治基础。民初政党没有成为国家与公民的中介,成为无根的浮萍。以同盟会为例,清末民众心理上存在反满情绪;随着清亡民兴,不少人失去了政治目标。[②]

(二) 责任政党政府理论的视角

应该说,时人的分析是十分公允的,也符合责任政党政府理论的基本框架。正如李剑农所强调的,比起洪宪帝制乱后的狐群狗党来,国民党和进步党、共和党尚有政党的气味,还有受责备的价值。也正是从这一"责备"的角度出发,我们在前文分析责任政党政府理论的基本内容时已经强调,责任政党是责任政党政府的前提,因为如果不能有效地建立一个责任政党,建立一个符合西方模式和理念的责任政党政府则是十分困难的。

首先,责任政党必须是建立在同一纲领之上。纲领不同,政党亦不同。美国为什么不能建立一个责任政党政府,其弊端首先在于纲领的模糊性上,这一点早已为责任政党政府理论所诟病。在美国政党之间的纲领抄袭中,政党的界限早已模糊,从而损害了政党的独立性与价值。在民国初期,所有的西方政党类型都可在中国找到。但是具体而言,单从党纲上看,政党的区别并不大,平均每2.8个党便有同一政治主张。[③] 虽然这不意味着它们完全使用同一党纲,但是大量的党纲重复却使建立彼此相对区

[①] 张玉法著:《民国初年的政党》,岳麓书社,2004年版,第35页。
[②] 参见李剑农著:《戊戌以后三十年中国政治史》,中华书局,1965年版,第156—160页。
[③] 张玉法著:《民国初年的政党》,岳麓书社,2004年版,第38—39页。

别的政党成为困难。同盟会乃至后来的国民党人也没有使党章完整地进行政治传播，并建立深厚的群众基础。清朝退位，人心思安。胡汉民曾经这样批评过这一缺点，"同盟会未尝深植其基础于民众，民众所接受者，仅三民主义中之狭义的民族主义耳。正惟'排满'二字之口号，亟简明切要，易于普遍全国，而弱点亦在此。民众以为清室退位，即天下事大定……故当时民众心理，俱趋向于和议。逆之而行，乃至不易"①。因此国民党在组建责任内阁失败之后，也不能迅速动员广大的政治动员力量以护法。

其次，政党的合并必须以党纲为基础。没有独立政纲的政党不能构成严格意义上的政党乃至责任政党政府。而在民初数百个政党团体中，具有完整党纲、政纲的不过几十个。在两党制的呼声及政党自身发展困境下，民国初期的政党开始迅速合并。1912年3月，同盟会由秘密转为公开，标志着这一体制外的革命党开始转向体制内政党。在宋教仁的努力下，1912年6月，全国联合进行会与同盟会合并，后统一共和党等也相继加入。1912年8月25日，五党合并正式成立国民党。国民党的成立为建立政党政府提供了组织保障。在国民党成立以后，各地支部相继成立，甚至在海外如东京、加拿大等地还建立了众多的交通部，支部大量吸收党员壮大了国民党的力量。并在后来的议会斗争中，国民党也确实体现了大党对内阁的控制。但是，这样的合并不是基于党纲之上的，更不是为了集合各党派的政纲而锻炼更健全的政纲，因此，这样的合并本身就是脆弱的。"当共同利益消失，或更受其他利益引诱时，结合便不能维持……在这种情形下，政府拉拢附和者，打击反对者，终使移植的政党制度，无法生根。"②在袁世凯的打击拉拢下，国民党的分裂就是典型一例。

在党员党章约束方面，孙中山的认识尚不及梁启超。梁启超认为党员加入政党，政党接纳党员，必首重主义。所以，政党和党员都必须有主义，那种什么人都可以加入的政党，必然是没有主义的政党；那种什么党都加入的人，必然是毫无主义的人。而这种党员"徒为党累"，这种党

---

① 白蕉著：《袁世凯与中华民国》，转自阎小波：《中国近代政治发展史》，高等教育出版社，2003年版，第137页。

② 张玉法著：《民国初年的政党》，岳麓书社，2004年版，第29页。

"徒为国累",有不如无。他要求党员抱着增进国利民福的目的加入政党,为本党奉献、奋斗,政党也要以此为标准,接纳党员,以建成一健全政党。他批评民初许多政党以私人目的而不是以公共目的相结合,是不配称为政党的。①

第三,责任政党必须有广泛的群众基础。但是在民初,各党都难以建立有广泛群众基础的组织结构。虽然民国初期许多政党都纷纷建立自己的支部,但是总体来说,这一时期的全国性政党是建立在中央的精英型政党。这一点从《国民党宣言》(1912年8月13日)即可看出:"惟是国民合成心力之作用,非必能使国民人人皆直接发动之者,同此圆顶方趾之类,其思想知识能力不能一一相等伦者众矣。是故有优秀特出者焉,有寻常一般者焉;而优秀特出者,视寻常一般者恒为少数,虽在共和立宪国,其直接发动其合成心力之作用而实际左右其统治权力者,亦恒在优秀特出之少数国民;在法律上,则由此少数优秀特出者组织为议会与政府,以代表全部之国民;在事实上,则由此少数优秀特出者集合为政党,以领导全部之国民。而法律上之议会与政府,又不过籍法律,俾其意思与行为为正式有效之器械,其真能发纵指示为代议机关或政府之脑海者,则仍为事实上之政党也。是故政党在共和立宪国实可谓为直接发动其合成心力作用之主体,亦可谓为实际左右其统治权力之机关。"② 这种精英型政党本来就是脱离群众的,因此其行动本身就容易陷入孤立。

第四,选举资格的严格限制不利于实现国家转型。社会转型需要对最广大人民群众的政治动员,但是在民国初年,伴随着精英主义纲领的是对选举资格的严格限制。临时参议院制定的《国会组织法》、《众议院议员选举法》和《参议院议员选举法》对选民资格作如下规定:(1)年纳直接税2元以上;(2)有价值500元以上不动产者(蒙、藏、青海以动产计算);(3)在小学以上学校毕业;(4)有与小学校以上毕业相当资格。③ 在这样

---

① 杨绪盟著:《移植与异化:民国初年中国政党政治研究》,人民出版社,2005年版,第113—114页。
② 《宋教仁集》(下册),中华书局,1981年版,第747—748页。
③ 白钢著:《中国政治制度史》(下卷),天津人民出版社,2002年版,第892页。

的限制下，全国选民总数仅为 4293392 人，占全国人口总数的 10.5%。①即使不考虑贿选情况的频发，这样的选民限制本身也把大多数国人排除在外。因此民初的政党不可能代表广大人民群众的政治主张，从而不能履行一个责任政党的基本功能。事实上，在这一时期，多数民主国家已经认识到选举是一种公民基本权利而非少数人的特权。在 1870 年，美国宪法第十五条修正案赋予黑人以选举权；继而在半个世纪后，美国妇女也得到了普选权。而这一时期的民国政府，仍然在沿袭宪政初期限制选举的做法已经不合时宜了。

第五，责任政党政府需要严密的政党组织结构。在这一结构中，党内生活以民主集中制实现信息的交互作用，并以严明的党纪相约束。受到美国政党制度的影响，孙中山也十分强调党员个人的自由与权利，对党员的要求比较宽松。孙中山说："人之入党，当视其自己之心志如何。今日赞成第一党之政策，即可入第一党，明日赞成第二党之政策，即可入第二党，均属正当之事……今日入共和党，明日入国民党；今日在国民党，明日入共和党，只要与自己所抱宗旨结合、并非于气节上有所损失，盖极为寻常之事。"② 也正是基于这样的认识，梁启超、袁世凯都曾经被国民党试图拉拢进党内。直到国民党被袁世凯解散以后，孙中山才意识到他原先认识的错误，因此在重建革命党时强调了党的纪律及政党组织对党员的控制。但这一转换又一次偏离了责任政党政府理论关于党内民主的内在要求，再一次偏离了责任政党政府理论的轨道。同样，梁启超也走向了另一极端。他认为党员加入政党，是缘于对国家的政治上的义务。党员是为履行这种义务才加入政党的，党员入党后对政党负有直接义务，对国家负有间接义务，而没有权利可言。因此梁启超认为，党员没有权利只有义务的认识也同样是片面的，也背离了责任政党政府理论的党内民主规定。孙中山和梁启超就这样在政党政府的认识方面走向了同一极端。

第六，责任政党政府必须把党的纲领转化为具体的公共政策，并在政府过程中保持政党的一致行动。国民党获得议会多数并不能阻止党的分

---

① 张玉法著：《民国初年的政党》，岳麓书社，2004 年版，第 287 页。
② 《孙中山全集》第 3 卷，中华书局，1984 年版，第 36 页。

裂，事实上国民党的产生方法也决定了其党员在政策上采取一致行动的困难。即使在"宋案"之后，对袁世凯如何采取行动就不能达成一致。对于使用军事武器还是法律武器仅在孙中山与黄兴之间就存在严重分歧，而这种分歧本身就反应了国民党作为一种松散政党的分裂危险。"国民党之分裂，就其内部而言，主要有两个原因：其一，国民党系由同盟会联合其他小政团组织而成，同盟会主张较其他小政团为激烈，使党内稳健分子易生向外之心；其二，自宋教仁被刺，北京国民党本部乏人主持，而党中领袖，言论不一，使党员无所适从。"①

第七，从组织运行上看，责任政党政府包括政党竞争，也包括政党妥协。民国初年，国会中激烈的党争造成了国会在一段时间内一事无成。1912年5月27日，国会主要政党在上海成立以黄兴、程德全为主任的政见商榷会。该会以"集各政党，商榷政见，联合感情"为宗旨，每月开常会一次，每年开茶话会、恳亲会一两次，遇有国家重大事件发生，主任视为必要，可开特别会议。1912年11月22日成立政团联合会，以协定对付俄蒙办法，但是政见商榷会和政团联合会最终仍然没有能够遏制政党之间激烈的斗争，从而也影响了包含妥协内容的责任政党政府的形成。我们知道，不同的责任政党在政府体系中相互竞争，并以获得政府的控制权为目的。但是这并不是一个毕其功于一役的行动，而是一个长期监督、政权更替的过程。政府中执政党对政府政策失败承担责任，并必然在下一届政府选举中失去执政地位。但是民初政党缺少妥协也造成了责任政党政府实现的困难，最终被袁世凯所逐一击败。1915年12月31日，袁世凯成为中华帝国的皇帝，中国本土的专制力量再一次逆向淘汰了源自西方的民主精神。

第二节　中国政党政府的尝试与变异（1913—1949）

中国辛亥革命"虽遗弃了旧秩序，但没有就新秩序达成任何共识。甚

---

① 转引自张玉法：《民国初年的政党》，岳麓书社，2004年版，第71页。

至当帝国遏止并粉碎了推进新思想的、反体制的精英时,帝国制度的耐久性仍引致全国性危机的加深"①。袁世凯先后于 1913、1914 年底解散国民党与国会,标志着中国政党政府遭遇第一次挫折。在短暂的皇帝梦后,1916 年 6 月 6 日,袁世凯在国人的唾骂声中耻辱地死去,他作为独裁者留下的权力真空引起了新一轮的政治变动。这一时期可分两个阶段:1913 年到 1923 年,近代史以南北政府对峙名之;1923 年到 1949 年,中国国民党执政时期,具体分为军政、训政、宪政三个阶段。而从责任政党政府在中国的发展阶段看,从 1913 年到 1949 年,是中国责任政党政府逐渐被抽去民主精神、徒有民主外壳的时期。

一、法统之争与南北对峙(1913—1916)

袁世凯及后来一段时期留给中国的是权力真空和政治混乱。从 1913 年 11 月到 1916 年 8 月,这一时期同时存在两个政府和三部具有宪法价值的重要法律,即 1912 年的《中华民国临时约法》、1913 年的《总统选举法》和袁世凯公布的 1914 年《新约法》。而执行哪一部法律则成为南北政府的首要问题。在问题不能解决的情况下,为了维护《临时约法》的权威,1917 年 8 月 18 日,孙中山在南方成立非常国会与军政府,又一次拿起了武器,开始艰苦卓绝的护法斗争。在北方,北洋政府则陷入了相互军阀混战的泥潭;在南方,地方军阀也常有诸如粤桂之间的混战。后袁世凯时代中国军阀的混战造成了巨大的灾难,也严重削弱了专制力量和封建割据力量,为南方政府最终取得战争胜利、统一中国奠定了基础。

其实跳出宪法本身看,孙中山领导的护法战争维护的是一种政治制度,即既定的内阁制度——政党政府制度。其实在 1921 年 3 月的广州教育会上,孙中山先生表示:"在南京所订民国约法,内中只有'中华民国主权属于国民全体'一条是兄弟所主张的,其余都不是兄弟的意思。"② 但是作为一个矢志学习美国民主政体的革命先行者,孙中山十分明白一部严肃的宪法需要付出巨大的代价才能维持,因为宪法本身代表的是一种制度,

---

① [美]詹姆斯·R. 汤森等著:《中国政治》,顾速等译,江苏人民出版社,2003 年版,第 34 页。
② 《孙中山全集》第 5 卷,中华书局,1985 年版,第 497 页。

一种国体,"我们有了良好底宪法,终能建立一个真正底共和国家"①。而北洋政府所坚持的仍然为袁世凯上台之初所篡改的总统制,因此南北战争本质上与其说是宪法之争,不如说是制度之争,它与此前的护国战争有异曲同工之处。

二、国民党重建与政党政府的再次萌动（1916—1927）

袁世凯死后,在中国除了出现两个政府外,也出现了政团林立的局面。在北洋军阀执政期间,中国政党恢复,但是中国政党进入了"变党为朋"时代,中国北洋政府走马观灯似的政局留下的只是混乱和腐败,政治丑闻频发,因此从1916年到1924年,这一时期被称为"国会毁法贿选时期"②,中国政治发展陷入困境。

1917年"十月革命"爆发给中国革命带来了机遇,也给身处南方的孙中山带来了一个崭新的建国思路。1918年1月28日,孙中山在广州一次谈话中指出:"此后我国形势,应注意西北,若俄国现在之革命政府能稳固,则我可于彼方期大发展也。"③1919年10月10日,孙中山通告中华革命党更名为中国国民党,开始了重提三民主义、重建国民党的进程。

关于孙中山先生为何在晚年转向苏俄,国内学者作了令人信服的解释:"孙中山先生是民初开国一代领袖中与美国渊源关系最为密切的政治家,无论是他的革命思想或建国理念,都与美利坚合众国的经验密切关联。即便是他晚年的政治转向,也是他对美国某种程度上的失望、失落情绪的反映。自广州政府建立之后,孙中山积极拓展联美外交,一次又一次地呼吁美国政府施予援手、主持公道,然而从威尔逊、哈定到柯立芝这三位前后主政的美国总统,却对他不予理睬,甚至鄙视,始终未能叩开美国的外交大门。在一连串的对美交涉不受重视,备受冷遇,对美国从希望到失望乃至绝望之后,孙中山不得不实行了联俄政策。"④因此可以说,孙中

---

① 《孙中山全集》第5卷,中华书局,1985年版,第489页。
② 杨幼炯著:《中国政党史》,《民国丛书》第二编第25卷,上海书店,1990年版,第6页。
③ 《孙中山全集》第4卷,中华书局,1985年版,第320页。
④ 陈三井著:《论孙中山晚年与美国关系》,载《广东社会科学》,2005年第3期。

山先生的做法是一种不得已的选择。

在孙中山重建国民党的过程中，中国近现代革命之重要政党——1921年成立的中国共产党起到了重要的作用。1922年7月，中共二大提出了要用革命手段摧毁旧的国家机器，建立"真正民主共和国"的政权思想，但是建立真正的民主共和国需要联合民主派建立民主的联合战线。中国共产党认为："国民党虽然有许多缺点与错误，然终为中国唯一革命的民主派，自然算是民主的联合战线中重要分子，在国民党为民主政治及统一政策争斗时期，无产阶级不但要和他们合作参加此争斗，而且要在国民党中提以反对帝国主义及为工人阶级利益与自由的口号，以扩大其争斗。"①

在苏俄和中国共产党的帮助下，孙中山加快了国民党重建的步伐。1922年10月6日，鲍罗廷提出了改组国民党的五条建议：一是修改党纲并在人民群众中广泛宣传党纲；二是制订国民党党章；三是在广州和上海建立党的核心，并在全国建立国民党的地方组织；四是尽快召开即使只有南方四省代表参加的党的全国代表大会，以便讨论和通过党纲党章；五是在召开全国代表大会时，必须使每一个代表懂得，他几乎要做的事情是什么，这样按照新的方式建立基层组织。②

不难看出，这一改组具有很强的苏俄色彩，统一的党章、严密的组织结构和严肃的纪律约束已经构成一个责任政党的构成要件。1924年1月20日，中国国民党一大召开。大会接受了中国共产党提出的反帝反封建的主张，重新解释了三民主义，贯彻孙中山联俄、联共、扶助农工三大政策。1月28日《中国国民党章程》通过，同意共产党员及社会主义青年团员以个人身份加入中国国民党，这也是国共第一次合作。在两党合作中，国民党和共产党都实现了作为责任政党的巨大的发展。

国民党重组为国民革命带来了新的活力，国民党在重组后缔造了自己的军队，并通过政治部和党代表的设立统一了军队思想。1925年广州国民政府成立，由于以党治国的理念，国民党与国民政府关系密切，具体有如

---

① 中央档案馆编：《中共中央文件选集》第1册，中央党校出版社，1989年版，第121页。

② [苏]亚·伊·切列潘诺夫著：《中国国民革命军的北伐》，中国社会科学院近代史研究所翻译室译，中国社会科学出版社，1981年版，第36—37页。

下表现：第一，国民政府之根本法由国民党制定；第二，国民政府权力的渊源为国民党；第三，国民政府的主要官吏由国民党任免；第四，国民政府之施政纲领及政策，皆由国民党制定；第五，国民政府之施政方针及政绩受国民党的监督。① 不难看出，此时的国民政府带有浓厚的苏俄政权的印记，这也是孙中山先生建国三个步骤即军政、训政、宪政的开始，是又一次政党政府的尝试的开始。后来的史学家也承认这一次国共合作虽然创立了一种新型的政党制度，但它并非两党制，而是国共两党在政治上的一种联合形式。②

需要指出的是，在这一时期（1920—1923 年），西南诸省也先后提出"联省自治"以对抗北洋政府武力统一，这一运动被一些学者认为是中国联邦制运动的主要内容。湖南省还制定省宪，原同盟会会员赵恒惕在 1922 年通电全国声称中国应建设"联邦化之单一国家"，联省自治迅速为各地军阀仿效，联省自治和中央集权成为这一时期的两大主要政治主张。但是联省自治是由地方军阀提出的，其本身和西方地方自治有着根本不同。"关于中央政府与各省地方政权之间的权限，及各省地方政权结构的讨论时，便出现了无休止的争论，纷纷引证 1815 年的日尔曼联邦、瑞士联邦、美利坚合众国、加拿大、澳大利亚为例，评论中国此时颁布或起草的各省省宪；但出于技术和法律的观点，而不是基于中国的现实。"③ 在这一过程中，政党在地方自治中并无作用，因此在地方自治成立的政府组织中，既非责任政府，亦非政党政府。而这些既为中国国民党所不容，也为中国共产党所深刻批判。

1926 年 6 月，国民军出师北伐，迅速扫清了两湖军阀。同年 12 月 7 日，国民党中央决定迁都武汉。1927 年，国民党定都南京，并开始了对共产党的迫害和清洗，两党联合宣告失败，中国革命进入低潮，中国责任政党政府的前途被蒙上了阴影。

---

① 杨鸿年等著：《中国政制史》，武汉大学出版社，2005 年版，第 426—427 页。
② 白钢著：《中国政治制度史》（下卷），天津人民出版社，2002 年版，第 916 页。
③ 让·切斯诺：《中国联邦运动，1920—1923 年》，转自 [美] 费正清：《剑桥中华民国史》（上卷），中国社会科学出版社，1995 年版，第 251 页。

三、国民党以党治国的发展与政党政府的歧途（1927—1938）

1927年，蒋介石叛变革命，一个军事独裁者走上了政治权力的顶峰。中国责任政党政府制度的又一次尝试却遭遇了法西斯主义的"一个政党、一个主义、一个领袖"的严峻挑战。

1928年2月2日，国民党二届四中全会决议，凡与联俄、容共政策有关之决议案，一律取消；凡因反共关系开除党籍者，一律无效。中国国民党成为这一时期的唯一的合法政党。1928年10月，国民党政府颁布《训政纲领》。1931年，又颁布《训政时期约法》，规定训政时间为6年，到1935年结束。训政期间，由国民党独揽政权。国民党组织体系高度膨胀，在省、县、区分别设立党部，区党部为基层组织。《改组国民政府案》规定，国民政府受中国国民党中央执行委员会的指导和监督，掌握全国政务。在训政期间，中国国民党全国代表大会代表国民大会行使中央统治权。中国国民党全国代表大会闭会时，其职权由中国国民党中央执行委员会行使。国民政府的政纲、方针、政策和计划，由国民党中央执行委员会政治会议决议，交国民政府执行。1935年11月，国民党五届一中全会后，又对国民党体制进行重大调整，委员制改为主席制，实现党政军一体化。1938年3-4月，国民党召开临时代表大会，主席制又改为总裁制。①这次会议通过了《抗战建国纲领》和《设立总裁制》等决议。大会鼓吹"一个信仰"、"一个领袖"、"一个政府"，并通过《抗战建国纲领》把国家的一切活动，乃至国民行动和思想，全部纳入国民党的控制之下；而总裁制的设立则为蒋介石总揽党政军一切权力扫清了障碍。中国政党政府走上了歧途。

国民党重组标志着孙中山对过去以西方模式救中国的部分检讨。他深刻地认识到，在现代国家体系尚未建立的时候，奢谈西方模式是不切实际的，因此他在国民党"一大"所作的《关于组织国民政府案的说明》中对苏俄的治理模式推崇备至。"俄国完全以党治国，比英、法、美之政党，握权更进一步；我们现在并无国可治，只可说以党建国。待国建好，再去

---

① 白钢主编：《中国政治制度史》，天津人民出版社，2002年版，第930—931页。

治他。"① 这一结论决定了国民党的政治核心地位,也开始了"党国"的建设步伐。

需要强调的是,孙中山对于以党治国的结论是一种工具理性的使用,而非价值理性。深受英美自由民主思想浸染的孙中山先生在中国革命处于胶着状态时期的思想突围,力图借助外力来解决中国国家建立的问题。正如他在国民党"一大"开幕词中所说:"此次国民党改组,有两件事:第一件是改组国民党,要把国民党再来组织成为一个有力量有具体的政党。第二件就是用政党的力量去改造国家。"② 因此这其中其实并不涉及以后的国家治理。正相反,"所谓以党治国,并不是要党员都做官,然后中国才可以治;是要本党的主义实行,全国人都遵守本党的主义,中国然后才可以治。简而言之,以党治国并不是用本党的党员治国,是用本党的主义治国"③。

但是应该看到的是,以党治国在孙中山这里不是仅仅简单地以党代国,作为宪政推行的起步阶段,党和政府还是有明显不同的工作分工。《训政时期约法》也将政权分给国民党,治权分给国民政府,即寓有党监察政府之意。又设中央政治会议作为党和政府的媒介。④ 但是这一设计确实为中国出现后来蒋介石的独裁统治提供了或多或少的理论可能。虽然其间如1928年,国民党军事委员会转为政府序列,标志着党和政府的结构分离,是年东北易帜,北伐结束,军政时期进入训政时期,但这仍然没有阻止权力的快速集中过程。到了抗战爆发,蒋介石已经攫取了国民党、国民军、国民政府的全部权力。中国责任政党政府又一次走上歧途。

四、联合政府的微弱尝试与政党政府的复兴(1938—1945)

1938年3月9日,国民党在重庆召开了临时代表大会,会议通过了《抗战建国纲领》和《设立总裁制》等决议。大会鼓吹"一个信仰"、"一个领袖"、"一个政府",并通过《抗战建国纲领》把国家的一切活动,乃

---

① 《孙中山全集》第9卷,中华书局,1986年版,第103页。
② 同上书,第97页。
③ 《孙中山全集》第8卷,中华书局,1986年版,第282页。
④ 杨鸿年等著:《中国政制史》,武汉大学出版社,2005年版,第427页。

至国民行动和思想，全部纳入国民党的控制之下。总裁制的设立则为蒋介石总揽党政军一切权力扫清了障碍。

后来，已经转移到汉口的国民党临时代表大会通过了《改进党务并调整党政关系案》以确定党政关系。该文件规定了中央一级是"以党统政"的形态，省及特别市采取"党政联系"的形态，县一级采取"党政融化"即"融党于政"的形态。这是在制度上提供了地方自治的可能，但在总体上，党对政府的绝对地位并没有改变。值得注意的是，这一文件还确定了国民党民主集权制的组织原则，即"各级党部之重大决策，须经各级权力机关通过，未决定前，得自由讨论，一经决议，即须服从"。这一原则在1945年国民党"六大"时期载入党章。①

抗战的严峻形势也迫使国民党部分开放权力，以动员全国力量参加抗日战争。这次会议还通过了《组织国民参政会案》。1938年6月16日，第一届参政会参政员名单公布，毛泽东、周恩来等中国共产党的领袖及沈钧儒等"社会贤达"名列其中。7月6日，国民参政会第一届第一次大会在汉口召开，到会149人。参政会设主席5人，主要职权有三：一是听取政府各种报告；二是促进业已成立的决议案之实施；三是在不违反大会决议议案之范围内，得随时执行本身之建议权及调查权。②

虽然在训政府时期，政权高度集中，但是在一定意义上说，参政会也可以看做是一种联合政府的微弱尝试，是一种政权的部分开放，而这一开放也为以后联合政府的设立奠定了基础。从国民党民主集权制和参政会制度本身来看，这一制度也部分含有政党政府的某种特征。

五、政治协商与政党政府的又一次失败（1946—1949）

1945年抗战胜利后，中国再次面临政治发展的前途和命运问题。1945年4月24日，毛泽东在中国共产党第七次代表大会上作《论联合政府》的政治报告。报告指出："中国急需把各党各派和无党无派的代表人物团结在一起，成立民主的临时的联合政府。"③

---

① 闫小波著：《中国近代政治发展史》，高等教育出版社，2003年版，第243页。
② 杨鸿年等著：《中国政制史》，武汉大学出版社，2005年版，第440页。
③ 《毛泽东选集》第3卷，人民出版社，1991年版，第1029页。

针对共产党提出的新民主主义纲领与国民党试图恢复一党独裁的政治主张的巨大差异，1946年1月10日至31日，各党派在重庆召开政治协商会议。会议通过了关于政府组织、施政纲领、军事问题、国民大会、宪法草案等五项议案。但这些议案不久就因内战的爆发而搁置。

宪政是政党政府体制的基础，也是孙中山《建国大纲》的重要步骤。1932年12月，孙科在国民党四届三中全会提议制宪；经过国民党中央审定，1936年5月5日宪法草案公布，史称"五五宪草"。10年里，它经过包括中国共产党在内的各党派人士4次重大修改。1946年11月15日，国民大会经过三读通过《中华民国宪法》，为宪政的实行提供了法律基础。

宪政实施必须改组国民政府，而改组国民政府必须首先解决政党与军队的地位问题。在美国的推动下，国共谈判开始。这一谈判的目的在于让中国共产党能像欧洲共产党一样，在一个立宪政府中参与政治和军事领导。① 1945年1月，周恩来赴重庆谈判，后来毛泽东再赴重庆谈判，发表了《双十协定》。《双十协定》决定迅速结束训政，实施宪政，并召开政治协商会议。但是1946年的国民大会却仍然是国民党单方面举行的。1946年3月，中国国民党召开六届二中全会，推翻了该年1月份以来的政协会议通过的各种决议。1947年9月13日的国民党四中全会上，国民党竟然宣布："本党目前最迫切的工作是如何消灭我们唯一的敌人——共产党……共产党是本党生死成败的敌人，也就是我们整个国家安危存亡的公敌。"② 会议明确地把本党的利益等同于国家的利益。1947年10月27日国民党政府宣布民盟为非法团体，国民党一党独裁的局面重新恢复。

英国思想家罗素观察了中国民国初年的政治混乱后强调，寻求政治独立本身并不是最终目的，而是实现中国的传统美德和西方的技艺结合的一条途径。如果达不到这个目的，那么，政治上的独立也没有什么太大的价值。③ 其实早在1943年9月8日，蒋介石在国民党五届十一中全会上的开

---

① [美]费正清著：《美国与中国》（第四版），世界知识出版社，2006年版，第325页。
② 荣孟源编：《中国国民党历次代表大会及中央全会资料》（下册），光明日报出版社，1985年版，第1175页。
③ [英]罗素著：《中国问题》，秦悦译，学林出版社，1996年版，第191页。

幕词中就信誓旦旦："宪政实施以后，在法律上本党应该与一般国民和普通政党处于同等的地位，在法定的集会、结社、言论、出版、自由的原则之下享同等的权利，尽同等的义务，受国家同等的待遇。"① 在这里，蒋介石揭示了政党政府的一个重要原则——政党平等而不互相取缔，而这正是政党政府的前提。但是蒋介石后来并没有按照孙中山先生既定的民主道路前进，甚至一直到其兵败台湾、逝于孤岛之前，其对权力的控制也未见松动。中国责任政党政府的努力又一次遭遇失败。

六、民初以来中国政党政府的反思

在民国成立后的38年中，中国的政党政府不但没有沿着英美道路前进，甚至没有沿着孙中山设想的路线前进，其中的原因是值得探讨的。对此学界也有很多的论述。我们认为从以下几个方面来探讨也许是必要的：

第一，学习对象的选择使中国政党政府走上了宿命。按照路径依赖理论，当政治发展选择一个对象加以学习或模仿时，便注定学习者的这一道路将与被学习者合辙。学习对象的选择不仅仅体现在晚清政府，也体现在国民党政府。晚清政府选择了后来走上军国主义道路的日本作为学习对象；孙中山师法苏俄以党治军使中国民主革命走上了一种党、政、军高度集权的道路；1928—1938年，蒋介石政府正受着法西斯德国的重要影响。当时蒋介石特别感兴趣的是德国"国家社会主义的组织和管理方法，特别想知道党的领导人物怎样能够在众多追随者中维持最严格的纪律，这样对可能出现的党的敌人或异己派采用严厉的制裁措施。1932年12月，蒋介石派遣两名'执行秘密使命'的密使去柏林，亲身了解纳社党的组织和领导。他们可能在12月底与当时的国民议会主席戈林见了面"②。这样的学习过程必然增加中国民主发展中独裁的砝码，最终使中国政治天平倾覆，建立民主的政党政府体制的努力就这样断送在蒋介石手中。

第二，学习方法问题。美国学者柯伟林深刻地指出："中国人引入外

---

① 荣孟源编：《中国国民党历次代表大会及中央全会资料》（下册），光明日报出版社，1985年版，第829页。
② [美]柯伟林著：《德国与中华民国》，陈谦平等译，江苏人民出版社，2006年版，第180页。

国模式的一种方法是将其作为'主义',即作为普遍适用的政治学或哲学框架而引进的。共和制度之所以能吸引中国的一代革命者,在于它既是当时最现代的政治形式,又是防止旧秩序死灰复燃的最佳手段。"① 在孙中山决定采用总统制和宋教仁决定采用内阁制之间,并没有多少中国原创的制度内核。但是中国政党政府的建立必须建立在中国的政治土壤之上。对于制度移植的土壤问题,托克维尔早已看出。西方的权力形成是由下而上的集中过程,而中国的权力结构则是自上而下的分配过程。因此在这一意义上,生硬的搬用西方政治制度是困难的,即使是把三权分为五权,总统变为总理或总裁,终究不能摆脱政治外壳与政治内核的分立。

第三,近代以来的中国破败的政治基础难以进行各种政治实验。美国汉学家在分析中国19世纪现代化失败的原因时指出:"19世纪中国的失败,在很大程度上乃是由于中国政治结构的固有脆弱性及后来其所遭到的腐蚀。中国政治体制不仅仅因其本身的性质日益与世界上其他国家发生的变化不协调,无法应付与外部政治挑战俱来的冲击力所强加给它的问题,更重要的还是,19世纪末20世纪初的可悲记录表明,旧的政治秩序受到了严重的内伤。"② 在一个四分五裂的国家体制内,中国正处于传统的政治体系瓦解和新的体系重建的时期,这就给一定时期的集权带来可能。但是当集权完成以后,权力集中的惯性使其自身难以摆脱制度的"内卷化"过程,尤其在政党自觉不能实现、政治强人权力欲望无法克服时,一种同时包含集中与分权的政党政府体制就难以最终建立。

第四,不同阶级的政党联合在中国是个理论难题。费正清在回顾重庆谈判失败时说:"我们的问题是怎样使一党专政进行民主改革,以阻止一场革命。实际上,我们怀着一个自相矛盾的目标:敦促国民党领袖进行改革,以便削弱他们的专制权力而有利于国内和平;同时加强国民党所控制的政权,作为走向东亚政治稳定的一个步骤。我们卷进了一个继续在物质上加强国民党专政而同时又想使它在政治上自行解体的过程。但蒋介石和

---

① [美] 柯伟林著:《德国与中华民国》,陈谦平等译,江苏人民出版社,2006年版,第1页。
② [美] 吉尔伯特·罗兹曼著:《中国的现代化》,国家社科基金"比较现代化"课题组译,江苏人民出版社,2003年版,第186页。

他的将军们宁可用他们手中的新式武器按照他们自己的方式行事。"①

从阶级分析的视角出发,毛泽东的批评更为深刻。毛泽东在1945年的《论联合政府》中批评了国民党主要统治集团,认为他们在中国的政治危机方面应该承担责任,因为这一集团"所代表的利益是中国的大地主、大银行家、大买办阶层的利益。这些极少数人所形成的反动阶层,垄断着国民党政府管辖之下的军事、政治、经济、文化的一切重要的机构……他们所指的国家,就是大地主、大银行家、大买办阶层的封建法西斯的独裁国家,并不是人民大众的民主国家"②。

同样,由于阶级属性的存在,政党如何实现联合在中国并没有类似英美等国的斗争与妥协的经验,因此通过执政党主动开放政权来实现不同阶级的联合是非常困难的,即使是此前视为经典的第一次国共合作也是共产党在国民党一党之内活动。在第二次国共合作中,两党距离组建联合政府的目标也存在很大距离,"事实上,两党之间很少开展什么合作,只是存在着大致可以理解的共识,即两党不处于交战状态"③。而这种有效合作的缺乏也因此妨碍了政党政府的形成。

值得注意的是,在内战即将结束的时候,蒋介石也意识到了国民党在政治基础上存在的问题,并试图扩大国民党的政治基础。国民党六届三次中央全会上,中央执行委员会第三次全体会议通过的《现阶段的党务方针》指出,"国民党的组织成份,过去太偏重知识分子,以后要扩大社会基础,征收党员注重生产群众与职业群众,以农、工、店员及工商业者为对象,特别注重农工分子,并简化入党手续,限期增加百分比。对于党的代表会与委员会以及民意机关之选举,均依照党员成份比例,以增加农工党员及民运干部之当选名额。"④ 但是正如晚清的政治改革一样,在解放战争席卷全国的大势下,国民党的政治改革已经不再具有成功的条件。

---

① [美]费正清著:《美国与中国》(第四版),世界知识出版社,2006年版,第326页。
② 《毛泽东选集》第3卷,人民出版社,1991年版,第1045—1046页。
③ [美]詹姆斯·R.汤森等著:《中国政治》,顾速等译,江苏人民出版社,2003年版,第54页。
④ 荣孟源编:《中国国民党历次代表大会及中央全会资料》(下册),光明日报出版社,1985年版,第1109—1110页。

陈之迈先生在对中国半个世纪的政治发展进行回顾时指出："我国政治制的历史在清末变法以前几千年来是一贯的。在这几千年当中，政治制度在表面上虽有种种的变化，在实际上则变动颇为轻微。这一段几千年的政治制度演变史读之如读英国的宪法史，是'自然而成'的，其中没有急剧的变动。近50年的中国政治制度史则是一个急剧而根本的变动，各种新奇的制度纷纷见诸实行，有的尚在孕育时期便已夭折，有的则只在表面上出现，始终未曾生根，遑论繁荣滋长。"① 陈之迈用一句话揭示了中国20世纪后半叶的政治任务："辛亥革命解决了中国的国体问题，中国是一个共和国家了……在共和政体已经解决了之后所发生的是政治制度的问题。"② 这一制度就是符合中国政治发展逻辑的现代责任政党政府制度，中国的政党政府体制注定要实现中国政治土壤上的理论突围，而这一过程是由中国共产党联合各民主党派共同完成的。

第三节　当代中国责任政党政府建构的道路与模式

中国是一个背负历史与传统而前进的伟大国家，在国外一些学者看来，中国的政治变迁充斥着历史的因素，"中国人的概念框架令人惊奇地具有自我中心和历史的特性……这种在当代政治进程中加进历史因素的做法，部分是出自一种文化特质，部分则是由传统体制的封闭性所造成的"③。革命先行者孙中山先生建立了共和制度和政党政府，从而改变了这一封闭的政治传统，也同时为后来的中国革命者创建了新的传统。"毛泽东和他的高级同僚对清朝帝国社会有着切身的感受，并部分接受了传统方式的教育。较年轻些的领导人是1949年以前从政的，也很了解1911年以后长期维系着的传统思想和文化形态。"④ 中国的政治发展必然从孙中山先

---

① 陈之迈著：《中国政府》第一册，《民国丛书》第三编第20卷，上海书店，1990年版，第1页。
② 同上书，第6页。
③ [美]詹姆斯·R.汤森等著：《中国政治》，顾速等译，江苏人民出版社，2003年版，第4页。
④ 同上。

生创立的民主共和政治制度出发,探求更加符合中国现实的政府体制;同样重要的是,作为无产阶级政党建立起来的社会主义国家,中国的责任政党政府的建构必须遵循马克思主义政治学的基本规律,必须关注当代中国责任政党政府建构的理论前提。

一、新中国责任政党政府初设的理论前提

马克思和恩格斯关于责任政党政府的相关思想是新中国责任政党政府建设的理论前提。在残酷的工业化过程中,马克思恩格斯深刻地认识到资产阶级政府由于其固有的阶级属性而给社会带来的巨大破坏,并在对资产阶级国家和政府的深刻批判时,从根本上否定了这种剥削阶级政府制度的合法性。在马克思恩格斯所处的时代,政党的发展已脱离了单纯宗派小集团时期,而进入了资本主义国家统治机器之内,形成了资产阶级政党政治的模型。[①] 在对资产阶级剥削制度的否定中,马克思恩格斯都在不同程度上表达了关于政党的有关思想。1844年11月,马克思甚至曾准备探讨欧洲各国政党斗争的问题,在《关于现代国家的著作的计划草稿》中专门开列了"政党"一项,但没有完成。《共产党宣言》则最终成为马克思恩格斯政党理论形成的标志。虽然马克思恩格斯并没有直接对责任政党政府进行论述,但是在其著作中,他们也从不同层面间接地探讨了责任政党政府的相关思想。

(一)责任政党政府是阶级斗争的历史产物

与后来的美国责任政党政府理论者乃至大多数的西方政治学者不同,马克思是一个冷峻的批判者与思考者。从阶级分析的视角出发,他强调了社会发展与政治发展的关系:"只有在没有阶级和阶级对抗的情况下,社会进化将不再是政治革命。"[②]

从国家的视角出发,恩格斯认为,国家不是从来就有的,它是私有制的产物,是一定社会力量作用的结果。恩格斯在深入考察家庭、私有制和国家的起源后指出:"国家是承认:这个社会陷入了不可解决的自我矛盾,

---

[①] 张荣臣著:《马克思恩格斯政党理论研究》,中央编译出版社,2001年版,第15页。
[②] 《马克思恩格斯选集》第1卷,人民出版社,1995年版,第195页。

分裂为不可调和的对立面而又无力摆脱这些对立面。而为了使这些对立面，这些经济利益互相冲突的阶级，不致在无谓的斗争中把自己和社会消灭，就需要有一种表面上凌驾于社会之上的力量，这种力量应当缓和冲突，把冲突保持在'秩序'的范围以内；这种从社会中产生但又自居于社会之上并且日益同社会相异化的力量，就是国家。"①

马克思恩格斯认为，国家的产生是必要的，作为一种必须的共同体，它是人的全面发展的前提。"只有在共同体中，个人才能获得全面发展其才能的手段，也就是说，只有在共同体中才可能有个人自由"，"在真正的共同体的条件下，各个人在自己的联合中并通过这种联合获得自己的自由"。② 由于维护人的自由发展和公共秩序需要，公共权力必须得到有效的行使，"在阶级对立还没有发展起来的社会和偏远的地区，这种公共权力可能极其微小，几乎是若有若无的……但是，随着国内阶级对立的尖锐化，随着彼此相邻的各国的扩大和它们人口的增加，公共权力就日益加强"③。

正是为了秩序维持的需要，国家从社会中一旦脱离，就拥有自身的独特属性——公共性，政府就是这种公共性的代表。政府的权力从它诞生之日起就天然地具备了公共价值，它必须也只有超越所有阶级利益才可能行使其维持公共秩序的职能。然而，阶级社会中，由于私有制的产生，国家以及其组成部分的政府却日益成为"和人民大众分离的公共权力"④，从而沦为剥削阶级国家机构的一部分。正如恩格斯所指出那样，"国家是文明社会的概括，它在一切典型的时期毫无例外地都是统治阶级的国家，并且在一切场合在本质上都是镇压被压迫被剥削阶级的机器"⑤。在这里，"个人自由只是对那些在统治阶级范围内发展的个人来说是存在的，他们之所以有个人自由，只是因为他们是这一阶级的个人……因此对于被统治的阶级来说，它不仅是完全虚幻的共同体，而且是新的桎梏"⑥。

---

① 《马克思恩格斯选集》第4卷，人民出版社，1995年版，第170页。
② 《马克思恩格斯选集》第1卷，人民出版社，1995年版，第119页。
③ 《马克思恩格斯选集》第4卷，人民出版社，1995年版，第171页。
④ 同上书，第116页。
⑤ 同上书，第176页。
⑥ 《马克思恩格斯选集》第1卷，人民出版社，1995年版，第119页。

同样，马克思并不纠缠于政党的组织结构，他否认政党产生的非阶级性，并明确地指出政党起源于阶级斗争，是阶级和阶级斗争发展到一定历史阶段的产物，其最根本的原因就是隐藏在阶级斗争背后的经济地位的事实上的不平等。马克思写到："经济条件首先把大批的居民变成工人。资本的统治为这批人创造了同等的地位和共同的利害关系。所以，这批人对资本说来已经形成一个阶级，但还不是自为的阶级。在斗争（我们仅仅谈到它的某些阶段）中，这批人联合起来，形成一个自为的阶级。他们所维护的利益变成阶级的利益，而阶级同阶级的斗争就是政治斗争。"① 1885年11月，恩格斯在《关于共产主义者同盟的历史》一文中指出："我在曼彻斯特时异常清晰地观察到，迄今为止在历史著作中根本不起作用或者只起极小作用的经济事实，至少在现代世界中是一个决定性的历史力量；这些经济事实形成了现代阶级对立的基础；这些阶级对立，在它们因大工业而得到充分发展的国家里，因而特别是在英国，又是政党形成的基础，党派斗争的基础，因而也是全部政治史的基础。"②

在资产阶级国家，政党只是政治分赃的工具。"正是在美国，我们可以最清楚地看到，本来只应为社会充当工具的国家政权怎样脱离社会而独立化。那里没有王朝，没有贵族，除了监视印第安人的少数士兵之外没有常备军，不存在拥有固定职位和享有年金的官僚。然而我们在那里却看到两大帮政治投机家，他们轮流执掌政权，以最肮脏的手段用之于最肮脏的目的，而国民却无力对付这两大政客集团，这些人表面上是替国民服务，实际上却是对国民进行统治和掠夺。"③ 在政党分赃制度下，政党政府对人民没有责任。"担任内阁大臣职务的人在任职期间是不负责任的……普鲁士内阁大臣的责任无论从什么意义上说，都还是一个谜。"④对于责任政府来说，政府的责任应该是经过法律明确规定的，但是，在普鲁士内阁，"关于这种责任制却没有任何法律"，"内阁大臣……只是对他们的君王负

---

① 《马克思恩格斯选集》第1卷，人民出版社，1995年版，第193页。
② 《马克思恩格斯选集》第4卷，人民出版社，1995年版，第196页。
③ 《马克思恩格斯选集》第3卷，人民出版社，1995年版，第12页。
④ 《马克思恩格斯全集》第12卷，人民出版社，1962年版，第659页。

责"。①而下级官吏在执行内阁大臣的命令时也不得过问内阁大臣的命令是否合法，"并且对这些命令的执行是没有责任的。这样，官僚的权威以及随之而来的执行机关的权威就仍然原封不动，而宪法规定的'普鲁士人的权利'变成了一纸具文"。② 因此，马克思指出这种所谓"内阁大臣的责任"是个非常难以捉摸的概念。

政党的历史是阶级斗争的历史。在资产阶级国家，党派斗争的历史只是政党分赃制的历史，这种基于政党分赃基础上的政党是不负责任的政党，其组成的政府也不是责任政党政府。

在1858年10月19日《普鲁士状况》一文中，马克思进一步深刻地指出，在资产阶级国家里，政府对人民是没有责任的。在政党分赃制度下，"担任内阁大臣职务的人在任职期间是不负责任的……普鲁士内阁大臣的责任无论从什么意义上说，都还是一个谜"③。对于责任政府来说，政府的责任应该是经过法律明确规定的，但是，在普鲁士内阁，"关于这种责任制却没有任何法律"。"内阁大臣……只是对他们的君王负责"④。而下级官吏在执行内阁大臣的命令时也不得过问内阁大臣的命令是否合法，"并且对这些命令的执行是没有责任的。这样，官僚的权威以及随之而来的执行机关的权威就仍然原封不动，而宪法规定的'普鲁士人的权利'变成了一纸空文"⑤。因此，马克思指出这种所谓"内阁大臣的责任"是个非常难以捉摸的概念。

在阶级统治下，任何政党政府只对统治阶级负责。而为了恢复政府公共权力的公共性和政府的责任感，无产阶级必须通过革命，建立自己的国家机器，并在此基础上建立向人民负责的政府。"无产阶级将利用自己的政治统治，一步一步地夺取资产阶级的全部资本，把一切生产工具集中在国家即组织在成为统治阶级的无产阶级手里，并且尽可能快地增加生产力

---

① 《马克思恩格斯全集》第12卷，人民出版社，1962年版，第659页。
② 同上书，第659—660页。
③ 同上书，第659页。
④ 同上书，第659页。
⑤ 同上书，第659—660页。

的总量。"① "所以，夺取政权已成为工人阶级的伟大使命。"② "各地的经验都证明，要使工人摆脱旧政党的这种支配，最好的办法就是在每一个国家里建立一个无产阶级的政党，这个政党要有它自己的政策，这种政策将同其他政党的政策显然不同，因为它必须表现出工人阶级解放的条件。"③

因此，根据马克思和恩格斯的逻辑，无产阶级只有在阶级社会中组建无产阶级政党，才能取得革命和建立无产阶级政权的胜利；而夺取革命胜利以后，由无产阶级政党组建一个负责任的无产阶级政府其实就是建立一个无产阶级责任政党政府。因此，建立无产阶级的责任政党政府也就构成了马克思主义政府理论的重要内容。

（二）责任政党政府受社会制约

古典政治学中的市民社会是建立在一种道德评价基础上的。市民社会作为一种群体存在与城邦并无本质区别，正如马克思所指出的那样："中世纪的精神可以表述如下：市民社会的等级和政治意义上的等级是同一的，因为市民社会就是政治社会，因为市民社会的有机原则就是国家的原则。"④

在洛克的解释中，基于契约建立起来的市民社会也是早于国家存在的。黑格尔则认为市民社会是由国家决定的："是各个成员作为独立的单个人的联合，因而也就是在形式普遍性中的联合，这种联合是通过成员的需要，通过保障人身和财产的法律制度，和通过维护他们特殊利益和公共利益的外部秩序而建立起来的。"⑤

马克思在论述国家与社会的关系时指出，市民社会决定政治国家，"市民社会这一名称始终标志着直接从生产和交往中发展起来的社会组织，这种社会组织在一切时代都构成国家的基础以及任何其他的观念的上层建筑的基础。"⑥ 其在《哥达纲领批判》中进一步指出："自由就在于把国家由一个高踞社会之上的机关变成完全服从这个社会的机关；而且就在今

---

① 《马克思恩格斯选集》第1卷，人民出版社，1995年版，第293页。
② 《马克思恩格斯选集》第2卷，人民出版社，1995年版，第606页。
③ 同上书，第321页。
④ 《马克思恩格斯全集》第1卷，人民出版社，1956年版，第334页。
⑤ [德] 黑格尔著：《法哲学原理》，范扬等译，商务印书馆，1961年版，第174页。
⑥ 《马克思恩格斯选集》第1卷，人民出版社，1995年版，第130—131页。

天,各种国家形式比较自由或比较不自由,也取决于这些国家形式把'国家的自由'限制到什么程度。"①

首先,社会原则决定了国家的原则。在市民社会中,国家的统治阶级要想取得合法性,必须"与整个社会混为一体并且被看做和被认为是社会的总代表;在这瞬间,这个阶级的要求和权利真正成了社会本身的权利和要求,它真正是社会的头脑和社会的心脏。只有为了社会的普遍权利,特殊阶级才能够要求普遍统治"②。作为一种发展目标的规定性,社会的原则必将决定国家的原则。而在资产阶级世界,社会革命的目的也正是为了正本清源,通过对剥削阶级国家的逻辑上的否定而规定真正的国家原则。"政治改革第一次宣布:人类今后不应该再通过强制即政治的手段,而应该通过利益即社会的手段联合起来……虽然这样一来它就否定了国家,但是,另一方面,它恰好又重新恢复了国家。"③

其次,社会现实决定了国家管理制度的现实。"任何地方发生革命动荡,其背后必然有某种社会要求。"④任何政治制度都体现为对社会生活的适应性,而不是一种幻想。"世界上有没有一个国家,像所谓立宪德国这样,天真地分享了立宪国家制度的一切幻想,而未分享它的现实呢?"⑤马克思在《危机与反革命》一文中对抽象地谈论立宪原则进行了辛辣地讽刺。在1848年德国议会和政府的冲突中,社会的矛盾造成了公共责任的旁落,"内阁不敢坚决果断地处理政务;它没有采取必要的保持社会安宁的措施。议会要求内阁尽职只是执行了自己的职责"⑥。这种混乱与斗争在10年以后再次被马克思所深刻地批判。在1858年的政治斗争中,"内阁是议会政府,同时又不是议会政府。它通过选举排挤掉了王后手下的宫廷奸党,但它已迫不及待地要毁掉自己借以爬上台去的阶梯"⑦。在这样的混乱的权力冲突条件下,谈论抽象的政治原则变得滑稽可笑。相反,一些具体

---

① 《马克思恩格斯选集》第3卷,人民出版社,1995年版,第313页。
② 《马克思恩格斯选集》第1卷,人民出版社,1995年版,第12—13页。
③ 同上书,第24页。
④ 同上书,第483页。
⑤ 同上书,第12页。
⑥ 同上书,第315页。
⑦ 《马克思恩格斯全集》第12卷,人民出版社,1962年版,第701页。

的政府行政行为却暴露了政府的剥削的本质。例如马克思在《1848年至1850年的法兰西阶级斗争》中谈到法国农民对于葡萄酒税的憎恨,"农民根据葡萄酒税来鉴别政府的气味,判断政府的倾向"①。

第三,一切国家管理活动都是有目的社会实践活动。自从人类产生以来,历史就翻开了新的一页。人类的历史是实践的历史,"全部社会生活在本质上是实践的。凡是把理论引向神秘主义的神秘东西,都能在人的实践中以及对这个实践的理解中得到合理的解决"②。正是由于作为人类的存在物,人类社会的过程首先是"通过实践创造对象世界,改造无机界"③的实践过程。同时,按照毛泽东的解释,"人的社会实践,不限于生产活动一种形式,还有多种其他的形式,阶级斗争,政治生活,科学和艺术的活动,总之社会实际生活的一切领域都是社会的人所参加的"④。在这里,人类的社会实践和动物的活动有着本质区别,"动物只是按照它所属的那个种的尺度和需要来建造,而人懂得按照任何一个种的尺度来进行生产。并且懂得处处都把内在的尺度运用于对象;因此,人也按照美的规律来构造"⑤。来自社会的实践活动必然将社会的内在要求作用于国家政府制度,使政府在一定程度上体现为国家对社会要求的满足。

因此,在马克思恩格斯看来,在资产阶级的政府体制中,政府借用社会的名义行使剥削之本质,却脱离政府的公共责任。而社会对政府的制约作用主要是通过人民组成自己的政府并对政府进行监督而实现的。"人们从小就习惯于认为,全社会的公共事务和公共利益只能像迄今为止那样,由国家和国家的地位优越的官吏来处理和维护,所以这种崇拜就更容易发生。人们以为,如果他们不再迷信世袭君主制而坚信民主共和制,那就已经是非常大胆地向前迈进了一步。实际上,国家无非是一个阶级镇压另一个阶级的机器,而且在这一点上民主共和国并不亚于君主国。"⑥ 因此只有建立人民自己的政府,才不会出现盲目的国家崇拜,才能杜绝像1848年德

---

① 《马克思恩格斯选集》第1卷,人民出版社,1995年版,第454页。
② 同上书,第56页。
③ 同上书,第46页。
④ 《毛泽东选集》第1卷,人民出版社,1991年版,第283页。
⑤ 《马克思恩格斯选集》第1卷,人民出版社,1995年版,第47页。
⑥ 《马克思恩格斯选集》第3卷,人民出版社,1995年版,第13页。

国内阁拒绝执行议会的决议、1850年法国政府放弃政权的闹剧，才能防止像美国政权对社会的脱离而独立化。① 在新社会中，在无产阶级政府里，首先是政府要受到人民的监督，这种监督主要是通过选举公务员完成的。不仅是公务员，"法官也应该由选举产生，可以罢免，并且对选民负责"②。"这些委员是负责任的，随时可以罢免。"③ 当然，即使在选举产生的政府中，也必须建立政府的监督机制，防止政府对社会的脱离。"一切社会公职，甚至原应属于中央政府的为数不多的几项职能，都要由公社的勤务员执行，从而也就处在公社的监督之下。"④

（三）责任政党政府的阶级性体现在社会性之中

在阶级社会中，国家的阶级性是体现在社会性之中的，因此政府必须负责任地履行其社会职能。马克思主义经典作家认为，在阶级社会中，政治统治职能是政府的首要职能。恩格斯强调："由于国家是从控制阶级对立的需要中产生的，所以，它照例是最强大的、经济上占统治地位的阶级，因而获得了镇压和剥削被压迫阶级的新手段。"⑤ 但是，政府的政治统治职能不是政府的唯一职能，对此恩格斯也深刻地指出："政治统治到处都是以执行某种社会职能为基础，而且政治统治只有在它执行了它的这种社会职能时才能持续下去。"⑥ "无论在任何情况下，无论有或者没有托拉斯，资本主义社会的正式代表——国家，终究不得不承担起对生产的领导。这种转化为国家财产的必然性首先表现在大规模的交通机构，即邮政、电报和铁路方面。"⑦ 但是需要指出的是，恩格斯也严厉批判了那种试图认为"公共职能将失去其政治性质，而变为维护真正社会利益的简单的管理职能"⑧ 的错误观点。也就是说，政府的政治统治职能和社会管理职能是互相依存、互为条件的，对于政府来说，既需要执行政治统治职能，

---

① 《马克思恩格斯选集》第3卷，人民出版社，1995年版，第12页。
② 同上书，第121页。
③ 同上书，第55页。
④ 同上书，第121页。
⑤ 《马克思恩格斯选集》第4卷，人民出版社，1995年版，第172页。
⑥ 《马克思恩格斯选集》第3卷，人民出版社，1995年版，第523页。
⑦ 同上，第752页。
⑧ 同上，第227页。

也要执行社会职能。此外，政府还承担着道德净化职能。马克思似乎很赞同巴黎公社时期伦敦《观察家报》的一段描写："巴黎所决不愿再容忍的，是荡妇和轻薄少年的存在。它决心驱逐或改造曾经把这座巨大城市抓在手里作为自己私产加以利用的这批无用处、无信仰、自私自利的败类。"①

同样，政党也不是抽象的产物，它总是一定阶级的政治利益的代表。但是正如国家的阶级性是隐藏在社会性之中一样，政党的阶级性也是通过社会性予以实现的，而政党的社会性又往往是具体的。即使是无产阶级的政党组织，也不能脱离其社会属性而单独存在。其实在《共产党宣言》中，无产阶级经典理论家也已经对特定阶段的共产党的责任履行给出了比较明确的答案。马克思恩格斯在文中指出，在夺取资产阶级资本的过程中，不同国家的共产党人可以有不同的措施。文中列举了10种措施，有剥夺地产，把地租用于国家支出；征收高额累进税；废除继承权；没收一切流亡分子和叛乱分子的财产；通过拥有国家资本和独享垄断权的国家银行，把信贷集中在国家手里；把全部运输业集中在国家手里；按照总的计划增加国家工厂和生产工具，开垦荒地和改良土壤；实行普遍劳动义务制，成立产业军，特别是在农业方面；把农业和工业结合起来，促使城乡对立逐步消灭；把所有儿童实行公共的和免费的教育。②

（四）无产阶级责任政党政府的核心责任及其实现

共产党的建立是世界工人运动的伟大的历史事件。1848年2月，马克思和恩格斯以《共产党宣言》的发表宣告了一个属于无产阶级的新时代的到来。在这篇经典文献中，无产阶级导师以犀利的目光穿透了厚重的资产阶级社会制度，指出了无产阶级政党的责任。

马克思恩格斯把一切的社会关系首先看做是一种社会经济关系，从对这种社会经济关系的批判中，赋予了人类社会必须消灭这一不合理的社会经济关系的责任，否则人类社会永远不能摆脱资本的束缚。对照历史上出现的众多政治组织和群体，无产阶级导师指出，履行这一历史责任的只有共产党。马克思恩格斯在《共产党宣言》中指出，共产党人不是同其他无

---

① 《马克思恩格斯选集》第3卷，人民出版社，1995年版，第115页。
② 《马克思恩格斯选集》第1卷，人民出版社，1995年版，第293—294页。

产阶级政党相对立的特殊政党，共产党人的独特之处在于："一方面，在无产者不同的民族的斗争中，共产党人强调和坚持整个无产阶级共同的不分民族的利益；另一方面，在无产阶级和资产阶级的斗争所经历的各个发展阶段上，共产党人始终代表整个运动的利益。"① 只有这样始终代表着全体阶级和整个运动的共产党，才能彻底地完成历史赋予无产阶级的政治责任，彻底消灭私有制，彻底解放全人类。

马克思主义责任政党政府理论的核心是人的解放，其目的是实现每个人的全面而自由的发展。在马克思的论述中，始终贯穿着"个人"和"自由"这两个基本内容。恩格斯在《社会主义从空想到科学的发展》中更进一步认为人的发展经过三个步骤，即有尊严地生活——全面的合理的发展——自由的生命活动。② 为了实现这种人类解放，无产阶级应当组织本阶级的政府机关，彻底解放劳动，解放人类。"公社的真正秘密就在于：它实质上是工人阶级的政府，是生产者阶级同占有者阶级斗争的产物，是终于发现的可以使劳动在经济上获得解放的政治形式。"③ "这是社会把国家政权重新收回，把它从统治社会、压制社会的力量变成社会本身的生命力。"④ 也只有在这样的政府管理的国家里，才能"由全体成员组成的共同联合体来共同地和有计划地利用生产力；把生产发展到能够满足所有人的需要的规模；结束牺牲一些人的利益来满足另一些人的需要的情况"，使"所有人共同享受大家创造出来的福利"，"使社会全体成员的才能得到全面发展"⑤。

当然，在明确夺取政府权力是无产阶级的历史使命之后，还必须明确，无产阶级"不能简单地掌握现成的国家机器，并运用它来达到自己的目的"⑥。无产阶级政府必须通过必要的政府体系的设立和运作实现这一目标。也就是说，无产阶级仍然需要建立自己的政府组织而不是简单以政党来行使政府的职能，在政府过程中，首先要选举有责任心的国家公职人

---

① 《马克思恩格斯选集》第 1 卷，人民出版社，1995 年版，第 285 页。
② 《马克思恩格斯选集》第 3 卷，人民出版社，1995 年版，第 729—730 页。
③ 同上书，第 58—59 页。
④ 同上书，第 95 页。
⑤ 《马克思恩格斯选集》第 1 卷，人民出版社，1995 年版，第 243 页。
⑥ 《马克思恩格斯选集》第 3 卷，人民出版社，1995 年版，第 52 页。

员。马克思指出,资产阶级"寡头政体不是靠把政权经常保存在同样一些手中而使自己永存下去的,而是采用这样的办法:它轮流地使政权从一只手中放下,又立刻被另一只手抓住"①。无产阶级政府的公务员是与之不同的,他们由公社选举产生并进行行政管理和创制法律,"从前有一种错觉,以为行政和政治管理是神秘的事情,是高不可攀的职务,只能委托给一个受过训练的特殊阶层,即国家寄生虫、俸高禄厚的势利小人和闲职人员……现在错觉已经消除。彻底清除了国家等级制,以随时可以罢免的勤务员来代替骑在人民头上感到作威作福的老爷们,以真正的责任制来代替虚伪的责任制,因为这些勤务员总是在公众监督之下进行工作的"②。

此外,责任政党政府的责任有一个历史变化的过程。马克思恩格斯从历史主义的视角分析,认为国家的政治结构总是决定于社会的经济生活条件,并为某种经济目的服务。恩格斯在其遗稿《论未来的联合体》中认为:"迄今存在过的联合体,不论是自然地形成的,或者是人为地造成的,实质上都是为经济目的服务的,但是这些目的被意识形态的附带物掩饰和遮盖了。古代的巴力斯、中世纪的城市或行会、封建的土地贵族联盟——这一切都有意识形态的附带目的,这些附带目的,它们是奉为神圣的,而在城市望族的血族团体和行会中,则来源于氏族社会的回忆、传统和象征,同古代的巴力斯的情况差不多。只有资本主义商业社会才是完全清醒的和务实的,然而是庸俗的。未来的联合体将把后者的清醒同古代联合体对共同的社会福利的关心结合起来,并且这样来达到自己的目的。"③ 由此不难看出,恩格斯对责任政党政府的期待是一种务实的、具有公共性的政府。

同时,责任政党政府的责任也必然由于政治结构的变化而相应变化,而政治结构也必然决定于经济结构的历史变迁。1892年,恩格斯在分析美国政党结构时,指出"在美国,我觉得还没有第三党存在的余地","只有当再也不能指望从投机活动中得到任何东西的一代美国本地工人出现时",

---

① 《马克思恩格斯全集》第11卷,人民出版社,1962年版,第399页。
② 《马克思恩格斯选集》第3卷,人民出版社,1995年版,第96页。
③ 《马克思恩格斯全集》第21卷,人民出版社,1965年版,第447页。

"成立第三党的时机才会到来"。① 不难看出,恩格斯这里所说的第三党就是工人阶级政党。"可是社会的政治结构决不是紧跟着社会经济生活条件的这种剧烈的变革立即发生相应的改变",而"当阶级差别在发展进程中已经消失而全部生产集中在联合起来的个人的手里的时候,公共权力就失去政治性质"。② "国家政权对社会关系的干预在各个领域中将先后成为多余的事情而自行停止下来。那时,对人的统治将由对物的管理和对生产过程的领导所代替。"③ 也就是说,责任政党政府在不同的历史时期,也将面临不同的历史任务,直至其最后的消亡。

二、新中国责任政党政府的实践探索

1949 年 10 月 1 日,中国共产党领导全国人民建立了中华人民共和国。在这一历史过程中,中国共产党实现了身份的转变,革命党身份开始被执政党身份所取代。从责任政党政府理论的视角看,中国共产党履行了自身作为革命党的政治责任之后,在责任政党政府过程中开始兑现作为执政党的政治、行政和法律责任。同样,在自身的历史发展中,中国共产党还开创了中国历史上前所未有的一党领导的多党合作制。④ 这一创举也极大丰富了责任政党政府理论与实践,标志着一种新型的责任政党政府的探索。

(一) 中国责任政党政府的探索:1949—1966

在中国共产党七大的政治报告《论联合政府》中,毛泽东指出,中国人民、中国共产党和一切抗日的民主党派,迫切地需要一个互相同意的共同纲领。几个民主阶级联盟的新民主主义国家,和无产阶级专政的社会主义国家,是有原则上的不同的。中国在新民主主义制度期间,不可能、因

---

① 《马克思恩格斯全集》第 38 卷,人民出版社,1972 年版,第 245—246 页。
② 《马克思恩格斯选集》第 1 卷,人民出版社,1995 年版,第 294 页。
③ 《马克思恩格斯选集》第 3 卷,人民出版社,1995 年版,第 755 页。
④ 一党领导的多党合作制是指一国中存在许多合法政党,其中共产党是执政党,其他党是参政党,代表官方的执政党和参政党之间不存在轮流执政的竞争,而是一种相互合作,领导与被领导关系,虽然在政府中其他党派可以推荐自己的代表人物,但政府换届时,选举不涉及政党,只涉及个人的上台下台。王长江著:《世界政党比较研究》,中共中央党校出版社,2003 年版,第 262 页。

此就不应该是一个阶级专政和一党独占政府机构的制度。① 1949 年,中国共产党取得了革命的胜利,如何建设一个基于共同纲领之上的无产阶级专政的社会主义的民主的责任政党政府则成为一个重要的时代课题。而伴随着这一过程,新中国政治发展的黄金时代到来了。

1949 年 6 月,一个有着广泛代表性的"人民政协筹备委员会"在北京成立。1949 年 9 月 21 日至 30 日,中国人民政治协商会议(即新政协)在北平召开,会议通过了《中国人民政治协商会议共同纲领》和《中华人民共和国中央人民政府组织法》,选出了以毛泽东为主席的中央人民政府委员会,在世界上人口最多的国家缔造了社会主义的责任政党政府。虽然《共同纲领》确定了"国家最高政权机关为全国人民代表大会"②。但建国初期,由于人大尚未选举产生,因此政权暂由全国政协代行。在中央人民政府委员会的组成成员上看,61 名委员中,中国共产党人士 30 名,非中国共产党人士 31 名,这一组织结构与国民党执政时期的本质区别在于中国共产党主动向社会各阶级、各阶层开放了政权,因此实现了旧政协没有实现的组建联合政府的初衷。1949 年 10 月 24 日,毛泽东在与绥远军区负责人谈话时特别邀请了傅作义参加。毛泽东指出:"没有非党干部参加政府就会出毛病。共产党要永远与非党人士合作,这样就不容易做坏事和发生官僚主义……中国永远是党与非党的联盟。"③

1952 年 11 月,中共中央决定,立即着手召开全国人大,制定宪法。1953 年 2 月 11 日,中央人民政府委员会第 22 次会议通过《中华人民共和国全国人民代表大会及地方各级人民代表大会选举法》,并于 3 月 1 日颁布施行。选举法赋予中国境内 18 岁以上公民普遍的选举权,这是中国历史上一次最彻底的民主动员,共 27809.31 万人参加了投票,占选民总数的 85.8%。④ 1954 年 9 月 15 日下午,全国人大第一次会议开幕,9 月 20 日,代表全票通过《中华人民共和国宪法》,毛泽东当选为中华人民共和国主席,根据毛泽东主席提名,大会决定周恩来为国务院总理。值得注意的

---

① 《毛泽东选集》第 3 卷,人民出版社,1991 年版,第 1061—1062 页。
② 《中国人民政治协商会议共同纲领》,《人民日报》,1949 年 9 月 30 日。
③ 《毛泽东文集》第 6 卷,人民出版社,1999 年版,第 13—14 页。
④ 中央文献研究室编:《毛泽东传》(上),中央文献出版社,2003 年版,第 312 页。

是，新中国的第一部宪法把中国共产党及各民主党派的政治地位予以规定，这也决定了中国责任政党政府体制的宪法特征，新中国责任政党政府体制正式确立。

政治协商会议的形式是新中国政治独创的。在国家权力机关尚未形成之际，政治协商会议的作用是明显的，但是其主要作用仍然是赋予中央人民政府委员会以合法性；当中央人民政府委员会产生后，其作用则有所减弱。毛泽东在1954年12月19日的一次座谈会指出，政协的性质有别于国家权力机关——全国人民代表大会，它也不是国家的行政机关，它是全国各民族、各民主阶级、各民主党派、各人民团体、国外华侨和其他爱国民主人士的统一战线组织，是党派性的。① 1982年《宪法》肯定了政治协商会议的历史作用，并赋予其今后在国家政治生活、社会生活和对外友好活动中的重要职责。1994年，全国政协八届二次会议把这些职责具体规定为政治协商、民主监督和参政议政，这意味着政治协商会议已经完成了功能转型。

(二) 中国责任政党政府的倒退：1966—1976

1954年宪法草案规定："中华人民共和国是工人阶级领导的、以工农联盟为基础的人民民主国家。中华人民共和国的一切权力属于人民。人民行使权力的机关是全国人民代表大会和地方各级人民代表大会。"② 这一草案还在第二章中规定了全国人民代表大会是最高国家权力机关。因此这一转换其实是把中国的政治舞台的中心从政协转到了人大。同时由于宪法草案序言部分对民主党派作用、地位及功能发挥予以确认，即中国共产党领导下的人民民主统一战线。可以看出，要建立一个责任政党政府，全国人大必然是政党活动的重要场所。

在我国宪法的框架中，全国人大拥有任何西方议会所不能比拟的政治地位："它有广泛的、最高的、几乎不受约束的立法权；它制定法律又监督法律的执行；享有对其他国家机关组成人员的选举、批准任命和罢免权；它还可以随时决定国家的各项重大事情；宪法还赋予了它行使它认为

---

① 《毛泽东文集》第6卷，人民出版社，1999年版，第384页。
② 《中华人民共和国宪法》，人民出版社，1954年版，第4页。

应该由它行使的其他职权的权力。"① 但是自从人大建立以来,全国人大在很长一段时间内都没有体现其作为最高权力机关的宪法地位。在1966到1976年的"文革"期间,全国人大则完全处于瘫痪状态。究其原因,这固然和我国人大历史较短有关,也和我国责任政党政府制度尚待完善有关。

1975年,我国宪法出现了与人民民主价值及责任政党政府原则相反的词句,在"75宪法"中,无产阶级专政代替了人民民主专政,75宪法第16条则规定:"全国人民代表大会是在中国共产党领导下的最高国家权力机关。"② 在这样的权力结构下,民主党派的地位不再被提及,其活动的政治空间基本被完全剥夺,在"75宪法"中,《宪法》序言中这样描述统一战线:"我们要巩固工人阶级领导的以工农联盟为基础的各族人民的大团结,发展革命统一战线。"③ 事实上"75宪法"背离了"54宪法"确定的责任政党政府原则,排除了中国共产党以外政治力量参与政府的可能,也排除了多党共同建设新型责任政党政府的可能。而这也背离了责任政党政府中政党互不取缔的前提。

而同时需要指出的是,从1958年开始实行的政社合一的人民公社制度又堵塞了市场与社会发展的道路,人民公社制度是新政权渗透乡村生活的顶点,④ 这也为后来的责任政党政府体制的建设增加了困难。

分析西方政党的产生路径可见,它们多产生于政府的体制内部,而一个产生于政府体制外部的革命党过渡到执政党都会存在学习如何分权乃至民主管理的困境。苏联共产党、中国国民党都曾经存在这样的困难,而作为新制度创建者的中国共产党也不可能建立一个没有思想传统和实践传统的政治体制,这也注定了中国共产党作为后来者的诸多困难。因此,把建国以来的建立责任政党政府的所有的问题都归结于年轻的中国共产党是有失公允的,因为如何在秩序和自由中进行理性的选择本身就是一个政治学难题。此外,作为年轻的政党组织,中国共产党在建国初期没有摆脱对苏

---

① 蔡定剑:《中国人民代表大会制度》(第四版),法律出版社,2003年版,第28页。
② 《中华人民共和国宪法》,人民出版社,1975年版,第11页。
③ 同上书,第6页。
④ 刘冰著:《中国现代化与乡村治理模式的变迁》,转自徐湘林著:《渐进政治改革中的政党、政府与社会》,中信出版社,2004年版,第197页。

共的路径依赖,这也从另一方面决定了中国共产党重建责任政党政府的艰难过程。

三、改革开放以来中国责任政党政府重建的现实基础

在政治动荡结束以后,1978年的改革开放使中国政治发展获得了机遇,也使和高度集中的计划经济相适应的高度集权和一元化政治体制得以松动。相对于建国以来的政党过程,中国共产党逐步成熟起来,逐步完成了由革命党向执政党的过渡,中国责任政党政府面临重建的历史时期。而这一时期,中国已经呈现完全不同的社会与文化基础。

(一)经济与政治的分离:重建责任政党政府的经济基础

在传统中国,"帝制中国的政治系统,拥有一个不受限制的政治中心。这个政治中心具有不断地对社会经济生活实施干预的潜在可能和倾向"[①]。在责任政党政府的分析框架中,这个不受限制的中心不可能构成一个责任政党政府的前提,甚至都不是一个责任政府的前提。因此从责任政党政府的发生来看,经济与政治的分离是一个重要的前提。从社会自主性出发,管理大师德鲁克也认为,在美国,有一个重要的自由卫士,那就是政治权力和政治地位与社会经济权力和社会经济地位的分离。[②] 即使从政府管理的简单视角考虑,经济与政治权力的分离也是有直接意义的。"政治与经济权力的分离必然带来政府自身的全方位革新,因为政府从此承担起新的责任。"[③] 同样的理由,政府的责任也将反映在政党身上。

在新中国成立以后的一段时期内,我国政府根据经济基础决定上层建筑的马克思主义政治学理论,对国内经济基础进行了改造,1956年对生产资料私有制社会主义改造基本完成后创建了社会主义公有制的经济制度。与此同时,逐渐形成与计划经济相适应的高度集权的政治体制,从社会政

---

① 金耀基著:《中国发展成现代化国家的困境:韦伯学说的一面》,载《二十一世纪》,1991年第2期。

② [美]彼得·F. 德鲁克著:《社会的管理》,徐大建译,上海财经大学出版社,2006年版,第113页。

③ [美]E. E. 谢茨施耐德著:《半主权的人民——一个现实主义者眼中的美国民主》,任军锋译,天津人民出版社,2000年版,第108页。

治哲学的视角讲可称之为"计划经济体制下的国家主义"。① "这种集中的体制特点可以大致概括如下:党政一体化、政经一体化、政治一体化、政社一体化。"②

"从历史的和逻辑的相统一的角度来审视,中国在20世纪50年代初期选择公有制为定向的发展和现实的计划经济体制是有一定的历史必然性和合理性的。这种必然性和合理性是由多种因素合成的,其中有对马克思主义关于消灭私有制理论的解读,有对苏联经验的借鉴,有对革命战争年代传统的延续,有建国初期比较特殊的国内外环境的影响和制约等等。"③ 但是计划经济体制的实行,使中国的政治与经济、公域与私域难以分离。

1978年以来的改革开放的最伟大的价值之一在于实现了经济与政治的分离,二元的体制形成了二元的权力,从此开启了当代中国经济权力与政治权力的博弈过程。具体而言,这一过程是开始了从"政治方面的经济"的实践向"经济方面的政治"的实践的转变。④ 1983年10月12日,《中共中央、国务院关于实行政社分开建立乡政府的通知》的下达,标志着实施了25年的人民公社制度的解体,高度"内卷化"的政治权与经济权分离。1992年6月,江泽民在中央党校的讲话中第一次公开使用了"社会主义市场经济体制"的概念。同年10月,中共十四大把建立社会主义市场经济体制确立为我国经济体制改革的目标,指出在建立社会主义市场经济过程中,计划与市场两种手段相结合的范围、程度和形式,在不同时期,不同领域和不同地区可以有所不同。1999年3月,全国人大九届二次会议将"社会主义市场经济"正式载入《宪法》。2002年11月,中共十六大提出完善社会主义市场经济体制,根据解放和发展生产力的要求,坚持和完善公有制为主体、多种所有制经济共同发展的基本经济制度。2003年10

---

① 伍俊斌著:《国家与社会关系视野中的中国市民社会建构》,载《福建论坛·人文社会科学版》,2006年第1期。

② 王沪宁著:《社会主义市场经济的政治要求:新权力结构》,载《社会科学》,1993年第2期。

③ 乔耀章著:《重构政府经济基础——对转变政府职能问题的深度思考》,载《浙江学刊》,2004年第4期。

④ 乔耀章著:《中国特色社会主义纵横谈》,苏州大学出版社,1996年版,第145—224页。

月,中共十六届三中全会审议通过了《关于完善社会主义市场经济体制若干问题的决定》,明确提出了完善社会主义市场经济体制的目标、任务、指导思想和原则。我国单一的经济基础从此转变为一种特定的综合经济基础,即以公有制为主体、多种所有制经济共同发展的基本经济制度。"综合经济基础",是指独具中国特色的"新式公有制"与"新式私有制"有机统一于社会主义现代化和社会主义市场经济建设进程中的经济基础。①

综合经济基础的产生分离了经济与政治的权力,经济权力在传统计划经济体制转换中得到了生长。作为一种新生的权力,经济权力也不可能超然于政治权力之外,独立的经济权力由于利益最大化的需要而又逐步渗透到政治权力,但这一渗透与计划经济体制下的权力的渗透的方向是相反的,诸多来自经济领域的利益主张开始成为政治过程的动力。

(二) 当代中国市民社会:重建责任政党政府的社会基础

人民公社的解体同样释放了社会权力。上个世纪 80 年代以来,"市民社会"(civil society) 作为一个理论热点在国内得到普遍研究。但是,经过一段时期的研究,中国的学者对于中国是否存在或能否存在市民社会开始出现三种意见:第一种持悲观态度,认为在中国,市民社会的崛起是根本不可能的,"在当今中国,'市民社会'作为一种理念存在尚有一定的积极意义,如欲将其付诸实施,则在理论上和实践中都是行不通的"。②第二种观点认为中国的市民社会有自己的文化特性,即认为市民社会即是西式的社会制度与价值观。并在此基础上,中国的市民社会被认为只能是儒家文化的市民社会。"要建成中国式的市民社会,儒家文化无疑是一支最主要的促进力量……所谓中国式的市民社会,亦即是儒家式的市民社会。"③第三种观点虽然认为中国市民社会是可能的,但是却用"良性互动"或者合

---

① 乔耀章著:《重构政府经济基础——对转变政府职能问题的深度思考》,载《浙江学刊》,2004 年第 4 期。
② 史际春等著:《论从市民社会和民商法到经济国家和经济法的时代跨越》,载《首都师范大学学报》,2001 年第 5 期。
③ 蒋庆著:《儒家文化:建构中国式市民社会的深厚资源》,参见中评网(http://www.china-review.com/fwsq/homepages.asp? person = 蒋庆)。

作关系等语词来含糊形容国家与市民社会的关系。①

关于以上观点的，我们认为完全否认中国市民社会出现可能的观点是悲观的，而所谓不同于西方共同话语体系下的"儒家"市民社会也无实际意义，不同话语体系下的市民社会概念的滥用很可能给封闭的政治体系带来很多正面的肯定；承认市民社会存在却含糊使用"良性互动"的描述则不利于中国市民社会进一步从国家中剥离出来，更为国家对社会的钳制提供理论依据。

在当代中国，市民社会的崛起不仅停留在观念层面的可欲或可能上，更在实践上已经初露萌芽，所有这些构成了中国民主社会的基础，也构成中国政治发展的巨大动力。作为现代政治的产物，市民社会是民主政治的推进器，中国责任政党政府建设有赖于市民社会的崛起。

1. 当代中国市民社会产生的五种指向

"市民社会"（civil society）作为一个政治学的定义，也有其自身的历史演变过程。"civil society"在中文中没有固定的译法，在不同的上下文中可以有不同的译名。当"civil society"相对于"barbaric society"时，可以译为"文明社会"；就其与欧洲城市经济的发展和市民阶层（商人、工人等）力量和愿望相关而言，可以译为"市民社会"；就其与"民权"概念相关而言，可以译为"公民社会"。② 在本书中，我们认为当代中国市民社会是市场经济作用的结果，是从传统国家中分离出来的一种政治力量，因此采用第二种译法。柯亨和阿雷托把市民社会的定义明确建立在三分法的基础之上，认为市民社会是"介于经济和国家之间的社会互动领域，它由所有私人领域（特别是家庭）、团体领域（特别是志愿性结社）、社会运动及公共交往形式组成"③。国内有学者提出："中国的市民社会乃是指社会成员按照契约性规则，以自愿为前提和以自治为基础进行经济活动、社会

---

① 邓正来著：《国家与社会——中国市民社会研究的研究》，载《国家与社会：中国市民社会研究》，四川人民出版社，1997年版，第128页。

② 张庆熊著：《市民社会的概念及其对当代中国的意义》，载《科学·经济·社会》，1998年第4期。

③ Jean L. Cohen & Andrew Arato, *Civil Society and Political Theory*, Cambridge, Mass: The MIT Press, 1992, Preface, ix.

活动的私域，以及进行议政参政活动的非官方公域。"①

我们认为，这些表达均不能完全揭示当代中国市民社会产生的具体途径和根本任务。当代中国市民社会是指在中国市场经济发展过程中，由于工业化和城市化推动而产生的一种基于共同利益表达、规范政治权力的新兴阶层和政治力量。我们认为这样的概念界定既否定了前文所谓"儒家市民社会"对西方市民社会概念的偷换，也排斥了西方市民社会理论所必需的社会背景，更从当代中国市民社会的功能上抛弃了含糊不清的"良性互动论"。在当代中国，市民社会已经从五个方面显示其萌芽状态，并显露其不同于否定论者和肯定论者不同的形态。

第一，中国市民社会崛起的经济背景。否定论者一般认为中国市民社会的产生基础和西方社会有本质不同。在西方，作为一种市民社会产生的必要条件是财产私有，而中国是一个实行公有制的国家，在中国城市发展不可能出现西方那种基于平等交换而产生的权利理念和利益表达机制，中国市民社会失去了其生存的土壤。但是改革开放改变了中国传统的经济体制，正如前文所提到的是，在新型经济体制中，中国的市民社会注定了和西方市民社会不同的产生路径。正如西方的凯恩斯主义经济改革不是对自由主义理论的简单抛弃一样，中国的经济改革也不是向西方自由主义的理论复归，它的价值只是描述了一种真实的经济现状，正是这种现状构成了当代中国市民社会的经济背景。同时需要强调的是，在中国，私有财产的保护逐步以法律形式予以确定。2007年3月16日，历经13年反复酝酿、讨论和审议的《物权法》在十届全国人大五次会议上获得表决通过，这一法律包含大量的私有财产保护的内容，而这些也可能为中国市民社会的崛起提供经济动力。

第二，作为非政治中心的城市的出现。否定论者往往还对中国的城市发展进行批判，认为在西方市民社会的产生过程中，城市作为一种市民社会产生的必要条件是由于商品交换、贸易发展过程中形成的经济中心，而中国历史上的城市却往往是作为政治中心而非以经济中心出现的。在几千

---

① 邓正来等著：《建构中国的市民社会》，载《国家与社会：中国市民社会研究》，四川人民出版社，1997年版，第128页。

年的中国传统社会，城市发展确实走过了这样的轨迹。即使是在当代中国，行政区划的调整都有可能直接导致一个城市的消亡——2004年宁夏陶乐县被撤消后不久，县城就基本上丧失了城市的特征。① 由于城市的发展对政治强烈的依附性，城市的资源聚合功能也必然被政治权力所束缚。

我们必须承认这样的论述是有一定道理的，也基本解释了中国市民社会发展的根本阻碍。但是这样的解释却无视当代中国城市发展的现状，即在当代中国，确实也出现了主要作为经济中心的城市，如深圳、厦门、温州、苏州、大连等，而其中尤其值得一提的是浙江省台州市路桥区纯粹是一个由农民集资建成的城市，这已经为学界所公认，而这些城市的出现是否定论者所不能解释的。

需要指出的是，我国政府正在推进的城市化的进程将推进市民社会的形成。仅以我国乡村农动力就业为例，1999年到2001年，我国农村从业人口增加了1630万人，而农业人口中从事农林牧副渔人员却减少了近1000万人，其他人口大量转向农村工业、交通等行业。② 而从全国范围来看，到了2003年，从事农业的人口第一次少于从事第二、三产业的人口，为49.1%；2004年，这一数字变更为46.9%。③ 通过这些数据可以看出，农业人口从事非农业的人数有逐步加快的趋势。

从市民社会的最初意义上讲，市民社会确实是基于城市生活的人群的联合体。在历史上，市民社会也主要来自于城市的发展，中国农村的撤乡并镇不是简单的行政区划的调整，城市化的进程使大量农民成为市民，为市民社会提供了最宝贵的基础条件。同时，当代中国的市民社会的崛起并不仅仅把视野局限于城市。事实上，随着工业化和农业产业化的进程，中国的农民也正在或多或少地卷进了这一崛起过程中。因为在工业化的进程中，传统的马铃薯式（马克思语）的生产方式已经不可能。农村生活正在以更密切方式融入城市化过程中，农民也逐步拥有和市民相近的利益主

---

① 刘炳路：《有钱人都走了——宁夏陶乐撤县之痛》，参见人民网（http://www.people.com.cn/GB/shizheng/1026/2575133.html，2005-01-12）。

② 中华人民共和国统计局编：《中国统计年鉴2003》，中国统计出版社，2003年版，第378页。

③ 中华人民共和国统计局编：《中国统计年鉴2005》，参见国家统计局网站（http://www.stats.gov.cn/tjsj/ndsj/2005/indexch.htm，2007-3-20）。

张，并可能成为更加重要的政治力量。

第三，网络社会的形成。马克思指出，所谓社会是"人们交互作用的产物"①。从1969年加州大学、犹他大学和斯坦福研究院的四台电脑的联网开始，国际互联网经过30余年的发展，深刻地改变传统的社会交往方式。据美国因特网理事会（US Internet Council）和国际技术与贸易协会（ITTA）2000年8月31日发布的《2000年全球因特网状况年度报告》指出，全球经常上网的人数已经达到3.04亿，比1993年增长了3000倍。而且这份报告还指出，在未来5年内，全球网民数量将达到10亿。即使在互联网起步较晚的中国，这一数字也正在迅速递增。根据CNNIC（中国互联网信息中心）2006年的报告，截至2006年6月，中国的网民人数已达到12300万人。② 这些数以亿计并呈几何数增加的"网民"通过互联网进行购物、出售、游戏、教学等一系列交互活动，从而构成了一个社会概念所需要的多种要素，我们把这种社会称作"虚拟社会"。虚拟社会是人类社会的组成部分。在虚拟社会的生长中，一种基于共同利益表达、规范政治权力的新兴阶层和政治力量也正在深刻影响中国的政治运行，甚至成为政治改革的主要推动力量，从而也构成了市民社会的新的生长点。

第四，知识分子对传统社会的改造。在中国的政治进程中，中国知识分子是一个民主、维权、进取的社会群体，中国政治运行的过程往往伴随着中国有良知的知识分子的干预。在对传统社会的改造中，知识分子成为中国政治改革的重要推动力量，如在四川等地开始的村民委员会选举，就有大量的知识分子直接参与其中。在民工维权、深入"艾滋病村"调查、农民生存状况调查，对于"非典"、"孙志刚案"的揭露等众多的政治活动中都体现了中国知识分子作为社会良知的存在。只要知识分子参与改造传统的中国社会的进程没有被打断，新的包含民主、自由的社会传统就有持续出现的可能。

第五，中国现阶段社团组织的出现。市民社会的出现往往以一些具体

---

① 《马克思恩格斯选集》第4卷，人民出版社，1995年版，第532页。
② 中国互联网络信息中心（CNNIC）：《中国互联网络发展状况统计报告》（2006年7月），参见 http://www.cnnic.net.cn/uploadfiles/doc/2006/7/19/103601.doc#_Toc140985563. 2006-12-14。

的社团出现为标志。据统计,到 1997 年,全国县级以上的社团组织即达到 18 万多个,其中省级社团组织 21404 个,全国性社团组织 1848 个,县以下的各类民间组织按保守的估计也在 300 万个以上,其中村民委员会 73.95 万个,基层工会组织 51 万个。① 而截至 2005 年底,全国各类民间组织已发展到 31.5 万个,其中社会团体 16.8 万个,比 2004 年增长 9.8%;民办非企业单位 14.6 万个,比去年增长 8.1%;基金会 999 个,比 2004 年增长 12%。②

2. 理论的反思——当代中国市民社会的理论基础

马克思在论述国家与社会的关系时指出,并不是政治国家决定市民社会,而是市民社会决定政治国家。无产阶级专政的重要使命就是"把靠社会供养而又阻碍社会自由发展的国家这个寄生赘瘤迄今所夺去的一切力量,归还给社会机体","这是社会把国家政权重新收回,把它从统治社会、压制社会的力量变成社会本身的生命力;这是人民群众把国家政权重新收回,他们组成自己的力量去代替压迫他们的有组织的力量"③。就是说,只有在社会主义国家,社会权力才能被解放出来,国家权力才能和社会权力高度一致。

但是,问题在于,在无产阶级专政时期,社会主义国家是否还存在一个独立于国家的市民社会?马克思批判了黑格尔的市民社会与政治国家的永久对立论,也承认"在现代国家中这种分离实际上是存在的"④。对此,列宁作了进一步的阐述:"无产阶级专政是'政治上的过渡时期',显然,这个时期的国家也是从国家到非国家的过渡,就是说,已经不再是原来意义上的国家了。"⑤ 也正是由于这样的国家性质,列宁把社会主义国家称为"半国家"。⑥ 因此,我们认为,这种处于过渡时期的国家形式是允许社会主义市民社会包含传统的剥削阶级国家里、作为与国家相分离的并以权利

---

① 俞可平著:《治理与善治》,社会科学文献出版 2000 年版,第 330 页。
② 《2005 年民政事业统计发展公报》,参见国家民政部网站(http://www.mca.gov.cn/artical/content/WGJ_TJGB/2006518171233.html,2006 - 12 - 20)。
③ 《马克思恩格斯选集》第 4 卷,人民出版社,1995 年版,第 57—58 页,116 页。
④ 马克思著:《黑格尔法哲学批判》,人民出版社,1963 年版,第 100 页。
⑤ 列宁著:《马克思主义论国家》,人民出版社,1965 年版,第 29 页。
⑥ 《列宁选集》第 3 卷,人民出版社,1995 年版,第 124 页。

保护、对抗国家权力为主要内容的市民社会特征的。同时，由于我国社会正处于并将长期处于社会主义初级阶段，在一定的历史时期和特定条件下仍然存在传统的社会特征的。只是这种权利保护和权力对抗本身将随着无产阶级专政这一政治过渡时期的结束而逐步结束。而强调在社会主义国家中国家与社会仅仅处于合作而无对抗状态是不全面的。

在对于市民社会的进一步论述中，马克思从政治经济学的视角指出，市民社会乃是"私人利益的体系"或特殊的私人利益关系的总和。它包括了处在政治国家之外的社会生活的一切领域，即经济关系领域（经济结构）、社会关系领域（社会结构）和文化—意识形态领域（意识形态结构），其成员不是国家公民而是单个的私人或个人。① 我们认为，这种特殊的利益结合也将在一定的历史时期客观存在。虽然在马克思那里，市民社会和国家的二分法没有被进一步作类似葛兰西的"经济基础/市民社会/国家"的划分，但是必须指出的是正是这种马克思所说的基于单个的私人或个人基础上的市民社会，构成了社会力量新的形态的出现的可能，并在政治发展中达到政治力量的平衡。"那么，什么是社会力量新的形态？这是马克思在《资本论》第1卷中为自己设置的一个谜，我们把它们叫做'市场力量'和法治。"②

至此，我们认为，作为正处于社会主义初级阶段的中国，市民社会的存在是有其理论与现实依据的，不能简单地以经济基础作为单一的评判标准，甚至以公有制排除中国市民社会存在的合法性，并漠视中国市民社会的诸多积极因素。市民社会在特定历史阶段是客观存在的，并有其重要的理论价值，这种价值尤其在当代中国政治发展中更有其独到的贡献。在现阶段，中国的市民社会的发展也是我国政府和政党的责任，还需要政府和政党的推动。正如有学者所言，政府退出社会，党组织进入社会，这是构造中国式市民社会的必由之路。③ 我们进一步认为，建立一个成熟的市民

---

① 俞可平著：《马克思的市民社会理论及其历史地位》，载《中国社会科学》，1993年第4期。
② [英] 贾斯廷·罗森伯格著：《市民社会的帝国——现实主义国家关系理论批判》，洪邮生译，江苏人民出版社，2002年版，第181页。
③ 郝铁川著：《从统治到治理：论强政党、小政府与大社会》，载《马克思主义与现实》，2003年第6期。

社会，正是一个成熟的政党、一个成熟的政府、一个成熟的责任政党政府的基础。

（三）多元文化——重建责任政党政府的文化基础

改革开放的巨大成就是把21世纪的中国推向经济全球化的门口。当我们承认市民社会的体制基础作用以后，我们也不能忽视一个既定的民族文化传统作为一种"软权力"在全球化过程中的历史变迁乃至对责任政党政府的影响。因为全球化在文化领域投射的多元文化共生的图景，也给政党政府过程带来新的压力。从文化的向度来看，由于全球化进程的加快，人类的流动性不断增加，政党政府过程也不可能在传统的封闭的文化状态下进行。

1. 我国政府的传统的文化生态

行政生态学认为，政府不是独立存在的。"从功能理论之生态观点而言，任何经济、政治、文化和行政制度等都为一有生命的个体，是经过一段漫长的成长过程逐渐演化而来的。就是说在生命的个体之间，以及生物与环境之间都有一种功能上的相互依赖关系。"[1] 当外部的环境诸如经济、自然、社会、文化等因素发生变化时，政府的行政理念、行政模式必须相应地进行调整。法国政治思想家托克维尔认为有利于维护美国民主制度的原因有三：自然环境、法制和民情，但"按贡献对它们分级……自然环境不如法制，法制又不如民情"[2]。从行政生态学的视角看，这里的民情即为政府的文化生态。

对于中国政府来说，其文化生态可以有广义和狭义之分。广义的文化生态大致可以分为物质、制度和心理三个层面。具体而言，农耕生产方式、小农经济制度、家国一体思维等诸多要素构成了我国政府的广义的文化生态。狭义的文化生态仅指社会心理层面的文化活动和文化精神。为便于论述，本书使用文化生态是以政治制度为核心的，是广义的概念。

首先，中国政府文化生态的历史形成。在中国的历史上，文化生态首先是由传统的经济生产方式决定的。分散的马铃薯式的农耕经济生产方式

---

[1] 彭文贤著：《行政生态学》，三民书局，1988年版，第14页。
[2] ［法］托克维尔著：《论美国的民主》（上卷），董果良译，商务印书馆，1988年版，第358页。

是中国文化生态的重要基础。在两千年的中国历史中，家庭在长时期的农耕历史中发挥着重要的作用。同时农业社会由于自身经济模式的无数复制，中国政府的文化生态呈现超稳定的静止状态。在这种以宗族、血亲为纽带的超稳定的文化生态中，政治很大程度上表现为家国同构的形式。表现在政府管理上，其管理思维则是基于血亲和宗族基础之上的道德治理。"中国两千年来，以道德代替法制……这就是一切问题的症结。"① 而体现在政府行政权力行使的角度，"小农的政治影响表现为行政权力支配社会"②。

其次，中国政府的文化生态建立在长期的文化隔绝基础之上。由于大漠和海洋天然地分割了中国与世界的联系，中国政府的文化生态得以在封闭中完整地延续，也使中国政府形成了独特的政府体系。1793 年，清帝国乾隆帝在接见英国王特使麦克卡内勋爵时显示了其对这种体系的肯定态度。他说："我们的礼仪和法典同你们的大相径庭，即使您的特使能够获得我们文明的一鳞半爪……我统治着广大的世界，所考虑的目标只有一个，那就是：维持一种完美的统治、履行国家的职责……我不对奇异或天真的对象作出评价，也不使用你们国家的物品。"③

第三，中国政府的文化生态经过儒家意识形态的改造。在中国政府文化生态的形成过程中，儒家意识形态作为一种整合力量起着关键的作用。"恰恰是儒家成了帝国制度的官方意识形态。它的基础是一个有文字记载并受到广泛研习的思想体系，它被规定为最高的道德标准，因而深刻地影响了一切社会关系的行为。"④ 正是由于农业经济和长期文化隔绝及儒家意识形态改造的历史，中国政府的文化生态呈现了与其他国家不同的一元化趋向。作为和传统的文化生态一致性的产物，中国的政府传统也保持了一元的超稳定性，这种管理思想和模式在价值层面上表现为国家利益至上，在事实层面上表现为政府以命令和控制来对社会进行严格的管理。

---

① 黄仁宇著：《万历十五年》，三联书店，1997 年版，自序。
② 《马克思恩格斯选集》第 1 卷，人民出版社，1995 年，第 6783 页。
③ ［英］约翰·汤姆林森著：《全球化与文化》，郭英剑译，南京大学出版社，2002 年版，第 107 页。
④ ［美］詹姆斯·R. 汤森等著：《中国政治》，顾速等译，江苏人民出版社，2003 年版，第 31 页。

2. 当代中国政府的文化生态中的异质文化因素的出现

当代中国已经成为全球投资的热土。根据 2003 年 9 月 4 日联合国贸发会议发布的《2003 年世界投资报告》,中国以创纪录的近 530 亿美元流入量成为 2002 年全球最大的外国直接投资接受国。① 而巨大的资本流动也给当代中国文化生态变迁提供了可能。

首先,资本的流动伴随着巨大的人口流动。仅以上海为例,目前,每年有 200 多万境外人士来上海旅游,有超过 30 万境外人士在上海生活。② 同时,有相当一部分外国人选择在中国就业。根据上海市劳动保障局最新统计显示,2004 年一季度上海新办外国人就业证 2954 份,比去年同期增加 25%。③ 从国内角度看,全国性的劳动力流动构成了新一轮的移民潮。根据劳动和社会保障部和国家统计局的抽样调查,截止到 2000 年,农村转移到非农产业的劳动力总数为 1.13 亿人,占农村劳动力总量的 23.6%,其中跨省流动劳动力约为 2825 万人。④ 在这些流动人员中,既有来自中原文化圈,也有来自吴文化、粤文化圈的;既有来自汉文化圈的,也有来自其他民族文化圈的。

其次,人口的流动给当代中国的政府过程带来了变革的文化基础。和其他文化因素相比较,人是重要的文化载体。从国际层面看,不同国籍的人来自于不同的文化背景,也来自于不同的政策背景。对于来自信奉个体自由和市场竞争的国家的人来说,他们对公共政策的要求是有效地保护这种自由和竞争;而这些与我们强调国家至上、以控制和命令为传统管理手段形成了巨大的反差。同时和洋人一起涌入中国的还有洋货、洋节等,这些都在相当大的程度上改变了我国传统的文化生态的基因。即使在国内,

---

① 《中国首次成为外国直接投资首选地》,参见国研网(http://www.drcnet.com.cn/product/view_product.asp?cnt_str=宏观经济&dn=guoyan_anreport&mainunid=89227drcnetchentechchenchenchenc 2004-04-16-08)。

② 《上海十分之一人口有护照》,参见 http://www.shanghai.gov.cn/gb/shanghai/node2314/node2315/node4411/userobject21ai4837.html 2004-04-16-08。

③ 《上海一季度外籍工比去年同期增四分之一》,参见 http://www.shanghai.gov.cn/gb/shanghai/node2314/node2315/node4411/userobject21ai31769.html 2004-04-16-08。

④ 王小鲁等著:《中国地区差距的变动趋势和影响因素》,载《新华文摘》,2004 年第 7 期。

我国各地区、各民族的文化差异性也是客观存在的。在我国历史上，移民就相当频繁，许多族群至今仍有迁移的痕迹，"东北人大多来自山东、河北，台湾人大多迁自大陆。各地人对自己的来历还有颇为神奇的说法：北京、河北人说来自山西洪洞县大槐树，四川人说来自湖北麻城或江西麻城，客家人说自己来自福建宁化石壁寨，苏北人说祖先迁自苏州阊门外……"① 而这一趋势在改革开放以后明显加大，但是，"移民不只是一个单纯的经济行为，也是一个涉及语言、风俗、生活方式等方面的社会行为或文化行为"②。这些行为也在相当程度上冲击着原有的文化生态，也给当代中国政府奠定了变革的基础。

因此，经济全球化的进程带来了异质文化的又一次大规模的传播，中国传统的一元文化生态被逐渐解构，并开始向多元的文化生态转型。作为中国政府过程的文化基础，文化生态的变迁、中国现代化的历程注定中国政府将在不同的文化体系中，在多元文化中不断进行自我调整，在对文化生态的充分解读中寻找政府发展的文化根基。正如法国学者蒂姆西特所言："国家应当有根基。我们考察的制度变化实际上是行政制度与环境之间不相适应的一个结果。"③

四、改革开放以来中国责任政党政府模式的建构

当代中国责任政党政府模式就是中国共产党和各民主党派联合执政的模式，这一模式主要是通过责任确定、政党政府架构和政党政府运作完成的。而利益集团作为不可忽视的政治力量也对中国责任政党政府起着特殊的影响和作用。

（一）责任政党政府中的执政党

中国共产党的诞生不仅是中国民主政治发展史上的伟大里程碑，也标志着一种新的责任体系的确立。毛泽东在《论联合政府》一文中指出："我们共产党人区别于其他任何政党的又一个显著标志，就是和广大的人

---

① 李静著：《中国的移民与同化》，载香港：《中国社会科学季刊》，1968 年第 16 期。
② 周大鸣：《论族群与族群关系》，《广西民族学院学报》（哲社版），2001 第 2 期。
③ ［法］杰勒德·蒂姆西特著：《发展中国家的公共行政管理和社会——文化环境》，史光远等译，载《公共行政管理》，农村读物出版社，1987 年版，第 47 页。

民群众取得最密切的联系。全心全意地为人民服务，一刻也不脱离群众；一切从人民的利益出发，而不是从个人或小集团的利益出发；向人民负责和党的领导机关负责的一致性；这是我们的出发点。共产党人必须随时准备坚持真理，因为任何真理都是符合于人民利益的；共产党人必须随时准备修正错误，因为任何错误都是不符合于人民利益的。"① 因此可以说，在中国责任政党政府体系，共产党的政党过程就是一个不断自我调整、回应人民需求的发展的过程。

第一，中国共产党的组织结构。中国共产党首先通过自身选举把组织的行动统一起来，并赋予党中央以政治行动的合法性。《中国共产党章程》规定，党的最高领导机关，是党的全国代表大会和它所产生的中央委员会。拥有2000多代表的中国共产党全国代表大会每五年举行一次，党的全国代表大会的职权是：听取和审查中央委员会的报告；听取和审查中央纪律检查委员会的报告；讨论并决定党的重大问题；修改党的章程；选举中央委员会；选举中央纪律检查委员会。在全国代表大会闭会期间，中央委员会执行全国代表大会的决议，领导党的全部工作，对外代表中国共产党。同样，各地方和基层党组织也根据党章规定召开会议，选举地方委员会。党章还规定，党员个人服从党的组织，少数服从多数，下级组织服从上级组织，全党各个组织和全体党员服从党的全国代表大会和中央委员会。因此，以民主集中制统一起来的中国共产党符合责任政党政府理论的一般规定，是一个组织严密、纪律严密的政党组织。② 近年来，中国共产党出现了向各阶层开放的趋势，一些私营企业主也开始进入党内，成为政党过程的重要内容之一，甚至在一些地区，私营业主被安排了全国党员代表大会的席位。

第二，中国共产党政治责任的履行。政治责任必然是和特定的公共权力相联系的。中国共产党作为工人阶级执政党的政治责任首先是执掌政权、维护无产阶级政治统治的责任。在不同的国家政治体制里，政党执政

---

① 《毛泽东选集》第3卷，人民出版社，1991年版，第1094—1095页。
② 总的来说，中国共产党的组织规定是一个逐步严密的过程，从一大到五大，党章都没有对本党党员的国籍作出限制——见《中国共产党历次党章汇编（1921—2002）》，中国方正出版社，2006年版，第46—68页。

形式是不同的。在议会制国家，政党执政一般是指在议会中取得多数从而获得组成政府的权力；在总统制国家，政党执政一般是指政党通过竞选并获得总统职位而得以实现的。中国共产党的执政不是简单等同于这两种政治运行模式，中国共产党政治责任的实现首先是通过党对国家机关的领导得以实现的。具体而言，中国共产党就是通过对最广义政府（人大、政协、国务院、法院、检察院等国家机关）的领导实现自己的政治主张和历史责任，确保无产阶级的政治领导地位的；其次，党的领导是通过具体的党员进行的，这一过程首先通过大量党员进入国家最高权力机关予以保证，中国共产党党员的绝对数量上的优势，保障了党的政治责任的履行，"从历届全国人大代表的构成变化看，第九届人大中共党员的比例高达71.3%，而第一届人大时这一比例为54.48%"①。

第三，中国共产党行政责任的履行。为了确保政治责任的履行，中国共产党的执政的责任不是简单地被动地掌握政权，同样含有推行政务之意。在政党制度发源地、以议会为权力中心的西方内阁制国家尤其是英、法等国，政党对公共权力的行使都不是超脱的。在欧洲国家，有些国家政府部长可以是议员，有些国家如英国内阁大臣则必须进入议会担任议员，因此责任内阁制国家也被称作"议行合一"的国家。在英美等国家议会党团中，还有由资深议员经党团会议正式选举担任的督导员或称"党鞭"，其地位一般仅次于领袖、副领袖，"党鞭"的存在可以更好地促进党团的团结和在大政方针上意见的统一。而为了便于在政府中迅速、有效决策，有些国家还把执政党的领袖人物安排到政府的要害部门，以便在政府内部而不是外部解决可能发生的政治危机。② 与此不同的是，中国共产党的行政责任的行使是分层次的：首先从中央层面，中共中央主要是通过法律框架，通过制定宏观的社会发展规划，对重大事件的决策和人事安排提交全国人大讨论以间接实现的；其次在各政府部门，都有相应的党组织以保证政党意志的执行；第三，在各级地方政府中，政党领导者直接承担着领导政府行政的任务。

---

① 胡鞍钢等著：《国家制度建设》，清华大学出版社，2003年版，第17页。
② 宋玉波著：《民主政制比较研究》，法律出版社，2001年版，第51—69页。

第四，中国共产党法律责任的履行。我国宪法规定，中国共产党和所有政治组织一样，不享有超越法律之上的特权，党的所有政治主张必须通过法律程序，通过人大实现责任向政府的传递过程。中国共产党法律责任的履行首先是通过立法进行的，在立法过程中，通过名额的分配保证人大中中共党员代表的多数，并以党的纪律要求党员代表支持本党的主张。

(二) 责任政党政府中的参政党

改革开放以后，我国各民主党派逐渐恢复了活动。因此在我国的政治过程中，责任政党并不仅仅局限于中国共产党，还包括中国国民党革命委员会、中国民主同盟、中国民主建国会、中国民主促进会、中国农工民主党、中国致公党、九三学社、台湾民主自治同盟八个民主党派。作为我国重要政治制度的中国共产党领导的多党合作的政党政府体制，是在1949年9月中国人民政治协商会议召开时确定的。由于我国政府特殊的发展过程，各民主党派的历史贡献和作用也被写入宪法，这就决定了国内八个民主党派作为参政党而非反对党的特定功能。也就是说，作为政治伙伴、政治联盟的各参政党，也要切实履行与执政党——中国共产党共同建立责任政党政府的过程，互相监督，互相合作，确保当代中国责任政党政府的顺利运作。

1. 合法代表

在代议制政府中，政党是社会的代表组织。在我国，各民主党派也符合政党的一般定义，即代表某一阶级、阶层或利益集团，为本阶级政治主张和利益的实现而奋斗的政治组织。我国各民主党派首先也是代表着本阶级的利益。在建国初期，中国民主建国会召开了第一次全国代表大会，明确了民建会的性质和任务。指出民建会是主要由民族资产阶级分子组成的政党，其阶级基础主要是民族资产阶级，因此代表他们的合法利益。[①]

1979年6月15日，邓小平在《新时期的统一战线与人民政协的任务》的著名讲话中明确指出："我国各民主党派在民主革命中有过光荣的历史，在社会主义改造中也作了重要的贡献。这些都是中国人民所不会忘记的。现在它们都已经成为各自所联系的一部分社会主义劳动者和一部分拥护社

---

① 傅金铎等著：《中国政党》，华文出版社，2002年版，第139页。

会主义的爱国者的政治联盟，都是在中国共产党领导下为社会主义服务的政治力量。"① 在中国民主同盟的章程中，其阶级代表性已经发生变化，民盟将本盟定义为主要由从事文化教育以及科学技术工作的高、中级知识分子组成的，具有政治联盟特点的，致力于建设中国特色社会主义事业的参政党。②

从历史上看，民主党派的社会基础有着变化的过程。当然值得注意的是，社会基础的变化并不导致中国民主党派的社会基础的完全丧失。"原来存在的阶级不能再作为阶级存在，只是说这个阶级消失了，但并不意味着这个阶级的成员也都消失了。这些成员在一定的条件下，会在世界观和阶级立场上能够发生重大转变，通过阶级性质的变更而转化为另一个阶级的成员。而在原阶级基础上形成的政党组织也会相应变化，转变阶级性质，从而更新社会基础。这就使民主党派能够长期存在。"③

而从另外一个角度讲，在中国，"民主党派从他产生起就是代表一部分民族资产阶级、城市小资产阶级利益的阶级联盟，而不是代表某一阶级利益和要求的政党。进入社会主义以后，随着市场经济体制的建立，我国在总体上呈现出利益主体多元化、利益矛盾复杂化和经济利益矛盾显性化的发展态势。特别从上世纪末到本世纪初，中国社会结构正在向越来越多元化发展，阶级趋于分化，新的社会阶层越来越多地涌现，这决定任何一个政党都不可能只是某一阶级和阶层的代表。所以在新世纪新阶段，民主党派是各自联系一部分的社会主义劳动者、社会主义建设者、拥护社会主义的爱国者的政治联盟。因此……民主党派建设坚持政治联盟原则特点既是民主党派历史传统的延续，又是适应现代社会阶级结构变化的需要"④。

在西方，社会的划分方法有多种，其中典型的划分有阶级、宗教、种族、年龄、性别等，社会的划分也构成了该社会的结构。把选民依照其对

---

① 《邓小平文选》第2卷，人民出版社，1994年版，第186页。
② 中国民主同盟网站（http://www.mmzy.org.cn/html/article/1147/5111797.htm, 2006 - 12 - 07）。
③ 王邦佐等著：《中国政党制度的社会生态分析》，上海人民出版社，2000年版，第231—232页。
④ 郑宪著：《中国民主党派建设理论》，中共中央党校出版社，2005年版，第9—10页。

某一特定政党所给予的不同程度的一贯支持而区分为不同的集团，就构成了一个社会的政党联盟。① 多元的社会结构与政党结盟有着内在的联系。例如，一般地说，战后英国的工人阶级多支持工党，而中产阶级多支持保守党；在法国，从事教职的罗马天主教徒与其他居民的分化，形成了支持左翼和右翼政党的社会基础。在英法及其他国家，政党划一在不同的时期是建立在某一个或更多的诸如阶级、农村性质、语言、宗教、地方主义、种族感和其他政治分群标准的基础之上的。但是随着时间的推移，新的分层逐渐打破先前时代已经冻结了的旧分层而确立起来。② 在中国，社会结构也出现了新的变化。③ 而这些变化需要中国各民主党派更加发挥其作为阶级联盟的作用，代表社会不同阶层利益的民主党派要负责任地把社会利益反映到政府过程中，而这些正是民主党派恢复活动以来最重要的政治内容。

2. 合法支持

中国的政党政府架构的特殊过程决定了中国共产党与各民主党派共享政权的政治过程，从而构成了中国特色的政党关系——执政党与支持性政党。"共产党与各民主党派结成党派间的合作关系，是以共同的利益和要求为条件的。我们把这个前提条件称为多党合作的共同基础。也就是说，共同的基础，是指共产党同其他党派合作时的共同利益和要求。中国共产党同各民主党派之间的合作是政治合作，政治合作必须以共同的政治基础为前提。这个共同的政治基础是指各个党派在一定时间或阶段内，或者为了反对共同的敌人、为了维护国家的独立，或者为了发展生产力、振兴民族经济等等的利益和要求，这些利益与要求都可以成为结成联盟或实行合作的政治基础。"④

---

① [英] 米勒等著：《布莱克维尔政治学百科全书》，邓正来译，中国政法大学出版社，2002年版，第766页。

② 同上书，第762页。

③ 2002年1月，陆学艺主编的《当代中国社会阶层研究报告》出版，首次将中国人重新定义为十大阶层，其中位居最后的社会弱势群体包括工人、农民、失业半失业人员。陆学艺著：《当代中国社会阶层研究报告》，社会科学文献出版社，2002年版。

④ 郑宪著：《中国民主党派建设理论》，中共中央党校出版社，2005年版，第58页。

各民主党派对中国共产党的支持首先是从修改党章开始的。1949年11月12日，中国国民党民主派第二次全国代表大会在北京召开。会议通过了《中国国民党民主派会议宣言》，明确宣布接受中国共产党的领导，放弃原来制定的旧政治纲领，以中国人民政治协商会议共同纲领作为自己的政治纲领。① 1949年12月5日至20日，中国民主同盟召开了四中全会扩大会议。会上通过的《政治报告》明确宣布接受中国共产党的领导，放弃原来制定的旧政治纲领，以中国人民政治协商会议共同纲领作为自己的政纲。"大会首先一致通过关于接受共同纲领及停止作用民盟纲领的决议，号召全体盟员一致拥护共同纲领并担负实现这个大宪章的责任。"② 会上明确了今后的工作方针是：在中国共产党领导下，实现共同纲领，巩固人民民主专政的政权，以从事于新民主主义的建设，为人民服务。四中全会上，民盟重新确定了自己的性质是阶级联盟性质的政党，不再是单一的资产阶级政党。③ 一些政党不再发展自身的组织规模，甚至鼓励本党党员加入他党。"因此，大会更具体的作了以下的决定：停止吸收党员发展组织，继续切实进行全国党务的整理，严格执行党的政治教育的纪律……鼓励和帮助党员参加中国共产党或民盟，并设法介绍党员参加各机关工作及学校学习。"④

　　在修改后的党章中，中国各民主党派都确定了中国共产党对于本党的政治领导地位。在后来的政党发展中，各党的阶级基础开始扩大。在1955年4月1日，中国民主建国会第一次全国代表大会通过了《中国民主建国会章程》，其中总纲第五条就明确规定："本会不同阶级的会员可以有不同的阶级立场，但都要以中国人民政治协商会议章程的总纲为统一的准则、团结一致的基础。"⑤ 建国后一段时期内，中国各民主党派的阶级基础都出现了由单一走向多元的趋势，其对中国共产党的支持就是在中国共产党的政治领导下，密切联系本阶级联盟，为中国共产党与本党的共同事业而共

---

① 傅金铎等著：《中国政党》，华文出版社，2002年版，第15页。
② 《民盟举行四中全会决议接受共同纲领停用民盟纲领拥护政府财政概算与发行公债》，载《人民日报》，1949年12月29日。
③ 傅金铎等著：《中国政党》，华文出版社，2002年版，第89页。
④ 《中国农工民主党五全干部会议政治决议》，载《人民日报》，1949年12月9日。
⑤ http：//www.cndca.org.cn/intro/display_constitution2.asp？id＝7，2006－12－7。

同奋斗。

不难看出，主动停止本党纲领反映了我国在建立责任政党政府初期的认识上的局限性，以完全统一的纲领为不同的政党共同使用削弱了这些政党的政治特征，也违背了责任政党政府理论对于党纲不同，政党亦不同的基本规定。所幸的是，在各民主党派后来恢复活动以后，党章也各自重新建立起来，并作了一定的修改。1983年11月12日，中国民主建国会第四次全国代表大会通过的《中国民主建国会章程》删除了存在30余年的"本会以中国人民政治协商会议章程的总纲为纲领"的字样，显示了各民主党派作为责任政党的独立性。

3. 合法反对

在政治学一般理论中，忠诚的反对派的观念是一个重要的内容。罗尔斯说："没有忠诚的反对派的观念，没有对表达和保护这一观念的宪法条款的坚持，民主政治就不能被恰当地引导或长久地维持。"[①] 虽然华盛顿并不理解一个忠诚的反对派的存在价值，但是多数党和少数党在议会过程中并不截然对立。"有两个原则支配着现代下院的议事程序。那就是只要政府可以维持一个多数，它就必须能够获得它认为行政上所必需的法律权力；而各个少数党，无论是怎样的小，必须能够批评那种行政。"[②] 问题在于，中国政府中是否仍然具备反对权的行使主体？

我们认为，要重新认识反对权的政治属性。在第一章中，我们已经简要论述了反对党在英国的由来及道路，其实"国王陛下的反对党"的命题一经提出，就蕴涵着一种对既有政治制度和政治框架予以确认并保证的意思。因此反对并不指向已有的政权，而仅仅指向政府的现行政策。反对权确实是一种在现有制度框架中行使的政治权力，因为"民主体制的首创精神在很大程度上源自政府内部或者反对派。民众因这一体制而受益"[③]。所以从这一意义上说，我国各民主党派对中国共产党和政府的监督正是通过

---

① [美] 约翰·罗尔斯著：《正义论》，何怀宏等译，中国社会科学出版社，1998年版，第221页。

② [英] 埃弗尔·詹宁斯著：《英国议会》，蓬勃译，商务印书馆，1959年版，第77页。

③ [美] E.E. 谢茨施耐德著：《半主权的人民——一个现实主义者眼中的美国民主》，任军锋译，天津人民出版社，2000年版，第125页。

体制内的合法反对进行的。需要强调的是，这种反对是在现有宪法和法律架构内进行的，是在坚持中国共产党的政治领导、积极参政过程中合法进行的。作为共同政治基础上的政治利益共同体，各民主党派在总的政治原则上必然与中国共产党保持一致，其区别在于其作为不同社会利益表达过程中的少数人利益的代表的身份；同时，也代表着人民在特定时期、特定区域的特定利益，以法律允许的途径如批评、质询、罢免议案等方式行使这一功能。

从中国共产党作为责任政党政府的主导地位而言，合法反对是一种建立现代民主政治的重要途径。尤其对于一个非竞争性的执政党来说，党外的合法反对也是一个执政党不断加强自身建设的重要手段。其实建国初期，当有的民主党派认为已经完成历史使命而决定解散时，中国共产党却挽留民主党派，其目的正在于对共产党自身的监督。正如毛泽东在《论十大关系》中所说："我们有意识地留下民主党派，让他们有发表意见的机会……就是那些骂我们的……我们也要养起来，让他们骂，骂得无理，我们反驳，骂得有理，我们接受。这对党，对人民，对社会主义比较有利。"[①] 邓小平也强调了民主党派的反对作用，"我们需要实行党的内部的监督，也需要来自人民群众和党外人士对于我们党的组织和党员的监督。无论党内的监督和党外的监督，其关键都在于发展党和国家的民主生活，发扬我们党的传统作风"[②]。合法反对的功能的行使也可以摆脱现阶段民主党派发展的功能弱化等困境，从健全政党功能入手，寻找民主党派发展的新途径。

马克斯·韦伯认为，只要一种统治的合理性得到被统治者的认同，那么这种统治就是合法的。但是韦伯又认为，仅仅有合理性认同对于政治合法性来说是不够的，"一切经验表明，没有任何一种统治自愿地满足于仅仅以物质的动机或者仅仅以情绪的动机，或者仅仅以价值合乎理性的动机，作为其继续存在的机会。毋宁说，任何统治都企图唤起并维持对它的

---

① 《毛泽东选集》第 5 卷，人民出版社，1977 年版，第 279 页。
② 《邓小平文选》第 1 卷，人民出版社，1989 年版，第 215 页。

'合法化'的信仰"①。也基于此，他提出了三种类型的合法性基础理论：一是基于传统的合法性，即传统型合法性；二是基于领袖人物超凡感召力之上的合法性，即个人魅力型的合法性；三是基于合理合法准则之上的合法性，即法理型合法性。而第三种应当成为中国责任政党政府合法性的重要内容。合法性问题为我们研究当代中国责任政党政府提供了良好的视角。

五、当代中国责任政党政府的过程反思

在当代中国的责任政党政府模式中，执政党、参政党和利益集团共同构成了模式的主体，它们在政府过程中交互作用，从而产生了当代中国独特的政府过程。作为一个古老的政治学分析方法，"'政府过程'这一重要的政治学概念从它诞生之时就注定要把其特定的研究方法和研究领域融为一体"②。

（一）中国共产党的执政过程的反思

作为中国的执政党，中国共产党在责任政党政府中的宪法地位是突出的。为了保证执政党的政策能够在政府过程中得以体现，中国共产党主要通过以下几种方式进行：一是将本党的成员选入立法机关，通过影响立法来实现政策；二是将自己的成员列入各级政府机关及政府各部门中以影响政策的制定和实施；三是由于执政党事实上控制了各种权力机构，它就可以动用从党纪到国法的各种形式对政策的制定者和执行者进行检查、监督、奖惩、任免甚至依法惩处等；四是执政党还经常利用它所影响的各种社会团体、群众组织以及被其控制的大众传播媒介等制造舆论，从而影响政策执行。③ 在中国共产党的政党过程中，党的意志很容易由于权力的崇高地位而成为普遍法律，而这一点是所有参政党或利益集团所不能拥有的。但是值得注意的是，从责任政党政府理论的视角看，中国共产党也存在社会基础、组织结构、纪律约束等问题。

---

① [德] 马克斯·韦伯著：《经济与社会》（上卷），林荣远译，商务印书馆，1997年版，第239页。
② 胡伟著：《政府过程》，浙江人民出版社，1998年版，第2页。
③ 陈振明著：《公共政策分析教程》，中国城市出版社，2004年版，第185页。

首先，中国共产党的社会基础存在问题。虽然中国共产党是拥有7000万党员的群众性政党，但是由于权力的崇高地位容易使党脱离其群众基础。前不久中共安徽省委党校党建部吴梅芳进行的一次问卷调查显示：认为目前党群关系"总体上还好，但还存在不少问题"占调查总人数的56%。这是个微弱的多数。就党群关系方面，认为与过去相比，"某些方面好，总体状况不如过去"占调查总人数的42%；认为"比过去差得多"的人占调查总人数的33%。这两项加起来占调查总人数的75%。[①] 因此在这种情况下，中国共产党必须清醒地面对执政的合法性问题。具体而言，就是要在责任政党政府过程中，继续争取人民群众的支持，把人民群众的利益诉求通过中国共产党传递给政府体系，通过负责任的政党政府过程将公共政策与人民的利益要求联系起来。

其次，中国共产党的组织结构存在问题。"在实践上，党直接控制政府过程的程度随级别的不同而有差异。在中央一级，党的精英垄断了决策权，也垄断了执行其决定的国家、党和军队官僚机构中的关键职位。在中等级别，党员在领导职位中的比例足以保证党对政府机关的统治。在基层级别，党员可能构成、也可能不构成委员会的多数；他们的角色属于'领导核心'的角色，他们必须通过与非党干部和委员会成员的说服性的合作来贯彻党的政策。在最小的初级单位，中共也许只有很少的代表。"[②] 因此在中国共产党的组织结构中，存在着上下不一致性，这种不一致性可能造成基层组织的涣散。

再次，中国共产党的组织建设存在问题，这些问题主要集中在两点，一是民主，二是纪律。政党的民主性要求就是在政党内部对于个体党员权利的保障，这一保障尤其要体现在政党的决策上。但是在党内，民主建设并没有取得重大的突破。具体而言，"党内握有权力的各级主要领导干部客观上处于强势位置，并且在党内的强势程度与其所处党内权力体系的位阶高低、手里权力大小成正比，而一般党员和干部则相应处于权利弱势位置，很难对党内权力进行强而有力的制约与监督。在这样的权力结构特性

---

① 何增科等著：《中国政治体制改革研究》，中央编译出版社，2004年版，第132页。
② [美] 詹姆斯·R. 汤森等著：《中国政治》，顾速等译，江苏人民出版社1994年版，第280页。

下，党内同志之间的平等合作奋斗关系就会被扭曲成一定程度上的权力依附关系，于是必然出现以权力意志支配党内关系、处理党内事务的潜规则，党章制度的权威也就被权力意志权威所取代"①。在责任政党政府理论看来，一个全国性政党组织需要严密的纪律为保障。列宁早就指出："如果我们党没有极严格的真正铁的纪律，如果我们党没有得到整个工人阶级全心全意的拥护，就是说，没有得到工人阶级中所有一切善于思考、诚实、有自我牺牲精神、有威信并且能带领或吸引落后阶层的人的全心全意的拥护，那么布尔什维克别说把政权保持两年半，就是两个半月也保持不住"②。但是在我国执政党组织建设中，尤其是在基层党委组织建设中，存在一定的组织离心力。在中国责任政党政府建设过程中，中国共产党必须明确纪律，确保执政党的意志转变为有效的公共政策，而这也是责任政党政府理论的内在之意。

不容否认的是，在当代中国尤其是改革开放以来的政治过程中，存在中央政府与地方政府的权力博弈，甚至在一定程度上造成政府结构的分离。由于地方的利益冲击，政党地方性的特征越来越明显，而这将直接导致党的纪律难以约束地方党组织和党员，"全党服从中央"的党章要求难以实现，并为责任政党政府的良好运作埋下隐患。

（二）中国各民主党派的参政过程的反思

截止到 2005 年 3 月，我国民主党派成员共有 63.4 万人，不及中国共产党的百分之一。③ 但是在中国民主党派的责任政党政府过程中，其党员数的多寡并不影响其作为参政党对权力的分享。中国共产党对民主党派的领导是政治领导，即政治原则、政治方向和重大方针政策的领导。这种领导主要是通过民主协商和政治思想工作来实现的。④ 在接受政治领导和协

---

① 蔡霞等著：《专家称党内潜规则导致领导干部作风败坏》，载《北京日报》，2007 年 1 月 15 日。
② 《列宁选集》第 4 卷，人民出版社，1995 年版，第 134—135 页。
③ 中国国民党革命委员会中央委员会编写组：《中国的参政党》，团结出版社，2005 年版，第 104 页。
④ 中共中央统战部网站：(http//www.zytzb.org.cn/zytzbwz/party/chanshu/80200212200085.htm，2006 - 12 - 6)。

商中，中国各民主党派也分享了立法、行政、司法等国家权力。① 民主建国会常务理事黄炎培是第一届中央人民政府56个委员之一，并担任中华人民共和国中央人民政府政务院副总理兼轻工业部部长，章乃器任劳动就业委员会副主任、沙千里任贸易部部长、施复亮任劳动部副部长、杨卫玉任轻工业部副部长。民建主要成员中，有25人担任中央人民政府委员、各委员会委员、部长、副部长以及政务部重要职务。② 同样，各民主党派也不仅仅在中央任职，大多数参政党成员在地方政府中也拥有实职。

截止到2005年3月，全国各级人大代表中有党外人士17.6万多人，全国各级政协委员有党外人士33.7万人，担任各级政府和司法部门县处级以上职务的党外人士有3.2万人。这其中，参政党成员占了绝大多数。③ 民主党派在国家行政机关任职比例远超过了民主党派在所有政党成员中的人数的比例。但是从表4.2可以看出，民主党派多担任政府及司法机关的副职。

表4.2　中国民主同盟盟员担任政府及司法机关领导职务人员名单
（地厅级及以上）（2005年3月2日）④

张宝文	农业部副部长
直属局副局长：（2名）	
谢经荣	国家测绘局副局长
徐一帆	国家统计局副局长
部委副司局长：（4名）	
姚向君	农业部国际合作司副司长

---

① 权力的分享在我国多数政治领域得以实现，但是并不意味着所有领域的权力分享。一些领域如军队尚不属于分享范畴。最近一则新闻作如下报道，"本报讯：解放军总政治部副秘书长张贡献少将今天指出，坚持中国共产党对军队的绝对领导，是中国人民解放军的根本政治原则，不允许其他党派在军队中建立组织和进行活动"。参见钟欣著：《总政治部官员：不允许其他党派在军队中建组织》，《南方日报》，2006年12月17日。
② 傅金铎等著：《中国政党》，华文出版社，2002年版，第136页。
③ 中国国民党革命委员会中央委员会编写组：《中国的参政党》，团结出版社，2005年版，第105页。
④ 资料来源：中国民主同盟网站（http://www.mmzy.org.cn/html/article/1147/5111855.htm，2006-12-07）。

何子阳	农业部办公厅副主任
周 元	科技部中国科技促进发展研究中心副主任
陈学军	国家林业局天然林保护工程管理中心副主任
副省长：(3名)	
龙庄伟	河北省人民政府副省长
陈晓光	吉林省人民政府副省长
郭生练	湖北省人民政府副省长
省级政府副厅、局长：(42名)	
程 红（女）	北京市商务局副局长
边发吉	河北省文化厅副厅长
杨静之	河北省体育局副局长
梅志强	山西省人口和计划生育委员会副主任
赵佐贤	辽宁省民族事务委员会副主任
李长春	辽宁省工商局副局长
李贵林	黑龙江省监察厅副厅长
孙文志	黑龙江省畜牧局助理巡视员
杨国亭	黑龙江省林业厅助理巡视员
游 伟	上海市第一中级人民法院副院长
郑惠强	上海信息委员会副主任
陆桂华	江苏省水利厅副厅长
高 杰（女）	浙江省高级人民法院副院长
阮诗玮	福建省卫生厅副厅长
李明蓉（女）	福建省人民检察院副检察长
刘晓庄	江西省食品药品监督管理局副局长
蔡福安	山东省工商管理局副局长
储亚平	河南省监察厅副厅长
董文建	河南省文化厅副厅长
黄利鸣	湖北省卫生厅副厅长

胡树华	湖北省信息产业厅副厅长
李利君（女）	湖南省监察厅副厅长
乐寿长	湖南省科技厅副厅长
杨维刚	湖南省国土资源厅副厅长
余庆安	广东省参事室副主任
罗远芳（女）	广东省教育厅副厅长
王学成	广东省人民检察院副检察长
李志勇	广西壮族自治区商务厅副厅长
莫雁诗	广西壮族自治区扶贫办副主任
吴 刚	重庆市发展计划委员会副主任
陈万志	重庆市环保局副局长
刘明华	重庆市文化局副局长
赵振铣	四川省监察厅副厅长
张 力	四川省民政厅副厅长
倪慧芳	云南省人民检察院副检察长
徐 彬	云南省教育厅副厅长
陈忠槐	陕西省司法厅副厅长
王福豹	陕西省广播电视局副局长
冯月菊（女）	陕西省人口和计划生育委员会主任
张 强	甘肃省气象局副局长
安纯人	宁夏回族自治区教育厅副厅长
焦红（女）	湖北省食品药品监督管理局副局长
省会市副市长：(7名)	
董恒宇	内蒙古自治区呼和浩特市人民政府副市长
张雪平（女）	安徽省合肥市人民政府副市长
罗慧芬（女）	江西省南昌市人民政府副市长
刘荫岛	山东省济南市人民政府副市长
张道宏	陕西省西安市人民政府副市长

张世珍	甘肃省兰州市人民政府副市长
王　绚（女）	青海省西宁市人民政府副市长
地市级副市长：(51 名)	
刘玉芳（女）	北京市崇文区副区长
刘淑华（女）	北京市通州区人民政府副区长
郭景平	天津市大港区人民政府副区长
沈奎林	天津市红桥区人民政府副区长
杨玉成	河北省张家口市人民政府副市长
安　源	内蒙古自治区鄂尔多斯市人民政府副市长
李晓安	辽宁省鞍山市人民政府副市长
于　梅（女）	辽宁省丹东市人民政府副市长
车　竞（女）	辽宁省营口市人民政府副市长
高　炜	辽宁省朝阳市人民政府副市长
鞠雅莲（女）	辽宁省阜新市人民政府副市长
杨金顺	吉林省吉林市人民政府副市长
崔　强	黑龙江省大庆市人民政府副市长
王志山	黑龙江省伊春市人民政府副市长
朱成富	黑龙江省鸡西市人民政府副市长
李龙吉	黑龙江省双鸭山市人民政府副市长
贯昌福	黑龙江省黑河市人民政府副市长
钱福永	黑龙江省鹤岗市人民政府副市长
张景儒	黑龙江省七台河市人民政府副市长
李　原（女）	上海市宝山区人民政府副区长
周秀芬（女）	上海市徐汇区人民政府副区长
杨展里	江苏省南通市人民政府副市长
成岳冲	浙江省宁波市人民政府副市长
李露儿（女）	浙江省绍兴市人民政府副市长
徐　辉	浙江省金华市人民政府副市长

夏月星（女）	安徽省宣城市人民政府副市长
黄维礼	福建省泉州市人民政府副市长
何建洋	江西省萍乡市人民政府副市长
王修林	山东省青岛市人民政府副市长
魏春香（女）	山东省莱芜市人民政府副市长
霍金花（女）	河南省焦作市人民政府副市长
邹东波	河南省濮阳市人民政府副市长
林永生	湖北省咸宁市人民政府副市长
曹　毅	湖北省恩施州人民政府副州长
李兰君（女）	湖南省邵阳市人民政府副市长
刘小辉	广东省揭阳市人民政府副市长
吴有必	广东省河源市人民政府副市长
郑尤坚	广东省阳江市人民政府副市长
钟展南	广东省汕头市人民政府副市长
曾晓红（女）	广东省潮州市人民政府副市长
廖迪娜（女）	广东省清远市人民政府副市长
杨锡基	广东省佛山市人民政府副市长
林德宏	广西壮族自治区河池市人民政府副市长
杨才明	重庆市南岸区人民政府副区长
石岷嘉（女）	四川省自贡市人民政府副市长
张宜微	贵州省安顺市副市长
车建营	陕西省咸阳市人民政府副市长
阎奋民	甘肃省平凉市人民政府副市长
魏其奎	甘肃省金昌市人民政府副市长
张　平	甘肃省张掖市人民政府副市长
车安宁	甘肃省武威市人民政府副市长

除了直接进入政府体系，民主党派还承担政治监督的重要职能。毛泽东在《论十大关系》中指出："究竟是一个党好，还是几个党好？现在看来，恐怕是几个党好。不但过去如此，而且将来也可以如此，就是长期共存，互相监督。"① 这也是建设中国责任政党政府制度的主要内容和内在逻辑。

在上个世纪末一段时期，有的民主党派提出希望能够通过法律明确合作关系，有些民主党派要求落实 50 年代提出来的方针，即"政治上自由，组织上独立，法律上平等"等。② 当然这些要求也需要一个在中国的特定条件下逐步深化的过程。但是从目前情况看来，尤其是相对中国共产党来说，各参政党组织结构、组织成员较为分散。在党纲上，各民主党派仍有一定的相似性。各民主党派作为参政党将可能出现由于纲领相似性、组织模糊性而导致的参政的合法性危机，而这种合法性危机并不由于民主党派成员大量进入政府而改变。

在施特劳斯学派政治哲学家曼斯菲尔德看来，《联邦党人文集》之所以不能简单地看做是一部政党文献，其价值就在于其是一个支持宪政的党派，"党派有着高低两层含义——负责任的党派和追求自身优势的党派"③。这一观点部分缓解了我国民主党派的实践和理论困境。民主党派必须加强自身的组织建设和制度建设，使自己尽快成为一个负责任的具有宪政价值的政党组织，也只有这样才能更好地与中国共产党一起，构建民主的责任政党政府制度。而惟有这样，才能更好地为自身的存在和发展辩护。

本章小结

与美国政党政府历史不同，中国政党政府也显示了其从传统帝制脱胎换骨的艰难痕迹，从而给中国政党政府的发生与发展增加了许多困难。

---

① 《毛泽东选集》第 5 卷，人民出版社，1977 年版，第 278 页。
② 谭健著：《中国政治体制改革论》，光明日报出版社，1989 年版，第 30 页。
③ [美] 哈纬·C. 曼斯菲尔德著：《驯化君主》，冯克利译，译林出版社，2005 年版，第 285 页。

在政党政府的发展过程中,一个统一的阶级基础、统一的纲领、统一的组织、统一的行动构成了一个政党的前提,但是在清末明初中国政党政府的发展过程中,并没有产生真正向各阶级负责的政党。立宪党与国民党的悲剧一样,既得不到皇帝支持,也得不到人民支持,因此不可能建立一个政党政府。而在组织体系上,为了争取选票而牺牲宗旨和原则,更是建立政党政府之大忌。因为无条件合并不是政党壮大的前提,恰恰是政党分裂的内在导火索。政党尚处分裂之中,还谈什么政党政府?在改组后的中国国民党的解决方案中,一个强大的政党成为建立现代国家乃至责任政府的首选,也是在这样的思路下,军政、训政成为首选,但政党的强化并不意味着马基雅维利式的手段选择,军政、训政并不意味军事独裁、一党独大。责任政党政府也不是对其他党的排斥,而是应该吸收所有阶层的利益建立政党政府。但是中国国民党的训政远远超过孙中山规定时间,终使中国国民党及其领袖逐步背离了责任政党政府理论的规定,而不幸地沦为民主终结者和政治独裁者。

马克思恩格斯充分认识了社会历史发展规律,也在其著作中体现了责任政党政府的一些思想,他们批判了资产阶级政党政府的存在问题,认为任何政党和政府都是一定阶级的政党和政府,都只为本阶级的利益服务,即使是美国这样的两党制政府,也不无欺骗的内容。无产阶级导师期待着无产阶级责任政党政府的诞生,但限于历史条件和时代任务,马克思、恩格斯不可能系统地、周密详尽地设计这一新的社会制度,并对无产阶级责任政党政府作出更多的论述。但是不管怎么说,我们在分析责任政党政府理论、建立责任政党政府的同时,必须关注马克思恩格斯的有关论述,因为这些论述,是我们认识美国责任政党政府理论的基础,也是我们建立当代中国责任政党政府的理论前提。

中国共产党在1949年夺取政权,建立新中国。与中国国民党不同,作为拥有远大理想和强烈责任感的中国共产党的解决方案是建立一党执政、多党参政的联合政府。当然在这一过程中也曾经存在这样那样的问题,如在"文革"前后,中国的责任政党政府仅仅围绕执政党展开,最终走向一元化政治局面。中国共产党甚至一度取缔人大、政协和民主党派的政治活动,从而抛弃了责任政党政府体制的组成要件。

在当代中国，责任政党政府的建立不可能由一党完成。民主党派的合法代表、合法支持与合法反对也是责任政党政府建立的重要内容，因此民主党派也必须首先成为一个责任政党。20世纪90年代以来，中国政治体制改革速度放缓，并在世纪之交逐步转向强化党和政府的责任意识、服务意识、法治意识，即三个政府的理论由来。但是市场经济体制的逐步建立、多元文化的出现和市民社会的崛起，中国的权力分布正在逐渐由等级分权走向平行的阶层分权。因此在建设更加负责任的政党政府的过程中，中国共产党及各民主党派要做的工作更多的或许应是保证人民利益诉求的途径的畅通。在中国政党政府的过程与制度反思中，还要着重处理好党政关系中的张力，强化党的宗旨，强调政府的权威尤其是人民代表大会的权威。

杨幼炯在《中国政党史》中对晚清以前我国的政治发展作了这样的结论："我国数千年来皆行君主专制之政治、以人民为政治之客体，而非政治之主体。"[①] 在他看来，代议制下的政党的诞生改变了中国政治的发展轨迹。我们更进一步认为，正是无产阶级政党及其同盟者缔造的责任政党政府才把人民的主体地位加以确立与巩固。而作为一个背负数千年历史包袱的中国，政党政府不过才经历百年的尝试，而责任政党政府至今仍然在探索之中。中国革命与建设离不开中国共产党，也离不开中国各参政党。

一个负责任的政党政府过程就是在整合社会中改造自身的政治过程。在当代中国，这样的改造是从明确责任体系、履行责任过程艰难起步的，而这正是当代中国责任政府建设的真正命题所在。

[①] 杨幼炯著：《中国政党史》，《民国丛书》第二编第25卷，上海书店，1990年版，第2页。

参考文献

一、中文著作

1. 《孙中山选集》（上卷），人民出版社，1956年版。
2. 《孙中山全集》第2、3、4、5、7、8、9卷，人民出版社，第111页。
3. 《宋教仁集》（下册），中华书局，1981年版。
4. 《毛泽东选集》1、3、5卷，人民出版社，第1版。
5. 《毛泽东文集》第6卷，人民出版社，1999年版。
6. 《邓小平文选》第1、2、3卷，人民出版社，第1版。
7. 曹沛霖等：《比较政治制度》，高等教育出版社，2005年版。
8. 曹沛霖：《制度纵横谈》，人民出版社，2005年版。
9. 王沪宁：《比较政治分析》，上海人民出版社，1987年版。
10. 乔耀章：《政府理论》，苏州大学出版社，2000年版。
11. 乔耀章：《中国特色社会主义纵横谈》，苏州大学出版社，1996年版。
12. 张铭等：《政治学方法论》，苏州大学出版社，2000年版。
13. 沈荣华等：《地方政府治理》，社会科学文献出版社，2006年版。
14. 朱光磊：《现代政府理论》，高等教育出版社，2006年版。
15. 宋玉波：《民主政制比较研究》，法律出版社，2001年版。
16. 江炳伦：《政治学论丛》，华欣文化事业公司，1975年版。
17. 彭文贤：《行政生态学》，三民书局，1988年版。
18. 金耀基：《行政生态学》，商务印书馆，1992年版。

19. 邓蜀生：《伍德罗·威尔逊》，上海人民出版社，1982年版。
20. 谭君久：《当代各国政治体制——美国》，兰州大学出版社，1998年版。
21. 钱满素：《美国自由主义的历史变迁》，北京三联书店，2006年版。
22. 李道揆：《美国政府和美国政治》，商务印书馆，1999年版。
23. 林宏宇：《美国总统选举政治研究》，天津人民出版社，2006年版。
24. 董晓阳：《俄罗斯利益集团》，当代世界出版社，1999年版。
25. 刘绪贻等：《美国通史第5卷 富兰克林·D. 罗斯福时代1929—1945》，人民出版社，2002年版。
26. 阎照祥：《英国政治制度史》，人民出版社，1999年版。
27. 程汉大：《英国政治制度史》，中国社会科学出版社，1995年版。
28. 黄远庸：《远生遗箸》，《民国丛书》第二编99卷，上海书店，1990年版。
29. 杨幼炯：《中国政党史》，《民国丛书》第二编第25卷，上海书店，1990年版。
30. 谢彬：《民国政党史》，《民国丛书》第二编第25卷，上海书店，1990年版。
31. 顾敦鍒：《中国议会史》，《民国丛书》第三编第21卷，上海书店，1990年版。
32. 陈之迈：《中国政府》，《民国丛书》第三编第20卷，上海书店，1990年版。
33. 李剑农：《戊戌以后三十年中国政治史》，中华书局，1965年版。
34. 郭剑林：《北洋政府简史》，天津古籍出版社，2000年版。
35. 张玉法：《民国初年的政党》，岳麓书社，2004年版。
36. 李金河：《中国政党政治研究（1905—1949）》，中央编译出版社，2007年版。
37. 杨绪盟：《移植与异化：民国初年中国政党政治研究》，人民出版社，2005年版。
38. 闾小波：《中国近代政治发展史》，高等教育出版社，2003年版。

39. 黄仁宇:《万历十五年》,三联书店,1997年版。
40. 杨鸿年等:《中国政制史》,武汉大学出版社,2005年版。
41. 白钢:《中国政治制度史》(下卷),天津人民出版社,2002年版。
42. 荣孟源:《中国国民党历次代表大会及中央全会资料》(下册),光明日报出版社,1985年版。
43. 中央档案馆:《中共中央文件选集》第1册,中央党校出版社,1989年版。
44. 傅金铎等:《中国政党》,华文出版社,2002年版。
45. 王邦佐等:《中国政党制度的社会生态分析》,上海人民出版社,2000年版。
46. 中国国民党革命委员会中央委员会《中国的参政党》编写组:《中国的参政党》,团结出版社,2005年版。
47. 王树棣等:《中国人民政治协商会议史》,黑龙江教育出版社,1991年版。
48. 林尚立:《当代中国政治形态》,天津人民出版社,2000年版。
49. 林尚立:《中国共产党执政方略》,上海社会科学院出版社,2002年版。
50. 杨德山:《中国共产党的政党学说》,中央党史出版社,2005年版。
51. 周建青等:《中国共产党纲领建设研究》,中共中央党校出版社,2005年版。
52. 《中国共产党历次党章汇编(1921—2002)》,中国方正出版社,2006年版。
53. 郑宪:《中国民主党派建设理论》(第二版),中共中央党校出版社,2005年版。
54. 郭定平:《政党与政府》,浙江人民出版社,1998年版。
55. 赵晓呼:《政党论》,天津人民出版社,2003年版。
56. 俞可平:《治理与善治》,社会科学文献出版,2000年版。
57. 唐士其:《西方政治思想史》,北京大学出版社,2002年版。
58. 王成栋:《政府责任论》,中国政法大学出版社,1999年版。

59. 邓正来：《国家与社会：中国市民社会研究》，四川人民出版社，1997年版。

60. 胡伟：《政府过程》，浙江人民出版社，1998年版。

61. 朱光磊：《当代中国政府过程》（修订版），天津人民出版社，2002年版。

62. 蒋劲松：《责任政府新论》，社会科学文献出版社，2005年版。

63. 严强等：《公共政策学》，南京大学出版社，2002年版。

64. 陈振明：《政策科学》，中国人民大学出版社，1998年版。

65. 商红日：《政府基础论》，经济日报出版社，2002年版。

66. 蔡定剑：《中国人民代表大会制度》（第四版），法律出版社，2003年版。

67. 蔡定剑：《历史与变革》，中国政法大学出版社，1999年版。

68. 辛鸣：《制度论——关于制度哲学的理论建构》，人民出版社，2005年版。

69. 孙哲：《权威政治》，复旦大学出版社，2004年版。

70. 谭健：《中国政治体制改革论》，光明日报出版社，1989年版。

71. 周叶中等：《共和主义之宪政解读》，人民出版社，2005年版。

72. 中华人民共和国统计局：《中国统计年鉴2003》、《中国统计年鉴2005》，中国统计出版社，2003、2005年版。

二、中文译著

1. ［古希腊］柏拉图：《理想国》，郭斌和等译，商务印书馆，1986年版。

2. ［古希腊］亚里士多德：《政治学》，吴寿彭译，商务印书馆，1965年版。

3. ［古希腊］亚里士多德：《尼各马科伦理学》，苗力田译，中国社会科学出版社，1990年版。

4. ［古希腊］修昔底德：《伯罗奔尼撒战争史》上册，谢德风译，商务印书馆，1960年版。

5. ［英］霍布斯：《利维坦》，黎思复等译，商务印书馆，1985年版。

6. ［英］洛克：《政府论》（下篇），叶启芳等译，商务印书馆，1964年版。

7. ［法］孟德斯鸠：《论法的精神》上册，张雁深译，商务印书馆，1959年版。

8. ［法］卢梭：《社会契约论》，何兆武译，商务印书馆，2003年版。

9. ［英］亚当·斯密：《国民财富的性质和原因的研究》（下卷），郭大力等译，商务印书馆，1974年版。

10. ［英］边沁：《政府片论》，沈叔平等译，商务印书馆，1996年版。

11. ［英］J.S.密尔：《代议制政府》，汪瑄译，商务印书馆，1982年版。

12. 《马克思恩格斯选集》1—4卷，人民出版社，1995年版。

13. 《马克思恩格斯全集》1、3、6、12、13、15、21、23、38、40、46卷第1版，人民出版社，第111页。

14. 《列宁选集》第4卷，人民出版社，1995年版。

15. 《列宁全集》第5、35卷，人民出版社，1986年版。

16. ［美］乔治·华盛顿：《华盛顿选集》，聂崇信等译，商务印书馆，1983年版。

17. ［美］汉密尔顿等：《联邦党人文集》，程逢如等译，商务印书馆，1980年版。

18. ［法］托克维尔：《论美国的民主》，董果良译，商务印书馆，2004年版。

19. ［美］威尔逊：《国会政体》，熊希龄等译，商务印书馆，1986年版。

20. ［美］F.J.古德诺：《政治与行政》，王元译，华夏出版社，1987年版。

21. ［美］梅里亚姆：《美国政治思想》，朱曾汶译，商务印书馆，1984年版。

22. ［美］卡尔·贝克尔：《论〈独立宣言〉——政治思想史研究》，彭刚译，江苏教育出版社，2005年版。

23. ［美］查尔斯·A.比尔德：《美国宪法的经济观》，何希齐译，商务印书馆，1984年版。

24. ［美］乔治·霍兰·萨拜因：《政治学说史》，刘山等译，商务印书馆，1986年版。

25. ［美］小阿瑟·施莱辛格：《美国共和党史》，复旦大学国际政治系编译，上海人民出版社，1977年版。

26. ［美］小阿瑟·施莱辛格：《美国民主党史》，复旦大学国际政治系编译，上海人民出版社，1977年版。

27. ［美］施密特等：《美国政府与政治》，梅然译，北京大学出版社，2005年版。

28. ［美］查尔斯·A. 比尔德：《美国政府与政治》（上册），朱曾汶译，商务印书馆，1987年版。

29. ［英］维尔：《美国政治》，王合等译，商务印书馆，1981年版。

30. ［美］詹姆斯·M. 伯恩斯等：《民治政府》，陆震纶等译，中国社会科学出版社，1996年版。

31. ［美］E. E. 谢茨施耐德：《半主权的人民——一个现实主义者眼中的美国民主》，任军锋译，天津人民出版社，2000年版。

32. ［美］J. 布鲁姆等：《美国的历程》（上册），杨国标等译，商务印书馆，1988年版。

33. ［美］希尔斯曼：《美国是如何治理的》，曹大鹏译，商务印书馆，1986年版。

34. ［美］哈罗德·F. 戈斯内尔等：《美国政党和选举》，复旦大学国际政治系译，上海译文出版社，1980年版。

35. ［美］文森特·奥斯特罗姆：《美国公共行政的危机》，毛寿龙译，上海三联书店，1999年版。

36. ［日］田口富久治等：《当代世界政治体制》，耿小曼译，光明日报出版社，1988年版。

37. ［英］埃弗尔·詹宁斯：《英国议会》，蓬勃译，商务印书馆。1959年版。

38. ［美］罗威尔：《英国政府（政党制度之部）》，秋水译，上海人民出版社。1959年版。

39. ［英］克莱登·罗伯兹等：《英国史》（上），贾士蘅译，五南图书出版公司，1986年版。

40. ［美］科佩尔·S. 平森：《德国近代史》（上册），茨德译，商务印书馆，1987年版。

41. ［法］让·布隆代尔等：《政党政府的性质——一种比较性的欧洲视角》，曾淼等译，北京大学出版社，2006年版。

42. ［法］让·布隆代尔等：《政党与政府——自由民主国家的政府与支持性政党关系探析》，史志钦等译，北京大学出版社，2006年版。

43. ［意］吉奥瓦尼·萨托利：《最新政党与政府制度》，雷飞龙译，韦伯文化国际出版有限公司，2003年版。

44. ［英］米勒等：《布莱克维尔政治学百科全书》，邓正来译，中国政法大学出版社，2002年版。

45. ［美］迈克尔·罗斯金等：《政治科学》，北京：华夏出版社，2001年版。

46. ［意］加埃塔诺·莫斯卡：《政治科学要义》，任军锋等译，上海世纪出版集团，2005年版。

47. ［美］霍华德·威亚尔达：《比较政治学导论：概念与过程》，曹沛霖等译，北京大学出版社，2005年版。

48. ［美］加布里埃尔·A. 阿尔蒙德等：《比较政治学：体系、过程和政策》，曹沛霖等译，上海译文出版社，1987年版。

49. ［美］里普森：《政治学的重大问题：政治学导论》，刘晓等译，华夏出版社，2001年版。

50. ［日］内田满：《早稻田与现代美国政治学》，唐亦农译，复旦大学出版社，2003年版。

51. ［美］菲利克斯·A. 尼格罗：《公共行政学简明教程》，郭晓来等译，中共中央党校出版社，1997年版。

52. ［英］阿诺德·汤因比：《历史研究》，刘北成等译，上海世纪出版集团，2005年版。

53. ［日］石田一良：《文化史学：理论与方法》，王勇译，浙江人民出版社，1989年版。

54. ［美］乔纳森·特纳：《社会学理论的结构》，邱泽奇译，华夏出版社，2001年版。

55. ［美］T·帕森斯：《社会行动的结构》，张明德等译，译林出版社，2003年版。

56. ［德］马克斯·韦伯：《经济与社会》（上卷），林荣远译，商务印书馆，1997年版。

57. ［德］马克斯·韦伯：《学术与政治》，钱永祥等译，广西师范大学出版社，2004年版。

58. ［美］威尔·金里卡：《当代政治哲学》，刘莘译，上海三联书店，2004年版。

59. ［英］以赛亚·伯林：《自由论》，胡传胜译，译林出版社，2003年版。

60. ［美］约翰·罗尔斯：《政治自由主义》，刘东等译，译林出版社，2000年版。

61. ［美］约翰·罗尔斯：《正义论》，何怀宏等译，中国社会科学出版社，1998年版。

62. 中国社会科学院哲学研究所编：《哈贝马斯在华讲演集》，人民出版社，2002年版。

63. ［德］尤尔根·哈贝马斯：《包容他者》，曹卫东译，上海人民出版社，2002年版。

64. ［美］乔·萨托利：《民主新论》，冯克利等译，东方出版社，1998年版。

65. ［美］科恩：《论民主》，聂崇信等译，商务印书馆，1988年版。

66. ［美］塞缪尔·亨廷顿：《变革社会中的政治秩序》，李盛平等译，华夏出版社1988年版。

67. ［美］罗伯特·W.杰克曼：《不需要暴力的权力——民族国家的政治能力》，欧阳景根译，天津人民出版社，2006年版。

68. ［英］迈克尔·莱斯诺夫等：《社会契约论》，刘训练等译，江苏人民出版社，2005年版。

69. ［美］哈维·C.曼斯菲尔德：《驯化君主》，冯克利译，译林出版社，2005年版。

70. ［澳］菲利普·佩迪特著：《共和主义》，刘训练译，江苏人民出版社，2006年版。

71. ［日］辻中丰：《利益集团》，郝玉珍译，经济日报出版社，1989年版。

72. ［美］D. B. 杜鲁门：《政治过程》，陈尧译，天津人民出版社，2005年版。

73. ［美］曼瑟尔·奥尔森：《集体行动的逻辑》，陈郁等译，上海三联书店、上海人民出版社，1995年版。

74. ［美］彼得·F. 德鲁克：《社会的管理》，徐大建译，上海财经大学出版社，2006年版。

75. ［英］约翰·汤姆林森：《全球化与文化》郭英剑译，南京大学出版社，2002年版。

76. ［英］罗素：《中国问题》，秦悦译，学林出版社，1996年版。

77. ［美］詹姆斯·R. 汤森、布兰特利·沃马克：《中国政治》，江苏人民出版社，2003年版。

78. ［美］吉尔伯特·罗兹曼：《中国的现代化》，国家社会基金"比较现代化"课题组译，江苏人民出版社，2003年版。

79. ［美］柯伟林：《德国与中华民国》，陈谦平等译，江苏人民出版社2006年版。

80. ［苏］亚·伊·切列潘诺夫：《中国国民革命军的北伐》，中国社会科学院近代史研究所翻译室译，中国社会科学出版社，1981年版。

81. ［美］费正清：《剑桥中华民国史》（上卷），中国社会科学出版社，1995年版。

82. ［美］费正清：《美国与中国》（第四版），世界知识出版社，2006年版。

三、英文文献

1. E. E. Schattschneider, *Party Government*, New York: Holt, Rinehart & Winston, 1942.

2. Austin Ranney, *The Doctrine of Responsible Party Government: Its Origins and Present State Urbana*, Illinois: The University of Illinois Press, 1954.

3. Grover Starling, *Managing The Public Sector*, The Dorsey Press, 1986.

4. Leon D. Epstein, *Political Parties in Western Democracies*, New York: Praeger, 1967.

5. Leon D. Epstein, *What Happened to the British Party Model*? APSR, 1980 (74).

6. Edward V. Schneier, Jr., Julius Turner, *Party and Constituency: Pressures on Congress*, revised ed. Baltimore, Md.: Johns Hopkins Press, 1970.

7. Grover Starling, *Managing The Public Sector*, The Dorsey Press, 1986

8. James Adams, *Party Competition and Responsible Party Government*, The University of Michigan Press, 2001

9. John C. Green & Paul S. Herrnson, *Reponsible Partisanship*? University Press of Kansas, 2002.

10. Julius Turner, *Responsible Parties: A Dissent from the Floor*, APSR, 1951 (45).

11. Austin Ranney, *Toward A More Responsible Two – Party System: A Commentary*, APSR, 1951 (45).

12. George B. Galloway, *The Operation of the Legislative Reorganization Act of 1946*, APSR, 1951 (45).

13. Samuel J. Eldersveld, *The Independent Vote: Measurement, Characteristics, and Implications for Party Strategy*, APSR, 1952 (46).

14. J. Roland Pennock, *Responsiveness, Responsibility, and Majority Rule*, APSR, 1952 (46).

15. Francis W. Coker, *Some Present – Day Critics of Liberalism*, APSR, 1953 (47).

16. Austin Ranney & Willmoore Kendall, *The American Party Systems*, APSR, 1954 (48).

17. Leon D. Epstein, *British Mass Parties in Comparison with American Parties*, Political Science Quarterly, 1956 (71).

18. Frederick C. Engelmann, *A Critique of Recent Writings on Political Parties*, Journal of Politics, 1957 (19).

19. Herbert McClosky, Paul J. Hoffmann, &Rosemary O'Hara, *Issue Conflict and Consensus Among Party Leaders and Followers*, APSR, 1960 (54).

20. Donald E. Stokes and Warren E. Miller, *Party Government and the Saliency of Congress*, Public Opinion Quarterly, 1962 (26).

21. Harvey C. Mansfield Jr, *Whether Party Government is Inevitable*, Political Science Quarterly, 1965 (80).

22. Evron M. Kirkpatrick, *Toward A More Responsible Two – Party System: Political Science, Policy Science, or Pseudo – Science?* APSR, 1971 (65).

23. Gerald M. Pomper, *Toward a More Responsible Two – Party System? What, Again? Journal of Politics*, 1971 (33).

24. J. Roland Pennock, *Comments on Gerald M. Pomper's Toward a More Responsible Two – Party System? What, Again?* Journal of Politics, 1972 (34).

25. George W. Carey and James McClellan, *Towards the Restoration of the American Political Tradition*, Journal of Politics, 1976 (38).

26. William S. Livingston, *Britain and America: The Institutionalization of ccountability*, Journal of Politics, 1976 (38).

27. Gerald M. Pomper, *The Decline of the Party in American Elections*, Political Science Quarterly, 1977 (92).

28. Everett Carll Ladd, *Party Reform and the Public Interest*, Political Science Quarterly, 1987 (102).

29. James L. Sundquis, *Needed: A Political Theory for the New Era of Coalition Government in the United States*, Political Science Quarterly, 1988 – 1989 (103).

30. Paul T. David, *The APSA Committee on political parties: Some reconsiderations of its work and significance*, Perspectives on Political Science, 1992 (21).

31. Paul S. Herrnson, *Why the United States does not have responsible parties*, Perspectives on Political Science, 1992 (21).

32. John Kenneth White, *Responsible party government in America*, Perspectives on Political Science, 1992 (21).

后 记

在人类的政治生活中,世界正以独特的视角诠释着文明的轨迹。古老的城邦生活已经逝去,人类是否依然是政治的动物?是否要继续"我是谁,我从哪里来,我要到哪里去"千古天问的孤独?科学的进步迫使我们离开了种种神圣的规定性,迫使我们从迷思中醒来,迫使我们重新反观自身的生存和环境,试图选择一种最优生活的努力也在一定程度上紧迫起来。

带着初学者的好奇,我一头扎进了责任政党政府理论这一政治学领域。当我雄心勃勃地展开阅读和写作时,却发现自己是多么的莽撞和渺小。我不仅要面对这一理论的深邃,更要面对这一理论与现实复杂的纠葛。在阅读与写作的过程中,我怀着崇敬之心去领会与体悟先贤们对于这一领域作出的艰难探索。我深知,没有他们的理论贡献,我在这一领域的研究将举步维艰。作为政治学领域的后学者,我将用我的一生去学习他们对于政治学研究的严肃态度和求真精神。

特别感谢我的导师乔耀章教授!在我的艰难思索过程中,导师以渊博的理论知识、严谨的治学态度、宽厚的长者风范引导着我,并一如既往地给了我继续思想探险的勇气。

感谢苏州大学政治与公共管理学院所有无私传授我知识的老师们,是他们的政治学和哲学思想把我带进了知识的殿堂。

感谢复旦大学曹沛霖、林尚立教授,苏州大学方世南、闵春发、沈荣华教授,他们参加了我的博士论文答辩,对论文给予了充分肯定并提出了宝贵的建议,本书基于他们的建议作了一定的修改。

感谢华东政法大学政治学与公共管理学院的张明军教授、吴新叶副教授,感谢中央编译出版社朱虹女士耐心而细致的工作,如果没有他们的帮助,本书就不可能顺利出版。

感谢我的父母家人,他们给了我温暖的家庭和快乐的人生。

姚尚建

2008 年 5 月

中央编译出版社政治与公共行政类书目

协商民主译丛

书　名	作者	定价
公共协商：多元主义、复杂性与民主	[美] 詹姆斯·博曼	38.00 元
作为公共协商的民主：新的视角	[南非] 毛里西奥·帕瑟林·登特里维斯	38.00 元
协商民主及其超越：自由与批判的视角	[澳大利亚] 约翰·S. 德雷泽克	35.00 元
协商民主：论理性与政治	[美] 詹姆斯·博曼　威廉·雷吉	45.00 元
协商民主	[美] 约·埃尔斯特	35.00 元
协商民主论争	[美] 詹姆斯·S. 菲什金等主编	38.00 元
民主与差异	[美] 塞拉·本哈比	38.00 元
美国式协商民主	[美] 艾森·J. 莱布	30.00 元
协商全球政治	[澳大利亚] 约翰·S. 德雷泽克	38.00 元

中国民主治理丛书

书　名	作者	定价
依法治国与依法治党	俞可平	38.00 元
党内民主制度创新——一个基层党委班子"公推直选"的案例研究	王长江	40.00 元
城乡公民参与和政治合法性	何增科	48.00 元
公民社会与民主治理	何增科	38.00 元

政治学类

书　　名	作者	定价
社会主义体制——共产主义政治经济学	[匈牙利] 雅诺什·科尔奈	68.00元
民主的模式（新）	[美] 赫尔德　燕继荣	26.90元
当代中国政治社会分析	张明军等	56.00元
保守主义的含义	[英] 斯克拉顿	25.00元
自由主义基本理念	顾肃	39.00元
政治文明：理论与实践发展分析	许耀桐　胡叔宝　胡仙芝	68.00元
帝国——统治世界的逻辑	[德] 赫尔弗里德·明克勒	29.00元
国家与市民社会	邓正来	32.70元
国家起源新论	刘军	38.00元
新自由主义意识形态	张才国	36.00元
台湾政治转型与分离倾向	赵勇	38.00元
民主社会主义论	殷叙彝	68.00元
奔向自由	俄罗斯戈尔巴乔夫基金会	46.00元
中国国际政治经济学	郑彪	60.00元
中国社会阶层政治心态研究	孙永芬	35.00元
庶民研究	刘健芝、许兆麟选编	29.80元

政党政治研究类

书　　名	作者	定价
中国政党制度年鉴（2006）	中央社会主义学院政党制度研究中心	260.00元
中国政党政治研究（1905—1949）	李金河	48.00元
中国政治体制改革研究	何增科	46.00元
台湾政治转型与分离倾向	赵勇	38.00元

责任政党政府研究	姚尚建	38.00元
坚持走中国特色社会主义政治发展道路研究	北京社会主义学院	38.00元
社会主义的理论创新与实践探索——中国国际共运史学会年会论文集	张兴茂	48.00元
中国转型期的政治治理若干问题与趋势	沈远新	32.00元
自我耗竭式演进——政党—国家体制的模型与演进	[匈牙利]玛利亚·乔蒂纳	48.00元
全球化与欧洲社会民主党的转型	史志钦	38.00元
战后西欧社会党与共产党比较研究——以法、意为个案	韩灵	20.00元
人民政协概论	张平天	40.00元
党的领导民主监督	刘书林 王群瑛	49.00元
当代俄罗斯政党	刘淑春	60.00元
意共的转型与意大利政治变革	史志钦	28.00元
统一战线新论	李小宁	42.00元
民主党派和无党派人士关注的20个理论问题	李金河 郑宪	20.00元

青年政治学丛书

书　名	作者	定价
全球化与国际政治	和平 俞景华	46.00元
世界青年政治运动史论	和平 王军	38.00元
中国国际关系研究四十年	王军 但兴悟	49.00元
青年与国际政治	江广平	32.00元
联合国青年事务	《国际政治与青年》课题组	36.00元

公共行政学类

书　名	作者	定价
我国政府转型中的公共服务	刘厚金	29.00元
转型社会与大都市治理	郑德涛　余耀胜	49.00元
公司应对商业贿赂指南	张文镝　何增科	58.00元
社会资本与中国农村治理改革	周红云	28.00元
从理念到程序——我眼中的美国大选	刘亚伟主编	30.00元
从多元到和谐——和谐社会的构建	韩雪选编	30.00元
从减负到发展——中国三农问题剖析	叶子选编	30.00元
从管理到治理——中国地方治理现状	尹东华选编	30.00元
公共管理与治理转型	胡泽君	36.00元
公共管理与区域发展	胡泽君	35.00元
公共管理与制度创新	刘玉浦	36.00元
公共管理与创新型国家	刘玉浦	38.00元
中大政治学评论第3辑	谭安奎	49.80元
西部经济跨越式发展社会环境研究	尹庆双	38.00元
现代公共政策学——公共政策的整体透视	胡宁生	45.00元
动态环境下的治安防范与控制——以广州为分析典型	舒扬　彭澎	36.00元
转型期中国改革与社会公正	陈伯君	45.00元
激活和谐社会的细胞——"盐田模式"制度研究	侯伊莎	38.00元
区域经济的制度分析	蒋年云	38.00元
公民社会与治理转型——发展中国家的视角	刘明珍	25.00元
公共行政的价值向度	张富	26.00元

行政机关公务员处分条例——条文释义	屈万祥	28.00元
西部跨越式发展中政府与市场关系新论	申晓梅 任勤	35.00元
民政工作创新与和谐社区建设实务全书	王基健	390.00元
管理与会计监督实务全书	丁中一	498.00元
国土资源管理与执法监督实务全书	王基建	398.00元
香港立法机关研究（修订版）	朱世海	28.00元

图书在版编目(CIP)数据

责任政党政府研究/姚尚建著.
—北京：中央编译出版社，2008.12
ISBN 978 – 7 – 80211 – 809 – 6

Ⅰ. 责…

Ⅱ. 姚…

Ⅲ. 政党 – 政治制度 – 研究 – 美国

Ⅳ. D771.264

中国版本图书馆 CIP 数据核字(2008)第 195430 号

责任政党政府研究

出 版 人	和 龑
责任编辑	朱 虹
责任印制	尹 珺
出版发行	中央编译出版社
地　　址	北京西单西斜街 36 号(100032)
电　　话	(010)66509236　66509360(总编室)　(010)66509350(编辑室)
	(010)66509364(发行部)　(010)66509618(读者服务部)
网　　址	www.cctpbook.com
经　　销	全国新华书店
印　　刷	北京中印联印务有限公司
开　　本	787×1092 毫米　1/16
字　　数	270 千字
印　　张	18
版　　次	2009 年 1 月第 1 版第 1 次印刷
定　　价	42.00 元

本社常年法律顾问：北京建元律师事务所首席顾问律师　鲁哈达
凡有印装质量问题，本社负责调换。电话：(010)66509618